國家地理終極旅遊

全球220大
最佳旅遊城市

Boulder Media 大石文化

（前頁）從糖麵包山（Sugarloaf Mountain）
俯瞰里約熱內盧的海濱

布拉格伏爾塔瓦河（Vltava River）沿岸，坐擁
優雅的橋梁和中世紀尖塔這樣浪漫的景緻

NATIONAL GEOGRAPHIC

國家地理終極旅遊

全球220大
最佳旅遊城市

前言：國家地理旅遊網站「都市達人」（Urban Insider）
安妮 ‧ 費茲西蒙斯（Annie Fitzsimmons）
翻譯：彭欣喬

Boulder Media 大石文化

在時尚的上海外灘一帶的購物人潮

目　錄

*人口統計數字主要來自聯合國，為每座城市整個都會區2015年的最準確估計數字。

前言

國家地理旅遊網站「都市達人」
安妮・費茲西蒙斯

我從來都不知道柏林人喜歡打桌球。柏林圍牆倒塌25年後，我首次拜訪這座不停在轉變的大城市。我拿著一杯卡布其諾，占到了Café Liebling令人夢寐以求的露天咖啡座。

對面是一座綠意盎然的社區廣場，人們在那裡大排長龍，等著打桌球。我走了過去，儘管我的球技不怎麼樣，卻還是受邀加入。我和他們的人生只在這一小段時間交錯，但是一連串的笑聲和前後跳動的小球築起了新的友誼。

我們在很多城市裡，都找到了讓我們有歸屬感的地方，對於各種可能性心醉神迷。我們相當幸運，可以在政治、社會和文化交會且經常互相衝突的地方，毫無後顧之憂，盡情地享樂，放膽地做出不敬的行為。

我們在電影或雜誌中，已經看過好多次艾菲爾鐵塔、羅馬競技場與雪梨歌劇院等壯麗的城市地標，因此通常在我們抵達當地以前，就已經很熟悉這些建築了。我很喜歡造訪這些地標，當我看到布蘭登堡門時，我會瞬間意識到我人在柏林，我真的到了柏林！即使到了現在，每次回到紐約，看見帝國大廈時，我還是會莫名地悸動。

但是大多數的時候，我都在尋找連結當地人和城市的日常活動，像是羅馬最好喝的咖啡、巴塞隆納道地的餐前小菜、波士頓最舒適的自行車道，或是暹粒市一間隱密的酒吧，因為如此一來，我也能和這些城市產生連結。我已經學會創造出我專屬的每日行程，像是常去的寵物公園、當地圖書館和雜貨店。我登上過倫敦的聖保羅大教堂等各個城市的最佳賞景地點，只為了讓那些從地面上看起來一團混亂的景象，藉由從高處俯瞰，重新組合成一塊完美的拼圖。

不管是在巴黎聖路易島上享用剛出爐的法式長棍麵包，或是深夜到上海外灘散步，欣賞浦東燦爛的燈火，唯有日常節奏才能展現一座城市的精髓，這種精髓從機場明信片或匆忙拍下的自拍照是無法得到的。

翻閱這本書時，感覺像在和一群好友喝咖啡，聊著他們的家鄉和他們的城市。我要靠著書上的建議，去開拓自己的路線，發現更多城市的驚人奇事，與城市建立連結。我已經等不及要知道，接下來會發生什麼事了。

帝國大廈是紐約地標，也是好萊塢電影
的寵兒 。

太 平 洋

大 西 洋

北

美

洲

南 美 洲

歐 洲

非

西雅圖
美國
p. 214

波特蘭
美國
p. 228

明尼亞波利斯, 美國, p. 218

舊金山
美國
p. 200

丹佛, 美國
p. 230

拉斯維加斯
美國
p. 274

洛杉磯, 美國
p. 54

檀香山
美國
p. 290

墨西哥市
墨西哥
p. 18

多倫多
加拿大
p. 116

蒙特婁
加拿大
p. 154

哈利法克斯, 加拿大, p. 306

芝加哥
美國
p. 96

波士頓, 美國, p. 162

紐約, 美國, p. 28

阿士維
美國
p. 320

費城, 美國, p. 128

華盛頓哥倫比亞特區, 美國, p. 166

紐奧良
美國
p. 266

邁阿密, 美國
p. 146

哈瓦那
古巴
p. 220

奧斯陸
那威
p. 286

愛丁堡, 英國
p. 294

阿姆斯特丹
荷蘭, p. 260

倫敦, 英國, p. 84

巴黎, 法國, p. 70

日內瓦, 瑞士,
p. 316

佛羅倫斯, 義大利, p. 246

里斯本
葡萄牙
p. 208

巴塞隆納
西班牙
p. 120

馬拉喀什
摩洛哥
p. 282

達卡
塞內加爾
p. 206

里約熱內盧
巴西
p. 44

聖地牙哥
智利
p. 112

布宜諾斯艾利斯
阿根廷
p. 40

0   1,000 哩
0   1,000 公里

北　冰　洋

斯德哥爾摩
瑞典
p. 252

聖彼得堡
俄羅斯
p. 132

莫斯科
俄羅斯，p. 50

柏林, 德國, p. 176

布拉格, 捷克, p. 254

維也納, 奧地利, p. 242

布達佩斯, 匈牙利，p. 238

威尼斯, 義大利, p. 308

羅馬, 義大利, p. 192

梵蒂岡城
p. 322

伊斯坦堡, 土耳其
p. 62

雅典
希臘
p. 186

耶路撒冷
以色列
p. 298

開羅
埃及
p. 66

阿布達比
阿拉伯聯合大公國
p. 278

洲

亞　　　　洲

北京
中國
p. 36

東京
日本
p. 10

上海
中國
p. 24

太　平　洋

香港
中國
p. 102

孟買
印度
p. 26

曼谷
泰國
p. 94

奈洛比
肯亞
p. 190

印　度　洋

新加坡市
新加坡
p. 124

雅加達
印尼
p. 80

澳　　　洲

雪梨
澳洲
p. 138

開普敦
南非
p. 170

墨爾本
澳洲
p. 150

全球最佳
旅遊城市

東京

未來與過去在這座耀眼奪目、高樓林立的首都交會

在難得沒有霧的日子，富士山與山腳下的橫濱市一覽無遺。

重要統計數字

● 東京地鐵年乘客量33億人，是全世界最繁忙的地鐵。

● 壽司專賣店3635家

● 摩天大樓410棟，為全球第三多，僅次於第一名的香港和第二名的紐約。

● 標準一房一廳公寓面積為23平方公尺

我的城市：高澤義明

做主廚這種工作，每天從清晨就要開始勞心勞力，一直持續到深夜，所以一定要趁著休假，讓身體獲得最深層的休息。對我來說，最能放鬆的地方就是溫泉。但我不可能每次休假都出城去泡溫泉，所以我都到東京市內，位於練馬區（豐島園站）豐島園溫泉主題樂園的「庭之湯」。這座大型日式庭園裡，有各式各樣的水池、溫泉和三溫暖，周圍都是綠色植物，讓我可以好好放鬆，像在鄉下泡溫泉一樣，度過一段悠閒時光。它的二樓還有一間休閒餐廳，經常舉辦北海道美食月或秋田美食日這種主題月或主題日活動，專賣日本地方料理。即使待在東京，也能在這座主題樂園吃到日本各地的料理，一邊喝啤酒。

我也喜歡光顧朋友經營的餐廳，要吃日式料理，我會到六本木的澤一（Sawaichi），壽司的話，則是到銀座的青空（Harutaka）和新橋的清水（Shimizu），這幾間都是我特別喜歡的餐廳。和熟悉餐飲業的朋友在一起，我可以把遇到的問題提出來跟大家討論，並獲得啟發，這種用餐時光有助於紓解壓力。去了幾次之後，主廚就會知道你的喜好，雖然我們已經是認識很久的老朋友了，還是能對彼此有更多的認識。你面前這個人專門為你做出來的食物，絕對和你第一次光顧的餐廳端上來的食物不一樣。用心為別人做的食物是很美味的。

我的創意大多來自鄉村的氣氛，以及在大自然中摘採、挑選當令食材的經驗。而且在鄉下開車會帶來療癒的效果。像我回新潟縣的老家，或是到山梨縣的釀酒廠附近，常常都會意外發現新食材。

那些被我帶去百貨公司美食街的人各個都心滿意足。日本的美食街真的很了不起，像新宿的伊勢丹百貨美食街就值得逛一逛。對遊客來說，這種體驗東京美食的方式既方便又經濟。

在東京六本木的中城，可以找到各種最先進的產品和日本製造的商品。The Cover Nippon是我最喜歡的幾家商店之一，他們擅長把織物、陶器和漆器這類傳統的日本製品改良得更現代化。中城的商店種類繁多，從24小時營業的超市，到時尚精品店和食品暢貨中心都找得到。而且那裡離我家只有5分鐘的路程，這也是我喜歡這裡的其中一個原因。

高澤義明（Yoshiaki Takazawa）主廚出生於東京出身，一輩子都住在那裡。他的同名餐廳「高澤」名列亞洲50家頂級餐廳，每晚只供應十份晚餐，是東京最難訂位的餐廳之一。■

「東京中城」有許多一流的商店和餐廳，還有一間醫院。

趣聞

失物招領

2003年的電影《愛情不用翻譯》（Lost in Translation）曾在東京柏悅酒店（Park Hyatt Tokyo，地址：西新宿3-7-1-2）取景，劇中鮑伯和夏綠蒂（由比爾·莫瑞和史嘉蕾·喬韓森飾演）兩人的臥室就是酒店內的某間套房，但酒店不願意透露房間號碼。不過，仔細研究鮑伯和妻子講電話那一幕，或許能隱約瞥見房號。

機器人戰爭

在這個永遠不缺新鮮事的城市裡，新宿的機器人餐廳稱得上最怪異的景點之一。店內身穿華麗比基尼的女孩乘上巨大機器人（稱為 fembot，雌性機器人），上演一場喧鬧又俗麗、長達三個鐘頭的舞台秀。據報導，這間餐廳斥資約100億日幣打造，相當於27億台幣！

順時針跑

位在東京市中心的皇居是日本天皇一家的官邸，也是東京最熱門的慢跑地點之一。但是請勿朝逆時針方向跑，否則後果自負！ ■

「有時候，你會因為靠得太近而看不見東京。牙醫、幼稚園、舞蹈教室什麼都擠在一起，一切都在你的頭頂上。就連馬路和走道，都被陰暗的支架撐得老高。像是威尼斯排乾了水的邪惡雙胞胎。」

——英國作家大衛·米契爾（David Mitchell），《九號夢》（number9dream）

今昔之比

銀座

發生在1872年的東京大火，燒毀了東京最具代表性的市中心——銀座。當時力求西化的新日本政府請來了一位英國建築師，以棋盤式的寬敞大道（見上圖）重新規畫這個區域。重生後，銀座的魅力在於百貨公司，這裡最初是和服店的集中地，仿效英法兩國，把各式各樣的商品擺到同一個屋簷下賣。當時的三越和松坂屋等商店，正如同美國的尼曼·馬庫斯（Neiman Marcus）和波道夫·古德曼（Bergdorf Goodman）百貨公司，至今仍是如此。現在的銀座有亞曼尼和海瑞·溫斯頓（Harry Winston）等精品櫥窗、時髦的餐廳、夜店和藝廊，是屬於大人的東京。逛銀座的最佳時機在週末下午，這段時間，主要的南北幹道「中央道」嚴禁車輛通行，街上撐起一把把遮陽傘，吸引路人逗留。■

購物車
銀座尋寶和動漫總部

川野藝廊的和服布料

小發現 銀座繁華的大道有著紐約市的風格，以高級時尚設計師精品店和大型百貨公司聞名，不過，**茶·銀座**（地址：銀座5-5-6）也在這一帶，店內除了販賣優質的茶葉，也可以坐著喝茶。想找烈一點的飲料嗎？在日本的酒精飲品中，燒酒的知名度僅次於清酒，來到Sho-Chu Authority（地址：東新橋1-8-2），可以找到超過2300種濃烈燒酒。除了銀座之外，到靠近表參道站的澀谷區，可以在**川野藝廊**（ギャラリー川野，地址：神宮前4-4-9）選購古董和服，或是在**兒童天地原宿店**（Kiddy Land，地址：神宮前6-1-9）購買Hello Kitty周邊玩具。

御宅出籠！ 暱稱「Akiba」或「電器城」的**秋葉原區**由電器用品店構成。這裡原本是二戰後收音機零件攤商的聚集地，如今這個閃爍著霓虹燈的區域成為御宅族等東京次文化的根據地，這裡的**東京動漫中心**（東京アニメセンター，地址：外神田4-14-1，秋葉原UDX 4F）和Mandarake Complex（地址：外神田3-11-12）等動漫商店令許多宅男宅女慕名而來。

廚師天堂 合羽橋是日本最大的廚具商店街，長達800公尺的街道上，共有超過170家商店，無論是新奇的食物模型鑰匙圈，還是筷子、典雅的日式餐具和茶壺都一應俱全，不少當地人會專程到這裡找上等的菜刀。■

合羽橋商店街有成堆的優雅廚具，以及美食愛好者喜歡的各種小器具。

坐落在港區的東京鐵塔，靈感來自巴黎的艾菲爾鐵塔。

東京知名料理指南

拉麵是東京「速食」圈的主食，品嘗時應該發出響亮的吸麵聲。

‧東京大約有16萬間餐廳供應生魚片、麵食、天婦羅、鐵板燒、著名的神戶牛肉與惡名昭彰的河豚（如果沒有妥善處理會中毒），當然還有發源於此地的壽司。找個清晨到築地市場（地址：築地5-2-1）見識漁夫運來的大量漁獲，市場內到處都有小餐館提供海鮮。如果想品嘗正統的日式料理，不妨離開銀座繁忙的商店街，到一條後巷尋找溫馨的「鮨一」（地址：銀座3丁目4-4 1F），讓壽司專家兼主廚石橋正和為你製作上等鮪魚、海膽與其他以芥末提味的壽司。

‧東京因為擁有比其他城市（包括巴黎）更多的米其林餐廳而聞名，但這究竟有什麼了不起的？以米其林二星餐廳Narisawa（地址：南青山2-6-15）為例，主廚成澤由浩融合前衛的法式和日式烹飪的方式獨具美感。不過，在東京吃好料不見得要砸重金，花小錢也吃得到美味的拉麵。而且沒有進居酒屋悠閒地坐一坐，就不算完成這趟東京之旅。和民、紫和白木屋等市內隨處可見的連鎖餐廳都有提供附上圖片的英文菜單。■

罕見食物等祕辛

東京都廳1號大樓的頂樓有一座免費的全景展望台，在那裡可以眺望無邊無際的都市景致。天氣晴朗時，還看得到最近被聯合國教科文組織列入世界遺產的富士山。不過這得碰運氣，每年平均只有79天能看見它。

坐落於東京西緣的高尾山，是一座很好爬的小山，非常受到日本人的喜愛。風景區內有一座猴園和許多神社，不過，每年夏天山頂都會開放啤酒園，這可能也是它受歡迎的原因。

東京是一個步調很快的城市，所以想吃點東西解饞，可能得站著吃。許多供應在地美食的小攤販和酒吧都只有櫃檯座位或立食區。你可以造訪新宿的回憶小街（思い出横丁）或澀谷的酒鬼小街（のんべい横丁）的窄巷或街角，或是在有樂町鐵軌下方煙霧瀰漫的隧道裡，發現雞肉串燒巷。這些都是匆匆吃點烤肉串，再用冰啤酒把食物沖下肚的好去處。■

從東京就能輕鬆抵達高尾山山頂的佛寺。

新宿御苑是東京熱門的野餐地點，
在櫻花季更是人山人海。

墨西哥

墨西哥市

一座充滿活力的超級大城，擁有生氣蓬勃的街景和令人難以抗拒的文化發現

萬瓜達魯佩聖母大教堂是墨西哥市最神聖的聖殿

- 住在墨西哥市的美國人約有60萬名，是美國本土以外的城市之冠。

- 墨西哥市之「肺」查普爾提佩克公園（Chapulte-pec Park）面積為647公頃，約是紐約中央公園的兩倍。

- 博物館有150間，僅次於第一名的巴黎。

- 索奇米爾科水上花園（Xochimilco Floating Gardens）的水道長度為80公里，年代可以追溯到阿茲提克帝國。

- 索卡洛（Zócalo）的面積為5.1公頃，是拉丁美洲最大的公共廣場。

- 這座城市的下沉速率估計每年達15至20公分，上個世紀某些地區甚至下沉超過12公尺。

今日的墨西哥市是一座文化中心和人文萬花筒，它擁有豐富的千年歷史、現代藝術的氛圍、令人難以抗拒的手工藝品，以及叫賣經典墨西哥小吃的的街頭小販混雜期間。

美食地圖

不平凡的墨西哥捲餅：街頭的人間美味

- 這座城市充滿了鮮美的小吃，像上方堆疊著仙人掌薄片、酸奶油、洋蔥、起司、香菜或莎莎醬的橢圓形玉米餅（tlacoyo）就是一例。在聖拉斐爾區（Colonia San Rafael）法蘭西斯柯・皮蒙特路（Francisco Pimentel）和華金・瓦茲奎・德里昂路（Joaquín Velázquez de León）轉角上的攤子，試試這些用玉米麵糰做出的料理，或是在索奇米爾科市場買一大籃小餡餅，自己下廚。另一個位於尼羅河路（Río Nilo）和改革大道（Paseo de la Reforma）轉角的小販，有賣特別柔軟、美味可口的油炸玉米薄餅（flautas），裡頭塞滿了雞肉、豬肉或馬鈴薯。

- 在阿塔米拉諾路（Altamirano）和蘇利文路十字路口的蘇利文（Sullivan）市集等每週一次的街頭市集，可以找到白麵包捲（pambazo）。這種三明治的作法，是先將白麵包捲蘸滿墨西哥瓜希柳辣椒醬（guajillo），接著塞進馬鈴薯、香腸、萵苣、酸奶油，以及軟質新鮮乳酪。

牛肉墨西哥捲餅

- 聽到壓力鍋釋出蒸氣時，發出的刺耳笛聲，就知道有流動攤販在煮淋上煉乳和奶油的滾燙甘藷。■

搭上平底遊河花船（trajinera），在索奇米爾科水上花園的水道上航行

今昔之比

墨西哥城主教座堂

在1922年7月號《國家地理》雜誌中，這張未註明日期的照片展現在墨西哥市中心昂然聳立的墨西哥城主教座堂（Metropolitan Cathedral）。這是拉丁美洲最大最古老的天主教堂之一，於1573年開工，於1813年落成，從巴洛克到新古典，再到西班牙丘里格拉風格（Churrigueresque），主教座堂融合各個時代的建築風格，以附近的阿茲特克大神廟（Aztec Templo Mayor）的石頭興建而成。幾個世紀以來，這座宏偉的建築（重達14萬6000公噸）逐漸陷入墨西哥市下方鬆軟的河床中，還被世界建築文物保護基金會（World Monument Fund）認定為最瀕臨危險的遺址之一，直到墨西哥市撥出3300萬美金修復地基，這樣的情況才獲得改善。大教堂聳立於通稱索卡洛的憲法廣場（Plaza de la Constitución）上，這裡也是市民示威、舉辦藝文活動和狂歡慶典的中心。在廣場西南隅露臺上的用餐者，可以在最佳的觀景台上，欣賞廣場舉辦的活動。■

購物車
各色工藝

蘇利文藝術花園中的手工編織籃

手工且無須殺價 不像在市場購物要無止盡的討價還價，在**國立藝術和工藝推廣基金會**（The National Fund for Promoting Arts and Crafts，縮寫FONART），手工彩繪陶器、刺繡布料、玻璃器皿和混凝紙漿藝品等優質工藝品都出自當地工匠之手，而且有固定的價格。手工藝品種類最多的地方，是位於歷史區的分店（地址：Av. Juárez 89, Col. Centro）、總店和倉庫（地址：Av. Patriotismo 691, Col. Mixcoac）他們偶爾也會舉辦促銷活動。

撿便宜中心 在**巴爾德拉斯站的工藝市集要塞**（Mercado de Artesanías de la Ciudadela，地址：Plaza de la Ciudadela at Balderas）通常都能找到傳統的塔拉維拉（Taravela）陶器、吊床與小地毯等最優惠的當地商品。每週日會有400多位主要由畫家組成的當地藝術家，在蔥鬱的**蘇利文藝術花園**（地址：Plaza Sullivan, Calle Sullican，靠近Serapio Rendón和Río Neva等街道）這座號稱世界最大戶外藝廊的城市公園，展售30美元以上的作品。想要尋找頂級古董和罕見的錢幣，不妨試試週日的**拉古尼雅斯古董市集**（Mercado de Antigüedades la Lagunilla，地址：Allende and Juan Álvarez）。■

小說介紹

《翡翠之心》（The Heart of Jade）
薩爾瓦多·德馬塔里亞加 著（Salvador de Madariaga，1942年出版）
這本歷史小說以15世紀的墨西哥市為背景，從平民和貴族這兩種觀點敘事，從前哥倫比亞阿茲提克時期，一路寫到在西班牙統治下的現代文化。

《最明淨的地區》（Where the Air is Clear）
卡洛斯·富恩特斯 著（Carlos Fuentes，1958年出版）
這名墨西哥知名作家的首部小說混合了超寫實主義和西班牙神話，毫無保留地勾勒出墨西哥市在後革命時期的樣貌。

《荒野偵探》（The Savage Detectives）
羅貝托·波拉尼奧 著（Roberto Bolaño，1998年出版）
透過墨西哥市兩位地下詩人的生活，描述一段瘋狂、時而憂愁時而情色的旅程。這本小說從1920年代出發，一路寫到20世紀末的墨西哥市，途中從聖地牙哥到巴塞隆納，造訪了許多遙遠城市。■

在墨西哥綿延不斷的市集，可以找到從辣椒乾到散裝糖果等各種商品。

最佳奧運城市

人潮散去後，主辦城市開放了這些世界級的競賽場地。

索奇（Sochi）是2014年冬季奧運的主辦城市

瑞士，聖摩里茨

這座阿爾卑斯城市主辦過 1928 年和 1948 年的冬季奧運，但一年到頭都人聲鼎沸。冬天時，雪地運動愛好者為滑雪和有舵雪橇（bobsled）而來；夏天時，纜車連接各個登山道，方便登山客和登山自行車使用。但對其他遊客來說，這裡主打的運動百年來未曾改變：在瑟拉斯路（Via Serlas）沿途林立的華麗設計師名店購物。

卡加立（Calgary）

加拿大，卡加立

每年冬天，加拿大奧運公園會開放下坡滑雪道、跳台助滑道，以及有舵雪橇滑雪道。1988 年，一支來自牙買加的黑馬隊伍，就是在這裡的滑雪道擄獲了全世界的心。

日本，長野

日本在 1988 年的冬季奧運中，展現了它的運動能力和超現代建築。競速滑冰溜冰場「白環」與曲棍球比賽場「大帽子」等建築仍為這座歷史城市增添了現代面貌。

俄羅斯，索奇

菲什特奧林匹克體育場（Fisht Olympic Stadium）、有著玻璃外觀的冰山冬季運動宮（Iceberg Skating Palace），以及屋頂裝設了 3 萬 8000 顆 LED 燈的波爾肖冰宮（Bolshoy Ice Dome）等專為奧運打造的不對稱建築，為這座瀕黑海城鎮，留下了壯觀的地標。

芬蘭，赫爾辛基

高聳入雲的瞭望塔，是 1952 年奧林匹克體育館的標誌。這座塔高達 72.71 公尺，剛好和一項奧運記錄有關：1932 年金牌標槍選手耶爾維寧（Finn Matti Järvinen）擲出的距離。

義大利，杜林

這座阿爾卑斯城市至今仍會使用那座美麗的奧林匹克帕拉競技冰球館（Olympic Palasport）。杜林的這座體育場以鋼鐵和玻璃打造，過去作為曲棍球比賽場地，之後舉辦過珍珠果醬、R.E.M. 和布魯斯·史普林斯汀等樂手的演唱會。

2014年索奇冬季奧運標誌

1984年洛杉磯夏季奧運

美國猶他州，鹽湖城

猶他州奧運橢圓運動場（Utah Olympic Oval）之所以被稱為全世界最快的滑冰場，是因為高海拔降低了風阻，所以當時的奧運會創下了許多競速滑冰的最新紀錄。這座滑冰場也主辦過冰壺課程，以及在一顆巨大的迪斯可閃光球下夜間溜冰的活動。

德國，慕尼黑

繫著登山勾，攀上高聳的慕尼黑奧林匹克體育場屋頂，接著吊在鋼索上滑過整個運動場，即使是遊客也能感覺自己像個奧運冠軍。這座體育場還有一段灰暗的歷史，並以一塊紀念匾，紀念 1972 年 9 月那場針對以色列代表團的恐怖攻擊事件。

比利時，安特衛普

安特衛普動物園在 1920 年主辦拳擊和摔角比賽，但那次被觀賞的不是動物，而是像猛獸般擁有怪力的選手。如今，它是全世界最古老的動物園之一，舉行了讓河馬登台的「河馬烏托邦」（Hippotopia）等新奇表演。

挪威，利勒哈麥

歷史上對利勒哈麥（Lillehammer）的記載，多半都和南茜・克里根（Nancy Kerrigan）和坦雅・哈丁（Tonya Harding）之間惡名昭彰的交鋒有關，不過，運動愛好者還是一窩蜂地湧入這座城市的五座冬季奧運場。博克貝內滑雪場（Birkebeineren Ski Stadium）上的越野滑雪中心，總共有 451 公里長的滑雪道，令挪威人深深著迷。

挪威滑雪小鎮利勒哈麥主辦過
1994年冬季奧運

上海

一座過去、現在與未來交疊，既迷人又充滿驚喜的城市

上海浦東區超級垂直的天際線

重要統計數字

- 人口在過去20年，每年成長大約10%。

- 摩天大樓有15座名列全球最高建築，其中包括121層樓高的上海中心大廈。

- 語言使用上，97%的上海人都會說普通話，比會說上海話的人（80%）還要多。

- 磁浮列車最高時速為430公里，是全世界最快的列車。

這座中國最國際化的城市耀眼的現代風貌，融合了傳統文化，以及受外力影響的文化遺產，使它擁有迷人的反差，魅力十足、活力四射又樂趣無窮。準備好為這顆「東方之珠」神魂顛倒吧！

購物車

從上海絲綢到頂級茶葉

時尚紀念品 尋找伴手禮，應該前往外灘一帶，出售當地製品的精品店聚集區。**宋芳茶館**（地址：福州路19號）販售一系列高級中國茶，漂亮的水藍色錫罐上，裝飾著毛澤東時期的政令宣導圖案。**蘇州鞋匠**（地址：福州路17號101室）是一間不比衣櫥大多少的迷你商店，店內展示的別致手工刺繡絲綢拖鞋都出自上海設計師黃夢琦之手。**海上青花**（地址：福州路17號103室）主打陶藝家海晨的傳統瓷器創作。**安梨家居**（地址：中山東一路8弄1號）隱身在附近一扇紅漆門後方，專賣精緻的絲綢飾品和家居服，上面還以手工繡上吉祥的中式圖案，是令人夢寐以求的上海伴手禮。■

上海盛宴——街頭小吃和神祕美食

上海特色小吃：小籠包

· 上海是一個新興美食勝地，從當地街頭小吃到豪華的精緻餐點都找得到。來到上海，一定要吃吃看兩種上海知名的包子：裹著豬肉或蟹肉和濃郁肉汁、小巧精緻的小籠包，以及盛滿豬肉和肉汁、底部煎成焦黃色、令食客大快朵頤的生煎包。要吃最美味的小籠包，就要到南翔（地址：豫園路85號）點內用的坐在樓上吃；最可口的生煎包，則要到小楊生煎（地址：吳江路54-60號2樓）。

· 若是要品嘗精緻的當地料理，選擇盧懌明旗下的福1039、福1088和福1015這三間知名的福餐廳就對了。三間都位於愚園路一帶，預算寬裕的話，福1015（地址：愚園路1015號）是首選；福1039（地址：愚園路1039號）相對上比較便宜，而且旁邊就是盧懌明最新推出的福和慧餐廳（地址：愚園路1037號），供應創意十足的中式素食餐飲。

· 全世界最獨特的美食體驗之一，位於上海某處「神祕」地點（用餐者會被載往用餐地點）。紫外線是法籍主廚保羅·佩萊親自構思的多重感官餐廳。一次僅容10位賓客繞著唯一一張餐桌用餐，20道異想天開的料理伴隨著穿插燈光、音樂、氣味和影像的表演，這些精心設計都是為了提升用餐體驗。位子在好幾個月前就會訂光，所以最好趁早上網預約：www.uvbypp.cc。■

紫外線的多媒體用餐體驗

飆速之都

每年4月在上海舉辦的中國大獎賽，是F1賽車行事曆上的熱門賽事。特別為此興建的上海國際賽車場，蓋在嘉定區溼軟的沼澤地上，形狀猶如中文字「上」。

上海上空

上海環球金融中心暱稱「開瓶器」，100樓有觀光天閣，還有橫跨建築頂端的倒梯形孔洞。474公尺高的觀景長廊鑲上玻璃地板，讓遊客能在將近半公里高的辦半空中，直接俯瞰上海。

街頭智慧

遊上海最別出心裁的方法之一，是坐進復古的長江摩托車的邊車，穿梭在多采多姿的街頭巷弄間。長江摩托車是俄羅斯烏拉爾（Ural）邊車的複製品，過去曾被中國人民解放軍使用。「上海達人」（Shanghai Insiders，網址：insidersexperience.com）就有提供由專業導遊解說的邊車之旅。■

印度
孟買
一波由令人驚嘆的極端事物組成、勢不可擋的強大感官海嘯

擁有超過百年歷史的泰姬瑪哈酒店，是孟買港的一大亮點。

- 孟買的英文名稱從「Bombay」改成「Mumbai」是在1995年

- 併入孟買的島嶼一共有七座

- 印度門（Gateway of India）的高度為26公尺

- 以孟買為根據地的寶萊塢每年製作的電影估計有1000部，大約是好萊塢的兩倍

- 桑賈伊・甘地國家公園（Sanjay Gandhi National Park）的植物約有1000種

印度人口最多的城市散發著極具感染性、源源不絕的活力。孟買是由七座島嶼合併而成的大都市，同時也是各個地方的組合，各種風味、建築風格、世界級餐廳、商店、運輸工具和各式各樣的人，融合成這座令人難以摸透的城市。

美食地圖
孟買的滋味

・孟買是一座濱海城市，以選擇多樣、品質一流的新鮮海鮮挑逗饕客的味蕾。試試渴望（Trishna，地址：Sai Baba Marg, Kala Ghoda）的蝦子，店內除了奶油胡椒、坦都里(tandoori)和生薑大蒜等多樣風味的蝦肉，也供應螃蟹和龍蝦等海鮮。

・孟買有許多美味的小點心（Chaat），Panipuri是一種炸過的小球狀空心餅，點了之後才會塞進蔬菜，再浸入香料水。另一種受歡迎的點心，是以調味後的爆米香、蔬菜和甜酸醬做成的Bhelpuri。這兩種點心都能在丘帕提海灘（Chowpatty Beach）的攤販買到，一邊在沙灘上散散步，暫時逃離城市的喧囂。∎

購物車

閱讀風氣的復甦和良心手工藝品

孟買當地的手工藝匠

孟買愛書族 印度擁有全世界第二多說和讀英語的人口，僅次於美國，因此以孟買為中心的印度出版業景氣大好。溫馨的Strand Book Stall（地址：Cawasji Patel St./Sir PM Rd.）從1948年開始營業至今，在這座文學中心可以找到許多海外找不到的印度作品。**地標**（Landmark）是印度最大的連鎖書店，你可以迷失在**守護神購物中心**（Palladium Mall）旗艦店成堆的書海中。或是到**新書和二手書書店**（New & Secondhand Bookstore，地址：526 Kalbadevi Rd.）這間已經邁入開業後第二個世紀的書店，尋找珍貴的絕版書。

良心手工藝品 避開那些大量製造的粗劣商品，找找那些生產流程比較有良心的紀念品。Creative Handicrafts Shop（地址：Bandra Homeland Co-op Housing Society, Hill Rd.）販售出自孟買貧民社區婦女之手的居家裝飾和生活用品；Soul FUEL（地址：288 Perry Cross Rd.）也讓出大部分的空間，擺放在許多非政府組織計畫中製造的馬克杯、坐墊和包包等商品。在非營利的Shrujan：Threads of Life（地址：Sagar Villa, 38 Bhulabhai Desai Rd.）可以選購農村婦女手工刺繡的漂亮紗麗、披巾、裙子等衣物。Women's India Trust，地址：Shop No.23, Bombay Market, Tardeo）提供的各種手工藝品，都是那些需要幫助的婦女經過組織的訓練後親手製作的。■

趣聞

零（或一）英里

孟買居民在地理中心上無法取得共識的這一點，對這座不斷在發展的城市來說，或許再貼切不過了！零英里里程碑的目的，是要用來測量與孟買間的距離，而當地人卻對里程碑的所在地產生了意見上的分歧。有人認為是在弗洛拉噴泉（Flora Fountain）、有人認為是亞洲學會圖書館，還有人說是郵政總局；但是這三個點之間差了大約 1.7 公里。

一座擁有許多名字的城市

公元 2 世紀，托勒米給孟買取了一個很適當的稱號：七座島嶼群（Heptanesia）；在公元 1534-1661 年統治這些島嶼的葡萄牙，稱它為「好海灣」（Bon Baia），或是其他類似的名稱。孟買的印地語名稱包括 Manbai、Mambai、Mambe 和 Mmbadevi，不過，並非所有人都喜歡現在又重新採用的名稱，批評者說，比起「Mumbai」，1995 年汰換掉的舊名「Bombay」在國際間的知名度更高。

人工島

孟買原先是七座島嶼，但是經過數十年的「改造」，這些島嶼被推平成同樣的水平高度，多餘的土壤則用來填海造陸，使七座島嶼合而為一。

孟買的Strand Book Stall是一座閱讀天堂

美國‧紐約

紐約

在這座集結各種世界之最的城市裡，即使迷失自我，也能有最棒的發現。

時報廣場是紐約非官方的市中心

重要統計數字

- 百老匯的劇院一共有40家，年收益約11億美金。

- 最昂貴的待售公寓（本書出版時）為1億3000萬美金。

- 華爾街的平均年收入是36萬700美金

- 紐約地鐵一共有468個地鐵站，總長370公里，是全世界涵蓋範圍最廣的地鐵。

我的城市：道格拉斯‧羅西科夫

我在1960年代的皇后區白石鎮長大，正好和宛如人間仙境的Adventurer's Inn隔著一條高速公路相望。Adventurer's Inn是一間後方附設遊樂園的漢堡餐廳，離1964年的世界博覽會、謝亞球場和其他對我來說代表了「城市」的地方，不過咫尺之遙。

　　直到開始旅行，我才理解：紐約和其他城市不同，它擁有一種強烈、真誠和發源地的氛圍。只要不是原創的東西，就連金錢也無法改變紐約。

　　這是一座真正的城市，打從它再度繁榮以來，已逐漸失去原本的面貌，如今星巴克、Gap和分租的辦公大廈占據著大小街區，取代了過去的鞋匠、印刷廠和油膩但美味的餐車型餐館。

　　然而，如果你熟悉這個城市的各個角落和外圍行政區，就可以在這些西方世界市中心常見的品牌商店的轉角，找到紐約。

　　也就是說，在紐約市外圍的阿斯托利亞（Astoria）或長島市（Long Island City），還是

可以在某間從1920年代營業至今的小酒館，喝到一杯真正的濃縮咖啡；或是由一位曾幫你祖夫換過鞋匠的傢伙的兒子，幫你換上新鞋底。但我不能公開這些店的名字，如果說了，我就必須……你知道的。總之，到皇后區第30大道上，找找那些義大利老人或阿拉伯語招牌，就會來到某個一看就知道非常在地的地方。

或者挑個平日午後，在東村（East Village）四處閒晃，瞧瞧那些奇裝異服的人，在拉瑪瑪（La MaMa）或其他實驗劇場外渡過彩排的休息時間。

更棒的，是經過威廉斯堡（Williamsburg）和格連堡（Fort Greene），到布什維克（Bushwick）年輕人沿街設立的臨時藝廊流連。我一樣無法提供藝廊的確切地點，因為它每週都會換地方。

在某種意義上，我所愛的紐約，是那些熬過所謂「美好年代」、依舊是製模、印刷或肉品包裝這類產業中心的紐約。幸運的是，只要願意拋開谷歌地圖，來一場真正的冒險，都能在建築外牆、酒廠和公立學校運動場等真正定義了這座城市的地方，發現那樣的紐約。

那才是這座城市迷人的地方。華爾街或那些銀行家或許擁有整座紐約市的財富，但卻缺乏魅力。那些掌握城市魅力的人低調、不引人注目，他們是那些深夜在烏克蘭餐廳基輔（Kiev）一邊喝著廉價葡萄酒，一邊展開哲學辯論的傢伙；是那個在第23和第8街轉角的甜甜圈店裡的人；或是站在思川書店（the Strand）門口25分美金特價書區前的人。他們見證的不是歷史，而是韌性。

這些地方和人莫名其妙地就是會被保存下來，這就是紐約教會我們的事。

道格拉斯‧洛許科夫（Douglas Rush-koff），在皇后區長大，也曾住過格林威治村（Greenwich Village），撰寫過《當前的衝擊：當所有事都在此刻發生》（Present Shock: When Everything Happens Now）、《生命公司》（Life Inc）和《編程或被編程》（Program or Be Programmed）等書。∎

位於布魯克林的彼得魯格牛排館（**Peter Luger Steakhouse**），是外圍行政區其中一個必訪景點。

趣聞

熱狗！
紐約市著名的熱狗攤車無所不在，但那些小販卻得付出極高的代價。在第五大道和東62街的交叉口、中央公園動物園入口附近，停著最昂貴的攤車，每年的執照費用高達28萬9500美金。

頭條爭霸戰
早報《紐約每日新聞》（New York Daily News）與晚報《紐約郵報》（New York Post）每天都在比誰下的頭版標題最聳動，這點和暱稱「灰色女士」的《紐約時報》（New York Times）形成強烈的對比。許多人認為最經典的頭版標題，是《紐約郵報》在1983年下的標題：上空酒吧的無頭屍體（Headless body in Topless Bar）。

裸體牛仔
高雅和庸俗是高譚市（《蝙蝠俠》漫畫場景，影射紐約市）的兩個面向，說到庸俗，時代廣場可是佼佼者。在明亮的燈光和閃爍的廣告看板下，一名街頭藝人只穿戴牛仔靴、牛仔帽和白色三角內褲，身上掛著吉他，巧妙地用它遮住了重要部位，而他已經在時代廣場表演超過十年了。快來發掘你內心俗氣的一面，和裸體牛仔來張騷首弄姿的自拍照吧！∎

「粗俗、骯髒又危險，古怪又不切實際，美麗又高聳入雲──紐約不只符合其中一個字眼，而是同時具有這些特質。若是不接受這其中的矛盾，就等於否認了這座城市真實的風貌。」

──紐約建築評論大師保羅‧高柏格（Paul Goldberger）

中央公園是曼哈頓中心的綠洲

地標

自由女神像

提到「自由」這個字，腦海中難免會浮現這位雄偉的銅綠色女士。125年來，她高舉貼上金箔的火炬，堅毅地聳立著，邀請一代代的夢想家、漂泊者和叛逃者來到美國的海岸，來到紐約。•這尊雕像於1886年落成，是法國送給美國的友好禮物，但是美國也從拍賣會和職業拳擊賽中募集資金，分擔了部分費用。••從底座基部到火炬頂部的總高度為93公尺又15公分。•自由女神像的臉部長度超過2.4公尺。••這尊銅製塑像原本有著閃閃發亮的褐色表面，經過30年的自然氧化，如今變成藍綠色。•這座塑像的模特兒，據說是雕塑家的母親夏洛特•巴特勒迪（Charlotte Bartholdi）。•她頭冠上的光芒象徵七大洲，每道光芒大約重達68公斤。•2001年911恐怖攻擊事件後，這座塑像有將近3年都不對外開放。■

購物車
實體商店之最

Dylan's Candy Bar在甘迺迪國際機場的新分店

更勝亞馬遜 紐約客不必上網購物，光是上街走走，從鈕扣專賣店Tender Button（地址：143 E. 62nd St.），到連帽衣專賣店The Hoodie Shop（地址：181 Orchard St.），只要想像得到的商店，就能在紐約街頭找到。Dylan's Candy Bar（地址：1011 Third Ave.和甘迺迪國際機場）是糖果界的迪士尼樂園。 Marc Jacobs唯一一間書店Bookmarc（地址：400 Bleecker St.）結合時尚與閱讀，店內的書籍不外乎《小黑洋裝》（Little Black Dress）和《女孩們》（Les Girls）。Korin（地址：57 Waren St.）專賣亞洲廚具，店內的菜刀師傅還能為你挑選最合適的刀具。

櫥窗購物天堂 省下你的荷包，體驗紐約最具代表性的消遣——櫥窗購物。到思川書店（地址：822 Broadway）瀏覽新書、二手書、稀有書和絕版書的標題，從擺放在店外人行道的1美金二手書，到3樓的珍稀本，這些垂直或水平擺放的書籍堆出了總長約29公里的書海。接著漫步在知名的第五大道上，Tiffany & Co.（地址：725 5th Ave.）和Louis Vuitton（地址：1 E. 57th St.）等精品旗艦店，以及隔著一個街區的Barneys New York（地址：660 Madison Ave.）精品百貨公司，一年到頭都陳列著各種靈感下的產物。■

The Hoodie Shop向來只賣連帽衣

大蘋果的最佳手藝：貝果、披薩和熟食店

Patsy's Pizzeria餅皮酥脆的披薩橫跨了好幾個世代

・紐約貝果是高譚市的必嚐美食。市內有幾家店販賣鬆脆有嚼勁的一流貝果，像是位於布魯克林公園坡（Park Slope）的Bagel Hole（地址：400 7th Ave.），這間裝潢簡單的迷你店鋪是講求「剛出爐就送進嘴巴」的貝果天堂。至於格林威治村的Murray's Bagels（地址：500 6th Ave.），則有15種貝果和繁多的餡料可供搭配。

・位於東哈林（East Harlem）的Patsy's Pizzeria（地址：2287 First Ave.）從1933年開始營業，在這可以找到皮薄、起司味濃的道地紐約披薩。要到布魯克林的Di Fara（地址：1424 Avenue J）朝聖，可得自備飲品，他們的披薩皮比較厚，上面鋪著新鮮的羅勒葉，並淋上橄欖油。

・到處都是冒牌的熟食店，但是中城的Carnegie Deli（地址：854 7th Ave.）和下城（downtown）的Katz's（地址：205 E. Houston）都是正牌熟食店的首選。梅格・萊恩在電影《當哈利碰上莎莉》中假裝性高潮的知名場景，就是在Katz's所拍攝。這兩間熟食店都只賣符合猶太教教規的食物，就連夾在裸麥麵包中間的煙燻肉片也不例外，三明治裡夾著堆成5公分厚的手切醃牛肉，還免費附上最搭的醃黃瓜。■

闔家狂歡派對和上城休閒場所

以潮界之都聞名的布魯克林，繼續以嶄新的店面和驚喜令人著迷。到布魯克林郭瓦納斯運河沿岸，參加Gowanus Grove每週舉辦的闔家戶外派對Mister Sunday，也可以帶上孩子，一同在派對上跳舞和享用西班牙炸餡餅。或是到藝術家在公園坡經營的440 Gallery（地址：440 Sixth Ave.），發掘當地藝術家。也可以到威廉斯堡酷炫的Wythe Hotel（地址：80 Wyth Ave.）頂樓酒吧The Ides，喝杯口感繽紛的調酒，欣賞曼哈頓一覽無遺的美景。放下3C產品走出戶外，想想為什麼連在當地住了一輩子的紐約客，都不知道崔恩堡公園（Fort Tryon Park）。這座位於上城的寬敞公園占地約27公頃，離中央公園那些瘋狂的人潮不遠。想吃午餐，還可以穿過公園內New Leaf Restaurant & Bar餐廳的石拱門，點份高檔漢堡或柚香鮭魚，天氣好的話，可以在中庭占一張桌子，享受通風且樹木林立的用餐環境。吃飽飯足後，就到大都會藝術博物館在崔恩堡公園的修道院博物館（The Cloisters）消磨午後時光，沉浸在這座超凡脫俗、一反布魯克林既有印象的修道院，欣賞院內的掛毯，以及悉心維護的中世紀花園（交通方式、門票和開放時間請見官方網站：metmuseum. org）。■

修道院博物館坐落於崔恩堡公園中

紐約地標帝國大廈
聳立於中城上方

中國
北京
充滿活力的中國首都，一座歷史悠久、準備航向未來的古城。

在知名的大柵欄步行購物街，放眼望去都是擁有數百年歷史的老店。

北京擁有多座奧運體育場、雄偉的摩天大樓，以及大小媲美一座城市的古代皇宮，它的龐大規模和其他城市根本不在同一個層級。北京是一座容納了傳統與各樣珍寶的露天博物館，也是經濟、政治與藝術強權，無時無刻都在轉變，正如它所領導的國家。

購物車
北京之最：從玩具到茶葉

北京製造 北京有許多店鋪出售優質的手工藝品，因此「中國製造」這個商標並不可恥。像是**盛唐軒傳統民間玩具開發中心**（地址：國子監38號）店內，精細繁複的手工藝品，便是出製造玩具超過150年的家族之手。**老余手工製鞋坊**（地址：鼓樓東大街37號）的製鞋大師余老闆，可以完全按照客人腳型，做出個人專屬皮鞋。成龍等名人都穿過Ling Xi（地址：方家胡同46號）製造的絲質服飾，在這裡，除了可以訂做傳統的合身旗袍，也可以做件現代長衫。

中國茶匯流之地 身為全球主要茶葉出口國的首都，北京有許多一流的茶葉專賣店。在四層樓高的**馬連道茶葉市場**（地址：馬連道路）裡，可以找到從烏龍到普洱任何一種中國茶，以及適合送禮的茶具。**張一元茶莊**（地址：大柵欄22號）和**吳裕泰茶莊**（地址：東西北大街44號）等連鎖店，也號稱有頂級的精選茶品。■

今昔之比

街頭理髮師

北京有些理髮師會在人行道上開業，這點倒是從一個世紀以前就沒有變過。不過，相似之處僅止於此。這張照片攝於1902年，照片中的理髮師身上揹著工具箱，以一把平直的剃刀為顧客理髮。邁入20世紀之際，中國男人依舊剃光前額、留長髮辮，這是清朝統治者強迫占人口多數的漢族剃髮，以象徵他們服從於清廷。

1912年，強迫人民蓄髮的清朝滅亡後，就沒有人留髮辮了。如今理髮師用剪刀和梳子，創造出時髦的髮型。雖然被美髮沙龍實體店面搶了一些生意，但流動理髮攤暫時還不會消失。「來自農村的中國遊客要參觀紫禁城和其他重要景點以前，」攝影師麥克道夫・艾佛頓（Macduff Everton）說，「通常會先拜訪街頭理髮師，這樣他們在寺廟前拍的照片才會最好看。」■

北京精緻的「喇嘛廟」和藏傳佛教僧院

胡同和隱藏版城市

胡同一家商店裡的狂野絲綢商品

北京的都市發展犧牲掉許多胡同，也就是由傳統房舍的磚砌外牆形成的狹窄巷弄。不過，許多平房在北京市中心形成的胡同，不只躲過被工地鐵球破壞的命運，甚至脫胎換骨，成為時髦的觀光景點。在**好氏品牌研究室**（地址：寶鈔胡同52號）可以找到時尚的家具和服飾配件，或是到偽裝成傳統中藥店的**Triple-Major**（地址：寶鈔胡同81號），選購可以穿上身的藝術品。**Mercante商賈義大利餐廳**（地址：方磚廠胡同8號）是一間由波隆納籍店主經營的義式小餐館，一次只能容納10桌客人，同一條胡同還能有許多販賣農產品的推車。此外，**多虧大躍啤酒**（地址：豆角胡同6號）這座迷你釀酒場，這些胡同才能一勞永逸地冠上「潮」這個稱號。

北京可不侷限於眼界所及之處，市中心底下，還有一座85平方公里大的**地下城**。這座地下城於1970年代建造，原本是中蘇冷戰時期的防空洞，還有設計成學校、餐廳與電影院的廳室，甚至還有一座滑輪溜冰場。幸好核戰末日並未到來，這座地下城市也沒有啟用，只是逐漸被遺忘。從2008年起，地下城關閉整修，預定於不久的將來重新開放參觀。■

胡同讓人能一瞥北京在現代化發展前的風貌

阿根廷

布宜諾斯艾利斯

一座具有老式歐洲魅力和新式拉丁優雅的城市

這座只准行人通過的女人橋（**Puente de la Mujer**），把步行人潮吸引至經過城市復興的馬德羅港（**Puerto Madero**）一帶。

重要統計數字

- 地方行政區共有48個

- 義大利裔人口超過50%

- 猶太人口估計為25萬人，是全世界猶太人最多的城市之一

- 地鐵歷史長達101年，是拉丁美洲最古老的地鐵

- 7月9日大道的寬度為110公尺，很可能是全世界最寬的路

- 里瓦達維亞大道（**Avenida Rivadavia**）的長度為37公里，據說是全世界最長的路

- 心理學者約3萬7260名，占阿根廷全國心理學者人口的46%，擁有全世界最高的人均心理諮商師數

布宜諾艾利斯是南美洲最活躍的大都市之一，也是一座文化熔爐，除了現代料理和刺激的夜生活，它最不缺的就是優雅風情。漫步在咖啡館林立的大道上，欣賞街頭探戈，沉浸在這座城市獨特的氛圍中。

購物車

當地奢華：皮件

皮革愛好者　既然牛肉是阿根廷菜的招牌料理，怪不得皮革會是阿根廷的特產。克雷斯波別墅（Villa Crespo）一帶的Murillo 666（地址：Murillo 666）坐鎮Murillo皮革區，從女用外套到皮件都可以在這找到，還有可能是全南美洲最豐富的男用皮外套供你選擇。從1868年起，雷科萊塔（Recoleta）區的Rossi & Caruso（地址：Posadas 1387）就為西班牙的蘇菲亞皇后和英國的菲利普親王等皇室成員，提供高檔的皮革衣物。前往雷科萊塔區的Patio Bullrich購物中心，在El Nochero（地址：Posadas 1245）尋找手工製作的皮鞋、皮靴與皮帶等品質一流的阿根廷皮件。■

布宜諾斯艾利斯的知名皮革專賣店Rossi & Caruso

今昔之比

弗羅里達街

弗羅里達街位在又稱為「小中心」（Microcentro）的布宜諾艾利斯商業區，從1913年開始，部分路段已改為行人徒步區，現在全面禁止車輛通行。這條街是本市最大的旅遊景點之一，銷售皮革、珠寶、書籍和紀念品的商店與拱廊商場林立。弗羅里達街顯然是阿根廷人的街道，當地人會專門來撿便宜，還有從附近英國氣息濃厚的金融城前來用餐的上班族，人潮洶湧、人聲鼎沸。這條街上還有長期閒置的哈洛德（Harrods），也就是在音樂劇《艾薇塔》（Evita）的

歌曲中，提到過的百貨公司，以及以英資企業布宜諾艾利斯太平洋鐵路公司（Buenos Aires and Pacific Railway company）命名的太平洋拱廊（Galerías Pacífico）購物中心，這間鐵路公司開通了阿根廷和智利之間的火車，並將辦公室設立於此。太平洋拱廊的前身，是一座拱廊商場，容納許多國際精品店和博爾赫斯文化中心（Centro Cultural Borges）。混合高雅與通俗文化，弗羅里達街無論是實際情況，或是在象徵意義上，都既平淡無奇卻又振奮人心。■

布宜諾艾利斯富麗堂皇的哥倫布歌劇院
（Teatro Colón）擁有2478個觀眾席，
樂池可以容納120位音樂家。

高級牛排、吃不完的盛宴和披薩！

紫丁香小屋牛排館的新鮮麵包

・只要提到美味的牛排，世界上幾乎沒有其他地方贏得過阿根廷。位於拉博卡區（La Boca）的El Obrero（地址：Agustín R. Caffarena 64）是一間家族經營的牛排館，價格實在，還帶著拉博卡的氛圍。既隨意又正式的紫丁香小屋（Cabaña Las Lilas，地址：Alicia Moreau de Justo 516，3號碼頭）遠眺馬德羅港重新整修後的濱水區。

・Cuisine d' Auteur是一種獨特的布宜諾艾利斯用餐體驗，廚師會創造總長數小時的美食秀。時髦的Tegui（地址：Costa Rica 5852）有開放式廚房，還會混搭多種奇妙風味。精緻的Hernán Gipponi Restaurante（地址：Soler 5862）坐落於菲耶羅飯店（Fierro Hotel）內，由印加藜麥等七道風格迥異的菜色組成3小時的盛宴，搭配餐點的葡萄酒，都是阿根廷侍酒師協會（Argentine Sommelier Association）主席兼菲耶羅飯店合夥人安德列・羅斯柏格（Andrés Rosberg）所推薦的。

・阿根廷半數以上的人口都是義大利裔，因此義大利食物等同於阿根廷食物。TripAdvisor列出159家布宜諾艾利斯的義大利餐廳，其中一間Las Cuartetas（地址：Corrientes 838）在過去數十年來，端出過本市最令人滿意的幾種披薩，上方鋪著一層層柔軟滑膩的莫薩里拉乾酪和大顆綠橄欖。Amici Miei（地址：Defensa 1072）擁有寬敞通風的磚造用餐區，還提供分量十足的傳統菜餚。■

高級的**Tegui**等餐廳都聚集在時髦的舊巴勒摩（Palermo Viejo）一帶

巴西
里約熱內盧
一個右翼都是海灘的美麗都會區，每分每秒都展現無比熱情

伊帕內瑪海灘（Ipanema beach）的女孩和男孩。

重要統計數字

- **全年平均氣溫攝氏24度**

- **海灘長度為72公里**

- **法國殖民期間** 從1555到1560年，一共5年

- **街坊酒館** 大約有1萬2000間

- **貧民窟** 共750個

- **本市知名的糖麵包山（Pão de Açúcar）的垂直攀登路線有270條**

這座酷熱的大西洋濱海城市，隨著自己的節奏舞動，這不單指嘉年華期間的森巴舞步，舉凡踢足球到穿著比基尼，幾乎每一位里約人在做任何事情時，都帶著這份昂首闊步的自信。

祕密景點

明星、階梯和體育場

在拉帕區（Lapa）長大的歌手兼演員卡門‧米蘭達（Carmen Miranda，1909－1955年）以俏皮的舉止和盛滿水果的誇張帽子著稱，她曾是好萊塢片酬最高的女演員，主演過《一夜銷魂》（That Night in Rio，1941年上映）和《科帕卡瓦納》（Copacabana，1947年上映）等餘12部歌舞片。卡門‧米蘭達博物館（地址：Ave. Rui Barbosa，560號對面）更以電影集錦、照片、海報和幾件誇張的舞台裝展示她的生平。

城市藝術愛好者認為，色彩繽紛的塞拉倫階梯（Escadaria Selarón）是里約的必訪景點。這座250級的臺梯由上釉瓷磚裝飾而成，從華金‧席瓦路（Rua Joaquim Silva）一路爬升到聖特雷莎修道院（Snata Teresa Convent）。智利出身的畫家兼陶藝家荷黑‧塞拉倫（Jorge Selarón）出於熱情，創造出這件巨型藝術品，從1990年到2013年去世為止，都持續在改良這件創作。■

烤肉叉上、酒吧裡的里約饗宴

卡琵莉亞調酒

‧對肉類的渴望，能在里約大量的巴西窯烤餐廳中獲得滿足。在伊帕內瑪的Porção（地址：Rua Barão da Torre, 218）內，服務生在餐桌間穿梭，從烤肉叉上巨大無比的肉塊切下肉片，放入客人的餐盤中。除了提供無限量的牛肉、雞肉、豬肉和海鮮，用餐者也能在自助餐區大吃特吃。Churrascaria Palace（地址：Rua Rodolfo Dantas, 16）就在科帕卡瓦納海灘旁，他們也供應了羊排、牛肋骨和阿根廷嫩肩牛排等特色燒烤。高檔的Pampa Grill（地址：Av. das Américas, 5150）則把壽司、沙拉吧和芒果黑米撈等五花八門的配菜，全都混搭在一塊。

‧葡式小吃（petiscos，巴西版的西班牙小菜）是街坊酒館中最值得一試的食物，當地人在這類酒館聚集，喝點生啤酒（chopp）或巴西國民調酒卡琵莉亞（Caipirinha），嚼著燒烤沙丁魚、鱈魚球、烤肉串或包著各種餡料的餡餅（pastéis）。位於伊帕內瑪、布置成裝飾藝術風的Bar Lagoa（地址：Av. Epitácio Pessoa, 1674）、位於波塔福哥（Botafogo）的Bar do Adão（地址：Rua Dona Mariana, 81），以及Aconchego Carioca（地址：Rua Barão de Iguatemi, 379）都是里約的知名酒館。■

的巴西窯烤餐廳是肉食愛好者的天堂

趣聞

高挑黝黑

在波沙諾瓦名曲《來自伊帕內瑪的女孩》中，這名確實存在的少女透過傳唱永垂不朽。1962年，著名巴西音樂人安東尼奧‧卡洛斯‧裘賓（Antônio Carlos Jobim）和知名詩人費尼希斯‧迪摩賴斯（Vinicius de Moraes）的目光，受到身著比基尼的艾蘿伊莎‧平艾羅（Heloísa Pinheiro）吸引，因此便寫下對這位年輕美女的讚頌歌曲。過了超過半個世紀，這首歌僅次於披頭四的《昨日》（Yesterday），成為第二頻繁翻唱的歌曲。

人山人海

科帕卡瓦納濱海地區雖然不大，卻被稱為全世界人口最稠密的地方之一。共有約16萬居民，每平方公里塞著超過13萬8000人。

動物醫美

儘管里約在全球有醫美中心與「美容假期東道主」的名聲，但是立法者希望禁止對動物施行非必要的整型，因此許多當地人讓貓或狗進行縮尾和剪耳等「改良」手術以前，還是會三思。■

綿延的奇久卡國家公園（**Tijuca National Park**）圍繞里約市中心和布滿貧民區的山坡

最佳節慶城市

從火辣刺激的愛情和壯麗的冰雪奇景，到在地美味和緬懷亡者等包羅萬象的精采慶典。

典型的潘普羅納（Pamplona）7月早晨

西班牙，潘普羅納

奔牛活動只是聖費爾明節（San Fermín festival，7月7日至14日）最著名的部分，在為期一週的慶典期間，每天早晨觀賞奔牛活動或親自下場試運氣後，還有傳統運動、藝術、民俗活動、煙火表演和永無止盡的派對。

美國南方音樂節

泰國，清邁

宋干節（Songkran festival，4月13日至15日）原先是為了迎接泰國新年的淨化儀式，如今成為全世界規模最大的潑水戰。準備好被潑得渾身溼！

美國德州，奧斯丁

奧斯丁的南方音樂節（SXSW，3月）已經迅速發展成一場為期10天的跨界狂歡慶典，音樂、電影、科技、名人直擊和烤肉等盛大活動每年都吸引成千上萬的人潮，希望能在這裡發現下一個引起轟動的東西。（2007年，推特就是在這裡首度受到關注。）

墨西哥，奧薩卡

墨西哥全國性節慶「亡靈節」（Dia de los Muertos，11月1日至2日）的首都就在奧薩卡市（Oaxaca）。配著墨西哥街頭樂隊的演奏，在臉上彩繪，或到墓園走走，追憶逝者，慶祝生命。

美國愛荷華州，莫恩

長達11天的愛荷華州農業博覽會（8月）幾乎就像美國國寶。每年有超過100萬人蜂擁而至，享受遊樂場、牲畜、知名的奶油雕刻、油炸巧克力棒、裹上培根的豬肋排和許多其他事物。

印尼，日惹

日惹（Yogyakarta）這座爪哇城市的居民，為了慶祝先知穆罕默德5月2日誕生，前一週會舉行為期7天的塞卡坦慶典（Sekaten），請來甘美朗（gamelan）音樂和舞團表演。

墨西哥亡靈節

哥爾威的食物和飲料

愛爾蘭，哥爾威

哥爾威生蠔節（Galway Oyster Festival，9 月的最後一個週末）歡慶所有來自海洋的饋贈，不過生蠔才是主角。根據最近一次的統計，活動從 1954 年舉辦至今，參與者已經吃掉了超過 300 萬只生蠔。

西班牙，赫雷斯夫隆特拉

每年 9 月，這個西班牙南部城市都會慶祝葡萄豐收節（Fiesta de la Vendimia），以每年的葡萄收成為中心，展開為期一週的戶外舞蹈、騎馬遊街和雪利酒品飲活動。頓時，超過 1 萬名狂歡者會湧入赫雷斯，享受香甜的葡萄酒和撩人的佛拉門哥歌舞。

葡萄牙，波士

聖約翰節（Festas de São João，6 月 23 日）是波土（Porto）精心策畫的瘋狂愛之慶典。參與者以韭菜或塑膠槌「毆打」他們的情人。整座城市被空中的燈籠和海灘營火照亮，狂歡者會在街上跳舞直到天明，再到海裡泡泡水。

中國，哈爾濱

儘管氣溫降到攝氏零下 35 度，那些冬季哈爾濱國際冰雪節（1 和 2 月）的參加者仍不卻步。這個全世界最大的冰雪慶典，讓哈爾濱的冰景搖身一變，成為奇妙的冰雪國度。實體大小的古蹟複製品，以及 14 層樓高 的「玻璃」大樓等巨型冰雕都發出耀眼的光芒。

年度的國際冰雪節令哈爾濱閃耀動人

俄羅斯
莫斯科
在這座把改變奉為新準則的城市裡，巨大的野心與現代的活力互相結合。

莫斯科河（Moscow River）倒映著
不斷變化的天際線

重要統計數字

● 地鐵每年的使用人次為
25億，是歐洲乘客流量
最高的城市大眾交通系
統。

● 奧斯坦金諾電視塔
（Ostankino Tower）
的高度為540公尺，是歐
洲最高的獨立式建築。

● 波修瓦芭蕾舞團（Bol-
shoi Ballet Company）
的團齡為238歲，是世界
上最古老的芭蕾舞團之
一。

● 沙皇鐘（Tsar Bell）的重
量超過202公噸，是全世
界最大的鐘，但從未被
敲響過。

● 億萬富翁的數目為77
人，僅次於擁有84名億
萬富翁的紐約市。

對莫斯科人來說，改變並不陌生。他們的城市歷經一個世紀的劇變後，平順地邁入了另一個千禧年。波西米亞風格的藝廊和咖啡館、世界級的藝術品、奢華的夜店，以及創新的美食，在這座億萬富翁激增的城市裡，如雨後春筍般冒出。

美食地圖
薄如紙片的薄烙餡餅和各類醃漬品

● 俄式薄烙餡餅（Blini）可以在早餐、午餐或晚餐食用。這種薄如紙片、像可麗餅一樣的美食，無論是塞滿蘑菇、魚肉、起司，還是巧克力等其他配料，都一樣受到歡迎。隨時都可以到遍布莫斯科的連鎖街頭小吃攤特雷莫克（Teremok）嘗試這種薄烙餡餅。

● 在斯拉夫文化中，醃漬物不只是食物，也是一種生活方式。俄羅斯料理圍繞著番茄、大蒜、甜菜、豆子和鯡魚等醃漬品，傳統上也常將醃漬品當作乾掉小杯伏特加時的下酒菜。想要對莫斯科種類繁多的醃漬美食有初步的認識，可以造訪供應傳統烏克蘭和俄羅斯料理的熱門餐廳Taras Bulba（地址：30/7 Ulitsa Petrovka）。品嘗的同時，也別忘了搭配餐廳以發酵的黑麵包或黑麥麵包自釀的克瓦斯淡啤酒（kvas），這種飲料已經在東歐各地盛行餘千年了。■

鮭魚卵口味的薄烙餡餅

地標

紅場

紅場（Krasnaya Plochad）是俄羅斯知名的政治象徵，也是從恐怖伊凡到佛拉迪米爾・普丁等諸位統治者的前院。即使莫斯科市內有雉堞狀的克里姆林宮牆，以及聖瓦西里大教堂（St. Basil's Cathedral）的洋蔥式屋頂等偉大的建築珍寶，紅場仍是俄羅斯的中心。● 儘管紅場這名稱會讓人聯想到共產主義的代表色，但紅色這個俄文字，在古俄語中是「漂亮」意思。● 紅場其實是一塊占地7萬3000平方公尺的矩形區域。● 雖然披頭四在俄羅斯被禁，但是2003年世，披頭四其中一名團員保羅・麥卡尼卻在紅場表演。● 廣場上維多利亞風格的國家百貨商場（GUM）於1893年開幕，擁有超過1000家商店，如今專賣奢侈品。● 蘇聯首位最高領導人佛拉迪米爾・列寧在1924年逝世，從1930年開始，他的遺體就在廣場旁的花崗岩陵墓中展出。列寧的遺體被做成木乃伊，為了避免脫色和發霉，必須定期以漂白劑擦拭。■

今昔之比

莫斯科河

即使莫斯科河上方的天際線，在過去100年間已經改頭換面，這條河始終受到土地開發案的青睞。莫斯科以東正教教堂的洋蔥式圓頂著稱，如今它們卻站在摩天大樓的陰影裡。在右側照片中，烏克蘭飯店（Hotel Ukraine）這個形狀像結婚蛋糕的米色建築，屬於散布本市各個角落的七座白色高樓。而這些暱稱為「七姊妹」的建築，是史達林在1940年代末到1950年代初興建的。烏克蘭飯店後方時髦的摩天大樓群是莫斯科最新的建設成果，其中有四座名列歐洲前五大最高建築。儘管如此，有些地方仍維持原樣。上方的照片中，在莫斯科河最遠的彎道一帶，可以看到克里姆林宮的尖頂，而它至今在河岸仍保有舉足輕重的地位。∎

祕密景點

後方——和更遠的地方：紅場

頓斯科伊修道院大教堂

紅場七彩圓頂後方的**瓦瓦卡大街**（Ulitsa Varvarka）上，藏著莫斯科最久遠的歷史。這條本市最古老的街道是中世紀的歷史中心，往任一方向走上數公尺，都會撞見一座座擁有百年歷史的洋蔥式屋頂。**聖芭芭拉教堂**（St. Barbara's，地址：2 Ulitsa Varvarka）粉紅色的正面、中世紀的**舊英國大使館**（Old English Embassy，地址：4a Ulitsa Varvarka），以及16世紀的**羅曼諾夫博雅爾斯宮殿**（Chamers of The Romanov Boyars，地址：10 Ulitsa Varvarka）都是最精采的幾棟建築。

圍繞莫斯科那些修道院的厚圍牆，起初是為抵禦外敵而建，如今阻隔了車輛的噪音，為嘈雜的都市提供了一劑解藥。爬到山丘上的Zabelina大街，喝碗由伊凡諾夫斯基女修道院（Ivanovsky Convent，地址：4 Ulitsa Zabelina）修女烹調和端上的熱湯。或是穿越**頓斯科伊修道院**（Donskoy Monastery，地址：Donskoya Ploshad, 1-3）的紅白兩色的圍牆，在安靜的墓園中散步。

儘管莫斯科市內已有許多知名品牌駐紮，但是也有一股買賣古董的反主流文化正在崛起。莫斯科其中一個最大的露天跳蚤市場就在**伊茲麥洛夫公園**（Izmailovsky Park，地址：73 Izmailovskoe Shosse），那裡專賣直接從奶奶的閣樓拿出來的古董。**老祖母**（Baboushka，地址：1 Kudrinskaya Pl.）店內的五個房間都塞滿了蘇聯時期的古董，從機器人、女帽到古老的聖誕節裝飾都找得到。∎

蘇聯式慶典

傳統上，俄羅斯在1月6日至7日慶祝聖誕節，但這個節慶在蘇聯的統治下徹底被移除，與世俗的新年合併。如今，12月31日到1月1日依舊是最重要的冬季節慶。莫斯科人會在克里姆林宮上放煙火，並舉行徹夜的家族聚餐和交換禮物來大肆慶祝。

全天候散步

無論氣溫多低，莫斯科人都喜歡外出散步。到查理金諾莊園（地址：1 Dolskaya Ulitsa）這座昔日莊園變身的公園，在凱薩琳宮的哥德式尖塔之間來一場週日散步，或是到彼得大帝年輕時最中意的伊茲麥洛夫公園走走。如果時值冬天，就學當地人戴上毛帽吧！

俄羅斯壽司

莫斯科的壽司餐廳就像美國的星巴克，市內幾乎每個街角都找得到。起初壽司只是一時的流行，但很快地，它便成為莫斯科料理的台柱。無論是不是日式餐廳，大部分餐廳的菜單上都有壽司類料理，所以最好將「palochki」這個筷子的俄文字列入基本單字表。

查理金諾莊園（Tsaritsyno Park）過去數十年被棄置並任其毀壞，如今卻吸引大批人潮造訪它修剪過的草坪和整修後做為博物館使用的宮殿。

加州
洛杉磯
光彩奪目的國際城市的最新續集：擁抱都市面

在回聲公園湖（Echo Park Lake）
欣賞洛杉磯美麗的天際線

重要統計數字

- 每年平均晴天數為292天

- 洛杉磯郡內海岸線長度為
  121公里

- 娛樂業人口約有13萬人

- 通勤族被堵在路上的時間
  每年約為72小時

- 拉丁裔居民占總人口49%

我的城市：崔羅伊

洛杉磯是我的家。我喜歡它的自由，在這裡，你可以是任何你想成為的人；即使你還不清楚自己是誰，也可以做自己就好。你可以光看我們的表面，或是深入發掘我們大量的內在文化。順帶一提，這裡的天氣數一數二的好。

我們或許以開車文化聞名，不過，要體驗洛杉磯的各種氛圍，一定得用兩隻腳親自走一遭。到洛杉磯隨便一座碼頭晃晃，在回聲公園的階梯上走走，或是到市中心，從中國城一路逛到博伊爾高地（Boyle Heights）和韓國城，每個地區都迥然不同，卻都具有洛杉磯的精髓。我也喜歡在城市各地欣賞遛狗的人，其中最棒的觀賞地點是魯尼恩峽谷（Runyon Canyon）和好萊塢椰林大道。

想要感受洛杉磯，最好的方法是在公園裡野餐，或是在樹下小睡片刻，類似極樂公園（Elysian Park）、格力非斯公園（Griffith Park）、銀湖區（Silver Lake）、威尼

斯海灘（Venice）和埃爾多拉多（El Dorado）這樣的地方不勝枚舉。

想欣賞光鮮亮麗的人，就到第三街、拉赤蒙（Larchmont）、銀湖區或是阿伯特金尼大道（Abbot Kinney）五花八門的時髦精品店，這些店裡的商品，就算想買，我平常也買不起。我偶而也會進購物中心買東西，我知道在潮人眼中這很遜，但是格蘭代爾廣場（Glendale Galleria）真的很有洛杉磯的味道。

我們有些酒吧新到你可能連它開了都不知道，當然也有些已經營業很久了。我自己是喜歡到La Descarga、Alibi Room、The Roger Room和Jumbo's Clown Room等酒館小酌。我現在幾乎不上夜店，但如果要去的話，我會到韓國城的夜店，像西大道（Western）的Vibe夜店就很酷。

要聽音樂的話，格力非斯公園的露天表演區——希臘劇場（The Greek Theatre）和1920年代開幕的圓形劇場——好萊塢露天劇場（Hollywood Bowl），都是洛杉磯最棒的場所。El Rey和The Roxy是另外兩個經典場所。潘塔吉斯劇院（Pantages Theater）也酷斃了——但這是我私心的偏好，因為我在那裡表演過一個晚上。

除了洛杉磯郡立美術館（Los Angeles County Museum of Art）和洛杉磯當代藝術博物館（The Museum of Contemporary Art），我都帶人去威尼斯海灘的格力非斯天文台（Griffith Observatory），在戶外用餐，補捉都會美景。如果還能繞去韓國城，我就心滿意足了。老實說，我大部分的時光都是在那裡度過的：購物、看牙醫、寄送包裹、覓食、喝酒、沉思，那裡是洛杉磯的不夜城。就像我上的那集《波登不設限》一樣，你可以在時時樂（Sizzler）或是名人包子（Myung In Dumplings）店內找到我。

崔羅伊（Roy Choi）是一位廚師，以結合韓國與墨西哥風味的美食餐車Kogi一炮而紅。他經營了Chego!、Sunny Spot和POT這三間餐廳，同時也是《洛杉磯之子：我的生活、城市和食物》（L.A. Son：My Life, My City, My Food）這本回憶錄的作者。■

在裝潢滑稽的**Chego!**餐廳上菜

「人們來到洛杉磯，就切斷了與過往生活的聯結。他們尋找的，是一個能讓自己自由的地方，這個地方讓他們成就在其他地方都無法成就的事。」

——前市長湯姆・布拉德雷（Tom Bradley）

地標

好萊塢標誌

這 個知名的地標架在洛杉磯其中一座最高峰的頂端,從1923年開始,就吸引著無數的夢想家。無論從市內哪個角落都看得見,這個醒目的標誌享譽全球,它不僅僅是個地名,也象徵著野心、魅力和改造,也就是說,它正好代表了洛杉磯。• 這塊標誌原來寫著「好萊塢地產」(Hollywoodland),用來推廣地產開發案。• 原本的木造標誌年久失修、殘破不堪,直到1978年,九位捐款者伸出援手。《花花公子》雜誌創辦人休·海夫納贊助了字母「Y」,歌手艾利斯·庫柏(Alice Cooper)為紀念演員格魯喬·馬克思(Groucho Marx),贊助了字母「O」。• 估計約有6000萬人透過電視轉播,收看整修後的新標誌揭幕儀式。• 每個字母的高度和寬度大概都有四層樓高。• 多年來,有人對標誌進行惡作劇,用它拼成各種訊息,像是1976年大麻除罪化後,標誌變成了「好萊大麻」(HOL-LYWeeD)。1990年,加裝了警報系統,預防日後有人擅自竄改它。∎

購物車

從波西米亞嬉皮到酷炫工業風

一間位於下城藝術區的藝廊

獨一無二 拋開胸大無腦的千金大小姐在百貨公司購物的刻板印象，內行的洛杉磯人都是到威尼斯海灘的**阿伯特金尼大道**，造訪波西米亞嬉皮風精品店和藝廊。這裡找不到大眾連鎖品牌，但聽說Gap的設計師會到這些舒適宜人的街道上閒晃，尋找明年的時尚靈感。以下幾家在阿伯特金尼大道上的店家，都獨具特色：設計師飾品店Mona Moore（地址：1112號）、精挑細選的服飾店Heist（地址：1100號）、稀奇古怪的家具商A+R Store（地址：1121號），以及供應高檔有機香水的嗅覺樂園Stange Invisible（地址：1138號）。

燈火通明處 洛杉磯的市中心正在經歷耀眼奪目的蛻變。朝小東京區和市政廳東邊前進，你會看見一群創意十足的年輕人，將工業區改造成新奇的藝術區。在Poketo（地址：820 E. 3rd St）發現酷炫文具和設計商品，在Hammer and Spear（地址：255 S. Santa Fe Ave.）尋找復古家具，或是到位於一間車庫裡的高級時裝店Guerilla Atelier（地址：821 E. 3rd St.），隔著一條街是男裝店，Apolis : Common Gallery（地址：806 E. 3rd St.），它將高雅的服飾和藝廊展覽與試映會結合在一起。■

美食餐車

在美食餐車風靡各大城市以前，洛杉磯已經讓低微的餐車升格為美食地標。南加州那些供應油膩食物的餐車原本毫不起眼，如今發展為高檔的簡餐店，有名人主廚坐鎮，菜單上列著五花八門的食物，從美味的烤起司三明治，到手工冰淇淋三明治。城裡到處都有餐車出沒，還有在推特上追蹤它們的挑剔食客尾隨在後。

異想天開

天使鐵路（Angels Flight）是下城區班刻丘（Bunker Hill）的地標，全長91公尺，在1901到1969年的營運期間，曾是世界上最短的纜索鐵路。原本就是橘色的木製車廂，在1996年恢復運行，現在3分鐘的旅程要價50分美金。■

生活風格精品店**Poketo**經常主辦工作坊和藝文展覽

道地的洛杉磯塔可包、泰國菜和太平洋料理

Son of a Gun的航海主題裝飾，幾乎和它供應的海鮮一樣出色。

• 洛杉磯人不但重視塔可包，也經常吃它。饕客對Guisados（地址：2100 E. Cesar Ave. and 1261 W. Sunset Blvd.）用細火慢燉的肉類料理讚譽有加，My Taco（地址：6300 York Blvd.）以羊肉餐點著稱，至於Ricky's（地址：1400 N. Virgil Ave.）則供應完美的炸魚塔可包。

• 洛杉磯的泰國人口數僅次於泰國本土，在這裡就可以品嚐道地的南亞料理。到好萊塢的泰國城，在Yal（地址：5757 Hollywood Blvd.）試試辣得令人舌頭發麻的牛肉沙拉、Sapp Coffee Shop（地址：5183 Hollywood Blvd.）的船麵，或是到Ruen Pair（地址：5257 Hollywood Blvd.），嚐嚐泰國東北伊森地區的豬肉乾和糯米。

• 洛杉磯的濱海環境，總算為它帶來了好處——頂級海鮮。米其林星級主廚麥可・斯曼如斯帝（Michael Cimarusti）在西好萊塢新開一間叫Connie & Ted's（地址：8171 Santa Monica Blvd.）的餐廳，以生食吧和特製燉菜，表現新鮮大西洋魚類的美味。炸蝦吐司、炸魚和薯條，則是Son of a Gun（地址：8370 W. 3rd St.）菜單上的主角。一到生蠔特餐餐廳（Blue Plate Oysterette，地址：1355 Ocean Ave., Santa Monica），大概就知道該點些什麼了。∎

洛杉磯意想不到的一面：
腳踏車和步行之旅

數十年來，洛杉磯似乎拒絕承認有一條河流貫穿它的中心。如今，洛杉磯河（Los Angeles River）的生態復育計畫不再是痴人說夢。格倫代爾狹窄水道（Glendale Narrows）是洛杉磯河其中一段長達11公里的水道，常有釣客和賞鳥者聚集在此，觀賞大藍鷺（great blue heron）、美國白鵜鶘（American white pelican）、桂紅鴨（cinammon teal）和其他洛杉磯鳥類，你還可以參加嚮導帶領的獨木舟之旅。

外地人把洛杉磯想像成一座由高速公路構成的鋼筋水泥迷宮，但這裡其實集結了許多適合步行的地區。搭上地鐵，以緩慢的步調體驗這座城市，你將發現許多驚喜，像是好萊塢大道（Hollywood Boulevard）上的週日農夫市集（靠近Hollywood / Vine地鐵站）。或是到洛杉磯城歷史紀念區（El Pueblo de Los Angeles），靠近Union地鐵站這個全市最古老的地區保存了許多遺址，以紀念墨西哥在洛杉磯的文化遺產。非營利組織CicLAvia也會在市內各大交通幹道，規畫歡迎行人和腳踏車參與的「戶外健騎活動」（上ciclavis.org查詢下一場活動）。∎

洛杉磯河上的大藍鷺

威尼斯海灘是溜直排輪、健身和泡海灘等豔陽
下休閒娛樂的經典去處

十大推薦

最佳銀幕城市

除了好萊塢和寶萊塢，電影夢也在其他地方生根發芽。

激發許多靈感的奧地利薩爾茲堡
（Salzburg）山丘

奧地利，薩爾茲堡

當《真善美》（The Sound of Music）這部深受衆人喜愛的電影，於 1964 年在薩爾茲堡一帶拍攝時，那些山丘確實樂聲輕揚、充滿生氣。市內的米拉貝爾花園（Mirabell Gardens）、儂柏格修道院（Nonnberg Abbey）和音樂節大廳（Felsenreitschule）都是片中場景。

Naples, Italy

美國喬治亞州，亞特蘭大

亞特蘭大因為經典電影《亂世佳人》（Gone with the Wind，1939 年上映）而聲名大噪。近年來，這座喬治亞州（Georgia）首府已發展成電視中心，《陰屍路》（The Walking Dead）和《噬血Ｙ世代》（The Vampire Diaries）等影集都在這裡拍攝。

義大利，那不勒斯

在 1915 年，經典默片《那不勒斯之血》（Assunta Spina）揭開了那不勒斯和電影之間的漫長戀曲。一個世紀之後，包括動作片《神鬼認證：神鬼疑雲》（The Bourne Supremacy，2004 年 上 映）和火山災難史詩鉅片《龐貝》（Pompeii，2014 年上映）在內，數以百計的電影都在這座南義城市一帶拍攝。

摩納哥，蒙地卡羅

從希區考克的《捉賊記》（Catch a Thief，1955年上映），到好幾部《詹姆士·龐德 007》間諜動作片，蒙地卡羅這個位於地中海沿岸里維拉（Riviera）地區的城邦，曾作為許多令人難忘的電影的場景，更何況還有葛莉絲王妃這位好萊塢女星嫁入了摩納哥王室。

美國北達科他州，法哥

非主流經典電影《冰血暴》（Fargo，1996 年上映）讓這座死氣沉沉的北達科他城市搖身一變，成為家喻戶曉的名字。儘管這部黑色喜劇的場景和氛圍，都散發著法哥的味道，但其實只有幾個外景真的在這座城市拍攝。

南非，約翰尼斯堡

這座南非大城曾以本色作為電影場景（《打不倒的勇者》Invictus，2009 年 上映），也曾在片中扮演其他地區（《盧安達飯店》Hotel Rwanda，2004 年上映）。2009 年科幻大片《第九禁區》（District 9）的背景就設在南非，片中外星人與人類的對抗，其實是暗指種族隔離政策下的約翰尼斯堡。

燈光、攝影機、開拍！

紐西蘭 威靈頓

紐西蘭，威靈頓

許多電影和電視劇都曾在濱海的紐西蘭首都拍攝，但是多虧紐西蘭出身的導演彼得・傑克森（Peter Jackson），這座城市（Wellington）才一舉躍上國際舞台。傑克森在這裡拍攝電影《魔戒三部曲》（Lord if the Rings），還有《哈比人》（The Hobbit，2012 年上映）和《金剛》（King Kong，2005 年上映）。2009 年的賣座鉅片《阿凡達》（Avatar）和《蘇西的世界》（The Lovely Bones），也都在「威萊塢」（Wellywood，傑克森對威靈頓的暱稱）製作。

美國新墨西哥州，阿布奎基

包括《絕命毒師》（Breaking Bad，2008-2013 年播出）和《平地風雲》（In Plain Sight，2008-2012 年播出）等許多影集，都在這座新墨西哥州城市拍攝。阿布奎基製片場（Albuquerque Studios）擁有八座巨型攝影棚，在拍攝的電影與影集數量上，已足以媲美洛杉磯的大型製片廠。

摩洛哥，卡薩布蘭加

在1942 年亨弗萊・鮑嘉（Humphrey Bogart）和英格麗・褒曼（Ingrid Bergman）主演的電影《北非諜影》（Casablanca）上映後，卡薩布蘭加（Casablanca）從默默無聞的北非海港，變成全球知名的電影地標。遊客至今仍會造訪這座摩洛哥城市，以為能找到片中杜撰的兩間酒吧：銳克美式咖啡（Rick's Café）和藍鸚鵡（Blue Parrot）。

美國馬里蘭州，巴爾的摩

巴爾的摩出身的導演巴瑞・李文森（Barry Levinson）在這座「烏鴉之城」（Raven City，名詩〈烏鴉〉的作者艾倫坡於巴爾的摩逝世）拍攝了《餐館》（Diner，1982 年上映）和《阿瓦隆》（Avalon，1990 年上映）等幾部懷舊電影。這座城市嚴苛的一面，也成為《火線重案組》（The Wire）和《重案組》（Homicide）兩部影集的主題。趣聞：熱門影集《紙牌屋》（House of Cards）大部分的場景，都是以巴爾的摩作為華盛頓哥倫比亞特區的替身。

卡薩布蘭加如今已和《北非諜影》中的模樣大不相同

土耳其
伊斯坦堡
一處令人難以抗拒、各色文明與大陸交會的十字路口

伊斯坦堡的建築融合了拜占庭、鄂圖曼和現代土耳其的風格

重要統計數字

- 大市集（GrandBazaar）裡的商店共5000家

- 清真寺共3028座

- 鄂圖曼帝國時期的公共廁所多達1400座，在當時是一項偉大成就。

- 建城時間約公元前660年

- 穆斯林人口高達99%

- 教堂與猶太會堂共56座

- 博斯普魯斯海峽（Bosporus）的長度為31公里

從古老的清真寺和市集，到時髦咖啡館和精品店湧現的地區，伊斯坦堡隨著改變和對比脈動。博斯普魯斯海峽貫穿這座丘陵起伏的城市，成為歐亞兩塊大陸的分界，為伊斯坦堡注入活力。

美食地圖

在博斯普魯斯海峽吃點餃子和回式烤肉

- 千萬別錯過受歡迎的土耳其餃（manti，又稱為土耳其式義大利餃）這種淋上大蒜口味優格的肉餃。來到位在伊斯坦堡亞洲部分的摩達（Moda）的 Gönül Abla（地址：Bostan Sokak 50），店內的土耳其餃都是現點現做。如果要找可以觀景的市中心餐廳，那就到卡拉寇伊區（Karaköy）的伊斯坦堡現代美術館（Istanbul Modern，地址：Meclis-i Mebusan Caddesi Liman iṣletmeleri Sahası Antrepo 4），在它附設的餐廳可以俯瞰博斯普魯斯海峽。既然來了，就順道欣賞頂尖的20世紀土耳其藝術。

- 土耳其回式烤肉（kebab）種類層出不窮。在擁有開放式烤肉區的小餐館 Adana Ocakbaṣı（地址：Ergenekon Caddesi, Baysungur Sokak 8），試試羊肉串燒（çöp şiş）。或是到擁有17種回式烤肉的哈姆迪餐廳（Hamdi Restaurant，地址：Kalçın Sokak No.17 Eminönü）擇一品嘗，這裡也擁有驚人的美景。∎

新貴和從容的乘客

伊斯坦堡眾多土耳其浴之一

想接觸著名的伊斯坦堡現代美術館以外的當代藝術圈，不妨物色較罕為人知的珍寶——伊斯坦堡的新貴藝廊。到Ellipsis藝廊（地址：Hoca Tahsin Sokak, Akce Han 10, Karaköy）欣賞攝影作品，或是到NON藝廊（地址：Tomtom Mahallesi Nur-i Ziya Sokak 16 Beyoğlu）看看藝術界新秀的作品。

在伊斯坦堡，只有遊客才會搭計程車。不如選擇輕鬆又省錢的交通方式，和當地人一樣搭乘完善的大眾交通系統。在其中一個主要的交通樞紐，買張伊斯坦堡卡（Istanbulkart），跳上巴士或有軌電車。往返新城卡巴塔許（Kabataş）和舊城宰廷布爾努（Zeytinburnu）的有軌電車，會從伊斯坦堡較為現代化的一側，越過水道，沿著波光鄰鄰的博斯普魯斯海峽行駛。

伊斯坦堡以土耳其浴聞名，你可以在澡堂的蒸氣中放鬆，享受舒適的擦洗或按摩。但是不要到Çemberlitaş和Cağaloğlu和成群的遊客人擠人，而是到裝潢簡單的Kılıç Ali Paşa（地址：Kemankeş Mah. Hamam Sokak 1, Tophane Karaköy）或是Ayasofya Hürrem Sultan（地址：Cankurtaran Mahallesu Ayasofya Meydani 2, Fatih），這兩間土耳其浴的歷史都可以追溯至16世紀。∎

小說介紹

《平和的心靈》（A Mind at Peace）

阿赫邁・韓迪・坦比納 著（Ahmet Hamdi Tanpinar，1949年出版）書中的主角穆塔茲（Mümtaz）同時愛上了一位女子和伊斯坦堡，坦比納用極具感染力地文字，描繪出伊斯坦堡在1930年代首位總統凱末爾・阿塔圖克（Kemal Atatürk）的統治下，快速且令人迷惘的文化變遷。

《黑色之書》（The Black Book）

奧罕・帕慕克著（Orhan Pamuk，1994年出版）一個揮之不去的謎團，揭開了名叫卡利普（Galip）的伊斯坦堡律師尋找失蹤妻子的過程，為讀者帶來一段繽紛而深刻的現代伊斯坦堡之旅。

《伊斯坦堡的私生女》（The Bastard of Istanbul）

艾莉芙・夏法克著（Elif Shafak，2007年出版）這部土耳其女作家的小說，以愛霞（Asya）和阿瑪諾須（Armanoush）兩位女孩為中心。愛霞與媽媽和阿姨們住在伊斯坦堡，阿瑪諾須則離開美國的家，偷偷跑到伊斯坦堡，兩人分別提供了在地人和新移民對這座城市的觀察。∎

這間現代藝術博物館的前身是一間倉庫

17世紀的新清真寺（New Mosque）
聳立於伊斯坦堡歐陸部分的濱海地區

埃及
開羅
一座變化中的熱鬧城市，從千年以前直到今日都同樣引人入勝。

開羅的貝因‧夸斯林區（Bein al-Qasreen）燈火通明

重要統計數字

- 埃及博物館（Egyptian Museum）的工藝品超過16萬件，擁有全世界最豐富的埃及古文物。

- 尼羅河的長度為6650公里，與亞馬遜河爭奪全世界最長河流的頭銜。

- 艾資哈爾大學（al-Azhar University）的創立時間為公元988年，是全世界第二古老的大學。

- 人面獅身像（Great Sphinx）的高度超過20公尺，是全世界最大的獨立石雕。

- 古夫金字塔（Great Pyramid）的原始高度為147公尺，它有超過3800年的時間，都是全世界最高的人造建築。

- 古夫金字塔上的石塊估計有230萬塊2.3 million

開羅除了是吉沙金字塔群（Pyramids of Giza）和人面獅身像的所在地，很少有城市像它一樣，融合了現代的活力與永恆的歷史。或許它正在經歷革命的陣痛期，但是對這座大都市來說，這不過是漫長歷史中的一個瞬間。

祕密景點
古代法老王和悠遠的風景

在夏天來訪，剛好是一年中撒哈拉的太陽和日間氣溫最高的時期，因此，不妨等到夜間，伴隨著聲光秀和敘述相關歷史的旁白，一邊欣賞金字塔群和人面獅身像這些古代奇觀，一邊沐浴在極為現代的彩色燈光中。

每個人都知道金字塔，卻經常錯過大金字塔旁的太陽船博物館（Solar Boat Museum），即使參加導覽行程也不例外。在這座其貌不揚、狀似長方型棚舍的建築裡，展設著一艘擁有4500年歷史的雪松木船，1954年發現時便完好無缺。當初建造這艘船，是要做為古夫法老王（Pharaoh Khufu）前往冥界的交通工具。

古夫法老王的神聖之船

大尼羅河大廈酒店（Grand Nile Tower）坐落在尼羅河畔，就在花園城市區（Garden City）的尼羅河濱海道路（Corniche El Nil）上，緊鄰開羅市中心。它的頂樓旋轉餐廳，是中東地區海拔最高的餐廳之一，無論白天夜晚，都可以看到這座城市和金字塔群的最佳美景。■

地標

人面獅身像

人面獅身像最難解的謎團，是建造者的身分。這座石灰岩雕像高度和白宮不相上下，它的爪子比市區公車還要大，於古王國（Old Kingdom）時期建造，大約在公元前2558年到2532年間，可能出自卡夫拉王（Khafre）任內。到公元前47年，埃及豔后凝望它時，這隻擁有人頭、蹲伏著的獅子早已年代久遠，但直到今天都魅力不減。「斯芬克斯」是古希臘人創的別名，它的埃及名為「地平線上的荷魯斯」（Hor-em-Akhet），作為獻給天空之神荷魯斯的獻禮。在古代世界七大奇蹟中，只剩下吉沙金字塔群和人面獅身像屹立不搖。根據通俗史，拿破崙的炮彈打掉了人面獅身像的鼻子。但證據顯示，暱稱為「小下士」的將軍在1789年入侵埃及，但早在至少300年前，雕像的鼻子就被蓄意劈掉了。你或許無法解開它所有的謎團，但至少可以在臉書上對大金字塔送出交友邀請。■

像艾資哈爾清真寺（al-Azhar Mosque）這
種複雜精細的伊斯蘭建築遍布整座城市

開羅經典：貝都因服飾和裝飾性水煙

一塊待售的開羅地毯上裝飾著沙漠圖案

流動盛宴 來自沙漠、出自貝都因人之手的漂亮珠寶、服飾、披肩和飾品，是**遊牧民族藝廊**（Nomad Gallery）的主角，而且它的商品也出自西奈半島與埃及各地的工匠。它的主要分店（地址：14 Saray Elgezira）位於紫馬雷克區（Zamalek），附近的萬豪酒店（Marriott）裡，還有另一間分店。

夢幻之煙 水煙壺這種經典的埃及工藝品是很好的紀念品，就算不抽水煙，只要把它放在咖啡桌上展示，肯定會引起話題。**阿拉伯水煙專賣店**（The Sheesha Shop，地址：41 Syria St., Mohandiseen）販賣黃銅混玻璃製的水煙筒，從傳統的樣式，到絕對稱得上當代藝術品的現代水管形狀的設計，種類繁多、一應俱全。這家店也為那些不想真的吸菸的人，提供了桃子或葡萄等口味的新式「電子水煙」。

再生資源 Gezazy**藝廊**以回收玻璃和其他廢棄物，做出各式各樣的裝置藝術，將埃及的手工藝帶入21世紀。從燭台和燈具，到由花瓶和瓶子改造成的迷你花盆都有。這裡每週四還會舉辦市集，陳列開羅其他藝術家和工匠充滿創造力的現代商品。這間店位於馬迪區（Maadi）250街上，就在大購物中心（Grand Mall）後方。∎

在開羅數不清的水煙吧中，挑一家好好放鬆一下。

巴黎

充滿魅力、才華洋溢、浪漫無比，且永遠忠於本色。

光之城（City of Light）這個頭銜非常適合巴黎，但這個稱號其實源自它在啟蒙時代扮演的核心角色。

重要統計數字

- 博物館134間

- 米其林星級餐廳95間（本書出版時）

- 街頭市集94座

- 行政區20個，以順時鐘螺旋方向為各行政區編號。

- 每人每年葡萄酒消耗量約57公升，這個數字每年下滑5%。

我的城市：亞歷山大．羅布拉諾

我在青少年時期，第一次以遊客的身分拜訪巴黎時，就被這座城市深深吸引。我愛上了乳酪店撲鼻的氣味、那些服務生會態度自若地，為一位害羞的16歲男孩端上紅酒的咖啡館，以及這座城市無時無刻的從容優雅。我因為接下一份編輯工作而搬到這裡時，警告自己說，這次不可能像第一次來的時候一樣美好，那麼浪漫至極。

而我確實沒有說錯，這次不一樣──甚至比上次更好。

我從工作地點走路回家，會穿過杜樂麗花園（Tuileries），看著遊船在波光粼粼的塞納河上航行，或是透過大皇宮（Grand Palais）的玻璃圓頂，瞥見蜜桃色的夕陽。我可以在奧賽美術館（Musée d'Orsay）逗留，欣賞它令人驚豔的印象派畫作館藏，再到知名的花神咖啡館（Café de Flore）露天座位區小酌基爾酒，或是在La Pagoda這座美輪美奐的電影院看一部電影，而且這座當作電影院使用的日式寶塔，就在我的公寓附近。

想像一下，趁著衣服在轉角的自助洗衣店烘乾，花上40分鐘，在一間像Quatre-homme一樣棒的乳酪店隨意逛逛。再想像一座非常重視飲食的城市，在這裡獨自外出用餐是再正常不過的事。為了挑戰自我，我曾隻身前往佩黑赫大道（Boulevard Pereire）上知名的傳統餐廳Chez Georges，而如今它已名列我最喜歡的小酒館名單。那裡一位有點年紀的女服務生對我特別好，還會拿別桌剩下的默爾索葡萄酒（Meursault）招待我。

　　威爾遜總統大道（Avenue du Président Wilson）上的市集，以及巴蒂紐爾區（Les Batignolles）的有機市場，是兩個我最喜歡的街頭市集。在那裡，我不只可以認識食物，也能練習說一口更流利的法語。住在這裡，我有時間逛遍所有出色的小型博物館，像是美妙的卡納瓦雷博物館（Musée Carnavalet，專為巴黎歷史而設）、優雅的雅各馬爾‧安德列博物館（Musée Jacquemart-André），以及瑪摩丹美術館（Musée Marmottan Monet，收藏絕佳的莫內畫作）。我可以在好交易（Le Bon Marché）和巴黎市政廳百貨公司（Le BHV）花上數小時，在它們井然有序又寬敞的展售空間，瀏覽法國人的日常行頭。

　　後來我也交到了朋友和情人，他們會跟我分享屬於他們的巴黎。我曾欣賞過巴葛蒂爾花園（Bagatelle gardens）裡的玫瑰，在凡爾賽宮（Château de Versailles）的庭園和人手牽手散步，也曾在大半夜到豬腳餐廳（Au Pied de Cochon）大啖洋蔥湯和生蠔。我還學到，原來並沒有所謂一般的麵包，麵包是一種非常獨特的產品，每間麵包店做出的麵包都不一樣。

　　然後某一天，當我從機場搭計程車進入市區，從車內看見聖心堂（Sacré-Coeur）時，那個時刻終於到來了。我的心跳加速，但不只因為它的美，也因為我知道我到家了，回到這座將我塑造成我想成為的那種男人的城市。

　　美國作家亞歷山大‧羅布拉諾（Alexander Lobrano）已經在巴黎住了快30年，他同時也是《渴望巴黎》（Hungry for Paris）和《渴望法國》（Hungry for France）的作者。■

到處都找得到新鮮的傳統法式長棍麵包

「如果你很幸運，年輕時待過巴黎，
那麼在接下來的人生，你無論到哪都會惦記著它，
因為巴黎是一場流動的饗宴。」

——美國作家兼巴黎居民厄內斯特‧海明威

蒙馬特（Montmartre）洋溢藝文氣息的中心區域

地標

艾菲爾鐵塔

象徵法國最好的一面：自信、燦爛，讓世界欣賞的一場秀。艾菲爾鐵塔是1889年世界博覽會的主角，興建時只打算保存20年。起初，法國評論家認為它有礙觀瞻，但是巴黎人愈看愈覺得，他們意外創造出一件傑作，一個法國的永恆象徵。•

一開始，法國大部分的藝術家和知識份子都以近乎歇斯底里的措詞，譴責這項計畫，稱它為「骨架」和「工廠煙囪」。• 在夏日的高溫中，這座鐵塔會受熱膨脹，最多「長高」18公分。• 在1930年紐約的克萊斯勒大樓（Chrysler Building）出現以前，全世

界最高建築的頭銜屬於312公尺高的艾菲爾鐵塔。• 它以1萬8038個金屬元件和大約250萬隻鉚釘打造而成。• 從1999年的新年前夕開始，布滿整座鐵塔的2萬顆閃光燈泡會在每天晚上，從天黑後到凌晨1點間，以每小時一次的頻率上演5分鐘的閃光秀。■

適合送禮的食物和二手珍寶

在跳蚤市場可以找到上好的古董餐具

美食伴手禮　在專賣特殊餐點的熟食店（traiteur）選購食物，是一種道地的巴黎體驗，而且之後還可以帶食物回家。迷人的**艾迪亞爾**（Hédiard，地址：21 place de la Madeleine, 8e）從19世紀開始營業，這裡是一座法國美食聖殿，提供來自斯特拉斯堡的鵝肝等各種珍饈。Fauchon（地址：26 place de la Madeleine, 8e）以包裝華麗的法國禮品聞名，同時也是選購果醬、蜜餞和馬卡龍等甜點的熱門店家。

時尚殿堂　這間百貨公司歷史悠久，結合了美好年代的富麗堂皇與現代風格，你也可以把這次購物體驗帶回家，珍藏這份回憶。春天百貨（Le Printemps，地址：64 Blvd. Haussmann）和擁有玻璃圓頂的**拉法葉百貨**（Galeries Lafayette，地址：40 Blvd. Haussmann）彼此相鄰，是巴黎最棒的兩家百貨公司。過河來到巴黎左岸，則有其中一間全世界最古老的百貨公司——創立於1852年的**好交易**（地址：24 Rue de Sevres, 7e），如今魅力也分毫不減。

垃圾和珍寶　某個巴黎人眼中的垃圾，可能被別人視為珍寶。如果沒有花上一整天，到巴黎市邊緣的玫瑰街（Rue des Rosiers），在占地將近7公頃、擁有約3000個攤位的**聖圖安跳蚤市場**（Marché aux Puces de Saint-Ouen）逛逛，這趟巴黎之旅就不算完整。在市中心的**阿里格荷跳蚤市場**（Marché aux Puces d' Aligre，地址：place d' Aligre, 12e），或許能發現古老的法式烹飪術，或是年代久遠的古書鉅著。到溫馨親切的**旺夫跳蚤市場**（Vanves flea market，地址；Av. Marc Sangnier & Georges Lagenestre, 14e）購物，就像在你不曾擁有的法國祖父母的閣樓裡翻箱倒櫃。■

拉法葉百貨這個美好年代的奇觀，吸引了來自世界各地的美食家和時尚達人。

小說介紹

《酒店》（L' Assommoir）
埃米爾・左拉著（Émile Zola，1877 年出版）
在左拉所有作品中，這本小說最成功地描繪出19 世紀的巴黎，以及當時普遍困苦的巴黎人，而這可不是一幅令人愉悅的景象。主角的女兒娜娜長大後，成為精神變態的妓女，之後也出現在左拉另一部題材黑暗的經典小說《娜娜》（Nana，1880 年出版）中。

《站在十字路口的探長》（Maigret at the Crossroads）
喬治・西默農著（Georges Simenon，1931 年出版）
西默農的每一本馬戈探長（Maigret）系列小說，都能讓人聯想到巴黎市民生活（和下層階級），但這本是其中的佼佼者。

《流動的饗宴》（A Moveable Feast）
厄內斯特・海明威著（Ernest Hemingway，1964 年出版）
這本回憶錄在海明威死後才出版，擷取作家的筆記本中，提及「迷惘的一代」（Lost Generation）和 1920 年代魔幻巴黎的部份。不過，要確認拿到的是原版，而不是「修復版」。■

招牌菜

黛堡嘉萊（Debauve et Gallais）販售精緻的巴黎巧克力

• 深受巴黎人喜愛的啤酒餐廳（brasserie）源自法國東部的阿爾薩斯（Alsace），原本只供應各種德國酸菜和熟食，如今也提供其他大分量的傳統菜餚，通常都是生蠔等海鮮。Bofinger（地址：5-7 Rue de la Bastille, 4e）可能是本市最古老的啤酒餐廳，Mollard（地址：115 Rue Saint-Lazare, 8e）和Chez Denise la Tour Montlhéry（地址：5 Rue des Prouvaires, 1e）則是另外兩家一流的啤酒餐廳。

• 堅果巧克力（pralines and truffles）被巴黎人推上了藝術高峰。一名瘋狂藝術家用巧克力創造了一尊栩栩如生（且美味可口）的雕刻，他還有一間同名巧克力店派屈克·侯傑（Patrick Roger，地址：108 bd. Saint-Germain, 6e）。Richart（地址：258 bd. Saint-Gernain, 7e）精緻的甘納許（ganache，以巧克力和鮮奶油製作的甜點），和珠寶盒般的包裝相互輝映。尚保羅·艾凡（Jean-Paul Hévin，地址：231 Rue St. Honoré, 1e）的巧克力塞滿了乳酪，令吃過的人無不又驚又喜。珍貴且口味繁多的焦糖，在賈克·熱南（Jacques Genin's）位在瑪黑區（Marais）的時髦分店（地址：133 Rue de Turenne, 3e）備受矚目；不過，德波夫與加萊（Debauve et Gallais，地址：30 rue Saints-Pères, 6e）的甜食，已經取悅巴黎人超過200年了。■

地下、玻璃下和運河附近

　　擁有玻璃屋頂的拱廊型購物商場，是巴黎在18世紀的創舉。這座城市一度有超過100座拱廊商場，如今殘存的幾間大多鄰近舊法國國家圖書館（Bibliothèque Nationale），至今依舊迷人。有些拱廊商場都是古書店、娃娃醫院和古玩店，有些則都是時髦藝廊和精品店。

　　在綠樹成蔭的聖馬丁運河（Canal Saint-Martin）附近，那些長期被忽略的地區，是尚未被遊客發現的祕境；不過，這一帶很早就因為1930年《北方旅館》（Hôtel du Nord），以及2001年的《艾蜜莉的異想世界》（Amélie）等電影而聲名大噪。如今，那裡正逐漸成為巴黎的潮人大本營，充滿了另類商店和咖啡館，是一個散步和騎腳踏車的好去處。

　　巴黎的地下世界，可不只是地鐵和著名的下水道！那裡就像一塊坑坑巴巴的瑞士起司，擁有超過290公里長的隧道、古老的石膏礦坑和採石場、中世紀的地下教堂和地下碉堡，甚至還有蘑菇農場，更別說《歌劇魅影》（Phantom of the Opera）中，魅影所住的地下湖（一座真實存在的大水池），以及容納約600萬具巴黎人遺骨的地下墓穴。■

聖馬丁運河一帶的運行航道

加尼葉歌劇院（Palais Garnier）又稱為巴黎歌劇院（l' Opéra），它的大廳因為豐富的精緻藝術品而燦爛奪目。

最佳美食城市

何謂都會傳奇？就是因為令人難忘的味道，變得和發源地一樣有名的菜餚。

路易斯維（Louisville）的布朗飯店（Brown Hotel）

美國肯塔基州，路易斯維

為了那些飲酒作樂的人，布朗飯店（Brown Hotel）發明了一種叫熱布朗三明治（Hot Brown）的宵夜。這種火雞肉單片三明治是在厚片吐司上，放培根、番茄和白醬，讓饕客無論白天或晚上都能吃到這種頗具份量的美食。

水牛城辣雞翅

美國紐約州，水牛城

香辣又重口味的水牛城（Buffalo）辣雞翅之所以成為全世界酒吧中，最受歡迎的食物，得歸功於市內的錨吧餐廳（Anchor Bar Restaurant，地址：1047 Main St.）。因為這道直接用手抓著吃的雞肉前菜，是 1964 年在這間餐廳誕生的。

印度，欽奈

對印度餐廳來說，Chicken 65 這道雞肉料理等同於美國的水牛城辣雞翅。普遍認為，印度這道辛辣的炸雞開胃菜是由欽奈（Chennai）的布哈里皇家精品酒店（Buhari Hotel）的創始人所發明，而名稱裡的 69 可能是指原始食譜用到的辣椒數。

越南，胡志明市

如今稱為胡志明市的西貢，成為酥脆的越南法式三明治（bánh mì）這種熱門美食的聚集地。1954 年，越南脫離法國獨立後，這種三明治最初使用的是法式長棍麵包。

來自西貢的三明治

法國，里昂

在一個算是擁有全世界最精緻料理的國家，里昂被視為它的美食中心，所以這座城市理應有一道以它命名的食物：里昂馬鈴薯。這道知名當地料理的做法，是把馬鈴薯切成薄片，加上洋蔥和荷蘭芹，再用平底鍋煎至焦糖色。

美國俄亥俄州，辛辛那提

辛辛那提（Cincinnati）以辣椒聞名，當地每年消耗約 90 萬公斤的辣味燉菜（有沒有加豆子都計入）。跟當地人一樣，來份將辣味燉菜淋在撒了切達起司的義大利麵上的「三式」（three-way）、配上洋蔥或豆子的「四式」（four-way）或加了上述所有東西的「五式」（five-way）。

日本傳統街頭小吃：章魚燒

日本，大阪

街頭小吃章魚燒是一種撒上海苔粉，再塗上甜味醬汁的烤丸子。在它的發源地大阪深受喜愛，當地甚至還有一座像主題樂園一樣的章魚燒博物館。

義大利，波隆那

每個地方的大學生都以義大利肉醬麵作為主食，但是最正宗的版本是以發源地命名的波隆那義大利麵。為了重建它的正統性，波隆那（Bologna）商會在 1982 年，舉辦一場烹飪比賽，選出了最正規的版本。（第一守則：麵條要用又寬又扁的 tagliatelle，而不是細長的 spaghetti。）

荷蘭，伊丹

幾個世紀以來，全世界最受歡迎的起司始終是伊丹（Edam）起司。這種起司以它的港口城市販售地為名。即使在夏季，仍然可以在古老的運河上，看見農夫駛著渡船，把一塊塊圓形起司運到市場。

墨西哥，恩瑟納達

當恩瑟納達（Ensenada）市場在 1958 年開幕，並開始販售新鮮的當地海鮮時，炸魚塔可包締造了傳奇。如今，成群的饕客湧向恩瑟納達納些街頭攤販，尋找在炸灰鯖鯊和炸蝦上，堆著層層蛋黃醬、莎莎醬和高麗菜的經典綜合塔可包。

下加利福尼亞式
（Baja style）海鮮

印尼
雅加達
一座蘊含醉人文化的島國

印尼首都，全世界人口最密集的都會中心之一。

重要統計數字

● 本市舊稱共有四個：「巽他格拉巴」（Sunda Kelapa，1527年以前）、「查雅加達」（Jayakarta，1527-1619年）、「巴達維亞」（Batavia，1619-1942年）和「雅加達」（Djakarta，1942-1972年）

● 市內土地低於海平面的比率為40%

● 千島群島（the Thousand Islands）的島嶼數為128座

● 伊斯蒂克拉爾清真寺（Istiqlal Mosque）最多可容納12萬名信徒，是東南亞最大的清真寺。

● 推特發文次數三個月內達2億5400萬則，讓雅加達成為全世界最頻繁使用推特的城市。

● 摩托車數約是汽車的兩倍

雅加達是一幅鑲嵌畫，由充滿活力的現代印尼和過去的爪哇傳統拼湊而成；也是豐富而複雜的歷史熔爐，匯集成看似無窮無盡的網絡，高樓和貧民窟、超級高速公路和綿延不盡的鄉間小路。

購物車

雅加達清單：蠟染和手工藝

不染則死　印尼紡織舉世聞名，其中爪哇蠟染布（Batik）尤其受歡迎。**印尼廣場**（Plaza Indonesia，地址：Jalan M.H. Thamrin Kav. 28-30）上的Batik Keris等四家專賣店都有提供印尼服飾和禮品。如果要找古董蠟染布，或其他在跳蚤市場才有的東西，不妨到位於銘登區（Menteng district）的**泗水街**（Jalan Surabaya）碰運氣。這座露天古董市集涵蓋許多街區，可以找到從老荷蘭牌（Old Dutch）瓷器，到便宜的木偶紀念品等各色物品。不過，可得小心假貨和議價騙局。

手工藝天堂　從爪哇偶戲（wayang kulit）的人偶和手繪儀式面具，到精細的編籃和黃銅與其它金屬製品，雅加達才華洋溢的工匠，創造出種類繁多的手工藝品。中雅加達的Sarinah（地址：Jalan M.H. Thamrin 11）和Blok M商業區（地址：Jalan Sultan Iskandarsyah 2）的Pasaraya等幾家百貨公司，都設置了專賣手工藝品的樓層。■

黃銅佛像

今昔之比

雅加達的運河

從17到19世紀,荷蘭人興建了數十條遍及全雅加達的運河,作為運輸和防洪之用。上面這張歷史照片拍攝於1941年,正值荷蘭殖民統治的尾聲,四年後印尼便宣布獨立,但當時這座城市仍以殖民名稱「巴達威亞」為人所知。

右圖這張近代照片裡,雅加達舊城區的中央運河「大河」(Kali Besar)兩旁,殖民時期的建築林立,彷彿提醒現代人,不要忘記這座城市那段動盪不安的殖民史。1632年,荷蘭人修築了這條「大運河」,但是隨著1885年,北邊丹戎不碌(Tanjung Priok)港的啓用,到了20世紀,這條運河已經失去了重要性。如今,許多雅加達運河污染嚴重,成為這座低窪大城水災頻仍的主因。目前正在整頓水道,也開始有了改善的跡象。■

殖民時期的巴達威亞（現在的雅加達）曾是
中國與西方世界間的茶葉貿易中心

城市主食：美味燉菜和街頭沙嗲

辛辣的仁當牛肉

· 儘管這座城市的食物五花八門，不過，雅加達還是有一種最普遍的主食——源自蘇門答臘（Sumatra）米南佳保人（Minangkabau）的巴東（Padang）料理。你也可以嚐嚐當地主食仁當（rendang），一種以椰奶混合薑、薑黃、香茅、辣椒和南薑等辛香料熬成的燉肉。適應超辣的料理以前，最好還是到有提供座位的餐廳用餐。不妨試試 Marco's Bofet（地址：Jalan H.R. Rasuna Said Kav. 62 Kuningan）店裡那些直接使用巴東市食材做成的料理，或是去熱門連鎖餐廳 Garuda Padang（地址：181 Orchard Road）瞧瞧。

· 沙嗲（satay）就是用雞、牛或其他肉類做成的烤肉串，它是一種隨處可見的國民食物，街頭攤販賣的就很道地了。印尼廣場北邊的沙邦街（Jalan Sabang），是雅加達熱門的便宜用餐地點，選一間的沙嗲來吃，或是在猶如寺廟般的 Lara Djonggrang（地址：Jalan Cik Di Tiro No.4, Menteng），品嚐鮮嫩多汁的魚肉（ikan）沙嗲。

· 中國菜也在雅加達的美食地圖中占有一席之地，本市擁有其中一座全世界最大的中國城（Glodok）。想吃正宗香辣川菜和烏龜或青蛙，那就要到湖南廚房（地址：Jalan Mangga Besat 1 St. No. 61）；若想品嚐各式各樣的客家菜，紅溪酒樓（Angke，地址：Jalan Zaenal Arifin）是印尼評價最高的中國餐廳之一。∎

小說介紹

《雅加達的黃昏》
（Twilight in Jakarta）
穆赫塔爾·盧比斯著
（Mochtar Lubis，1963年出版）
首部以英語出版的印尼小說，書中的主要角色象徵著 1950 年代困擾著雅加達的政治和社會問題，而這些貪腐、貧富和貪婪問題今日也能引發共鳴。

《雅加達故事集：境況諷刺文和相關人士》
（Tales from Djakarta: Caricatures of Circumstances and Their Human Beings）
普拉莫迪亞·阿南達·杜爾著（Pramoedya Ananta Toer，2001年出版）
這本短篇故事集打開了一扇窗，讓讀者進入 40 年代末期到 50 年代早期、正在從荷蘭殖民主義邁向獨立的雅加達。

《電報》
（Telegram）
普圖·威嘉亞著（Putu Wijaya，2011年出版）
這本意識流小說將背景設定在 1970 年代早期的雅加達，書中主角讀過母親生病的電報後，痛苦地想消化這個壞消息。∎

沙嗲這種街頭烤肉串是印尼國民美食

英國
倫敦
帶動從劇場到美食新潮流的國際中心

倫敦兼具雍容與謙遜，是一座同屬貴族與平民的城市。

重要統計數字

- **國內生產毛額**為一年7300億美金，比瑞典、比利時與瑞士還高。

- **2013年戲劇表演觀賞人**次在300座表演場所一共有1458萬7276人

- **酒吧數**為4390間

- **大學**45間，居歐洲之冠。

- **主辦奧運**共3次，分別是在1908、1948和2012年。

我的城市：雪倫・艾門特

倫敦是一座世界級城市。在我眼中，它是全世界最偉大的城市。我可以列出很多理由，不過最主要的一點，是倫敦全球美食之都的地位。雖然不時會有人這麼說，這點卻很少被大聲宣揚。

如果你像我一樣愛吃，多虧有橫跨倫敦兩區的巴士通行證，讓你可以在倫敦嘗遍世界美食。搭乘雙層巴士還是很不錯的交通方式，到上層選個前面的座位，將倫敦盡收眼底。

牡蠣卡（Oyster Card）在手，就可以搭上大眾交通工具，遊歷這座美食聚寶盆之城，享受出自多位全球最偉大主廚之手的料理。對我來說，什麼都比不過東區（East End）咖哩餐廳裡的印度香飯（biryani），不過，中國城裡的鹿鳴邨大酒家（Harbour City）週日午餐的港式點心也毫不遜色。對了，來到倫敦，至少要去一次位於派克漢（Peckham）的M. Manze，吃吃他們的傳統鰻魚凍和餡餅。

探索這座城市，就像來一趟環球之旅。我喜歡聽倫敦人用各種語言交談，如果你剛上完

法國協會（Institut Français）的課，搭上巴士，坐你後面的巴黎商人可能還會幫你改法語作業，這種時候真的非常方便。

看看我們一流的餐廳、精品店和頂級博物館，整個世界真的就在這座城市裡。倫敦就像一個巨大的有機體，總是賦予自己新的用途，順應時代而改變。

國王十字火車站（King's Cross）經過數年的重建，把一座禁區變成獨具魅力的景點。如今你一走出火車站，立刻就會感受到活力，附近有咖啡館、酒吧、一座世界級音樂廳、一間時尚學院、攝政運河（Regent's Canal）周遭美麗的戶外空間，以及這座首都過去的糧倉。

我也很喜歡倫敦南方的布立克斯頓區（Brixton），這裡白天是市集，晚上是異國美食商場。來到馬路另一頭的Ritzy劇院，你可以一邊品嚐葡萄酒（或茶配上餅乾），一邊欣賞經過修復的經典電影。

我熱愛美食，但幸好我也是個運動狂。我最愛去貝斯華特（Bayswater）的Porchester水療中心，享受冰涼的瀑布池和三溫暖。如果想親近大自然，可以到漢普斯特德荒野（Hampstead Heath）的池塘泡水，在看不清底部的水裡，感受水草繞上腳踝，也是一種珍貴的體驗。相信我！如果你想找介於這兩者之間的地方戲水，隨時可以到東南區的布洛威公園（Brockwell Park）裡的Lido露天泳池，旁邊還有一間新的健身房和可愛的咖啡館。

我喜歡搭巴士，也愛騎單車。倫敦雖然還比不上單車之城哥本哈根，不過，倫敦提供給自行車騎士的服務已經愈來愈好了。對我而言，在每年聖誕節的早晨，騎車穿梭在空盪盪的倫敦街頭，然後在寂靜的倫敦塔橋（Tower Bridge）上啜飲熱巧克力，是人生一大樂事。

雪倫・艾門特（Sharon Ament）是倫敦博物館（Museum of London）的館長，也曾擔任自然史博物館（Natural History Museum）的公共參與部長。她住在倫敦的東杜威治區（East Dulwich），離她的出生地派克漢不遠。■

布立克斯頓區有各種街頭藝術和各民族的美食。

「倫敦總是讓我聯想到一顆腦袋，兩者都錯縱複雜、迂迴難解。
許多城市規劃成整齊的網格狀街道，紐約和芝加哥等美國城市尤其如此……
但倫敦卻亂得很美。」

——駐倫敦的美國記者詹姆士・吉理（James Geary）

幾個世紀以來的建築都林立在泰晤士河
（River Thames）兩岸

地標

倫敦塔

堡壘、監獄和刑場——這些都是倫敦塔（Tower of London）在過去1000年間，扮演過的角色。雖然叫倫敦塔，但泰晤士河畔這個令人＝望而生畏的建築群其實是一座城堡，作為守衛倫敦的堡壘，同時宣告諾曼人奪下了這座首都。•征服者威廉在1066年入侵不列顛後，很快就在1080年代，開始興建白塔（White Tower）堡壘。••1389年，《坎特伯里故事集》（The Canterbury Tales）的作者傑弗里·喬叟（Geoffrey Chaucer）當時擔任皇家產業管理員，負責監督倫敦塔碼頭（Tower Wharf）的興建工程。•光是16世紀，就有包括「九日女王」珍·葛雷夫人（Lady Jane Grey）等三位英國女王在綠塔（Tower Green）上被處死。••二戰期間，德國間諜約瑟夫·雅各布斯（Josef Jakobs）在倫敦塔遭一支行刑隊槍決，成為這裡最後一場處決。••每天傍晚，皇家侍衛長鎖上倫敦塔的大門，把鑰匙交給常駐管理員的鎖閘儀式（Ceremony of the Keys）已經有700年的歷史，千萬別錯過了。■

購物車
從二手尋寶到高級設計

代列斯福有機餐廳（**Daylesford Organic**）提供精緻美食

藝術要道 軟木塞街（Cork Street）上的藝廊，是欣賞英國現代藝術的好去處，從Medici**藝廊**（地址：Cork Street #5）的理查‧鮑德曼（Richard Boardman）動物雕刻，到Redfern**藝廊**（#20）的黛比‧厄克特（Debbie Urquhart）靜物油畫，都值得一瞧。

必訪景點 比起康登水門（Camden Lock），諾丁希爾（Notting Hill）的**波特貝羅路邊市集**（Portobello Road Road Market）更乾淨，也沒那麼擁擠，在這裡可以發現別處找不到的二手衣和古董。每逢週六，超過2000個攤位叫賣聲此起彼落，從維多利亞時期的沙發，到70年代搖滾巨星蓋瑞‧格利特爾（Gary Glitter）的假髮都有。

令你打開錢包的設計 倫敦是英國的設計聖地，而它最受好評的設計代表之一，就是Thorsten Van Elten（地址：22 Warren St.）。你可以在那裡找到各種有趣的禮物，包括有機玻璃做成的鴿子形燈具、木頭和毛氈小餐墊，以及做成桌球拍形狀的砧板。

精神「鞋」糧 Tim Little（地址：560 Kings Rd.）可能是市內最好的製鞋行。他們手工製作的精緻鞋款，為羅比‧威廉斯（Robbie Williams）、傑瑞米‧艾恩斯（Jeremy Irons）和艾爾頓‧強（Elton John）等英國藝人，以及整支切爾西足球隊打點腳下風光。■

波特貝羅路是尋找二手寶物的絕佳地點

倫敦美食：熱咖哩和炙手可熱的主廚

到波若市場尋訪肉販和麵包師傅

・來到倫敦，你一定得遵守不成文的規矩，嚐嚐這裡的印度咖哩。紅磚巷（Brick Lane）還是觀光客的熱門景點，但是行家更喜歡去圖丁區（Tooting）。印度薄餅和酸甜醬（Dosa n Chutny，地址：68 Tooting High St.）的招牌菜就是塞滿辛辣餡料的酥脆印度薄餅；拉合爾辣味咖哩（Lahore Karahi，地址：1 Tooting High St.）的烤羊肉捲（seekh kebabs）無與倫比，巴基斯坦辣味咖哩（karahi）的辣度更是驚人。

・倫敦人對食物的偏好，隨著創新口味的出現而改變。蘇活區（Soho）開了幾家不提供預約的時髦餐廳。為了享受澳洲主廚卡麥隆・艾米拉利（Cameron Emirali）的精采創作，你可能得在希臘街10號（10 Greek Street）前，排上一小時的隊。小屋（Koya，地址：49 Frith St.）是一座沒什麼裝潢的神殿，專門提供用腳踩出的Q彈烏龍麵！

・喜歡在地食材的人，來到波若市場（Borough Market，地址：8 Southwark St.）會覺得如魚得水。這座「倫敦食物儲藏室」以大量漂亮陳列的美食聞名，野牛（Wild Beef）品種稀有的肉類，尼爾的後院製酪場（Neal's Yard Dairy）上等的農場乳酪都會令美食愛好者駐足。代列斯福有機餐廳（地址：44b Pimlico Rd.）是一家超乎想像的高檔「農場商店」、咖啡館和葡萄酒窖，喔一共有三層樓，店裡的硬皮麵包和有機酸甜醬都完美到讓人捨不得吃。■

英國國家廣播公司與其他

做好行前規畫，加入英國國家廣播公司（簡稱BBC）官網（bbc.co.uk）的郵寄名單，就可以免費申請參與BBC交響樂團〈Hear and Now〉等廣播秀，以及〈Up the Women, Strictly Come Dancing〉等電視節目的錄影。來到BBC廣播大樓（BBC Broadcasting House，地址：Portland Place），不如順道拜訪附近的朗廷酒店（Langham Hotel，地址：1c Portland Place），品嚐傳統的英式下午茶。

倫敦西南方的主要街道已經有超過500年的歷史了。不過，當地沒幾個人知道有免費的文化遺產徒步之旅，可以讓你用30分鐘好好認識宛茲沃斯鎮（Wandsworth Town）。這趟鎮中心的徒步行程會在一間1908年開幕的電影院（倫敦最古老的電影院），以及珍貴的歷史遺址楊格啤酒廠（Young's Brewery，從16世紀開始營運）稍作停留。

在大英博物館（British Museum）和羅素廣場站（Russell Square tube station）附近，可以帶著一家大小到柯倫牧場（Coram's Fields，地址：93 Guikford St.），享受野餐區、戲水池、運動場，以及有雞、綿羊和山羊的可愛動物園，他們還安排了許多兒童活動。沒有小孩同行，成人是不能入內的。■

改裝後的BBC廣播大樓

聖瑪莉艾克斯30號大樓（30 St.
Mary Axe）被倫敦人暱稱為小黃瓜
（Gherkin），因為這座摩天大樓很
像一根超大小黃瓜。

最佳
鬧鬼城市

來到這些惡名昭彰的恐怖城市，可能會有令人毛骨悚然的靈異體驗。

馬德里的利納勒斯宮（Lin-ares Palace）很有鬧鬼的氣氛

西班牙，馬德里

鬼魂經常在這座首都的各界出沒。像蘇菲亞王后國家藝術中心（Centro de Arte Reina Sofía）的主體建築曾作為醫院使用，如今這座博物館裡有鬼魂作祟，一度爆出家族醜聞的利納勒斯宮也無法倖免。在眾多訪鬼行程中選一個參加，你會發現這裡是都會靈異現象的寶庫。

巴赫拉（Bahla）的泥堡（Mud Fort）

蘇格蘭，格拉斯哥

南方墓園（Southern Necropolis）就位在格拉斯哥（Glasgow）。這座雜亂而綿延的亡者之城，是大約 25 萬個幽靈的長眠之地，可能也住著一口鐵齒、專吃小孩的吸血鬼。

菲律賓，碧瑤

雖然碧瑤（Baguio）的外交官飯店（Diplomat Hotel）現已荒廢、不能住宿，但一聽說二戰期間在這裡慘遭砍頭的修女和神父，成為駐館的吵鬧幽靈，誰還會想住一晚呢？

格拉斯哥的墓園

挪威，德藍門

在民間傳說中，懂得變身術的水妖（Nøkken）會以美妙的音樂引誘獵物上門，再讓他們溺死。德藍門（Drammen）的亦普西隆橋（Ypsilon bridge）上，為了向水妖致敬，有兩座圓形的河水豎琴（River Harp）聲音雕塑會吸引你走向水邊。

坦尚尼亞，桑吉巴市

傳說中，有一種會變身、長得像蝙蝠的獨眼怪物名叫波波巴瓦（Popobawa），它經常在東非島嶼城市桑吉巴市（Zanzibar City）和附近的鄉村出沒。有人認為它只是愛惡作劇的鬼，但卻有人舉報他們一家曾遭受更兇狠的攻擊。

阿曼，巴赫拉

巴赫拉（Bahla）是阿拉伯半島上的綠洲城市，據說市中心的棕櫚樹林或閒置的石屋裡住著巨靈（djinn，或是精靈）。傳說其中一個巨靈在一夜之間，建了一座城牆。不過要小心一點，因為它們也能帶來厄運。

澳洲，坎培拉

鬼魅般的班・奇夫利

到庫拉君飯店（Hotel Kurrajong）見見澳洲前總理班・奇夫利（Ben Chifley）。1951 年，他在這間飯店的 214 號房心臟病發而過世，此後這位衣冠楚楚的灰西裝鬼魂常從房內眺望坎培拉（Canberra）的另一個鬧鬼地點——舊國會大廈（Old Parliament House）。

德州，聖安東尼

誰忘得了 1836 年的阿拉摩戰役（Battle of the Alamo）？在這場德克薩斯獨立戰爭最血腥的戰役中，有數百人喪命。管理員和遊客都說，他們曾看過這批過去由詹姆士・鮑伊（James Bowie）和威廉・崔維斯（William Travis）率領的士兵，依然在昔日的墨西哥教區作祟。

麻薩諸塞州，塞冷

女巫就在我們當中！1692 年的麻薩諸塞州（Massachusetts）籠罩在這股歇斯底里氣氛中。但如今塞冷（Salem）已接受這些超自然現象——或者說是吉爾斯・科里（Giles Corey）的詛咒。科里這名審巫案受害者，至今仍為這座女巫之城過去發生的悲劇受到譴責。在那關鍵的一年，超過 20 位塞冷居民被控使用巫術而遭到處決。

羅馬尼亞，西吉什瓦拉

弗拉德三世（Prince Vlad III）就是吸血鬼德古拉的原型，而他的出生地外西凡尼亞（Transylvania）的西吉什瓦拉（Sighișoara）也欣然接受和吸血鬼之間的血腥關聯。這裡有座酷刑博物館會向遊客展示「穿刺公」弗拉德（Vlad the Impaler）令人毛骨悚然的刑具，而且只有那些膽大包天的人才敢在天黑後，爬上老舊狹長的階梯，進入那座中世紀教堂。

布蘭城堡（Bran Castle）是德古拉伯爵虛構的獵場

泰國
曼谷
一座供應美食、平價奢華、樂趣和異國風情的都市

泰國曼谷的賽寺水上市集（**Wat Sai Floating Market**）

重要統計數字

● 曼谷執業登記的計程車
超過10萬輛

● 平均晨間溼度為87%

● 市中心購物商場的樓層
總面積遠超過150公頃

● 臥佛寺（**Wat Pho**）的
佛像長46公尺，居泰國
佛像之冠。

● 街頭一碗麵的基本價格
為1美金

這座肆意延伸、嘈雜且令人汗流浹背的首都，是平價奢華享受的世界中心。要體驗曼谷的腳底按摩、划算的五星級飯店，以及小吃攤或高級餐廳裡奢華至極的餐點，就該懷著這座城市與生俱來的愉悅感（sà·nùk）來享受。

美食地圖

糯米飯和稀奇古怪的水果

• 芒果糯米飯結合了椰汁糯米飯和芒果切片，嚴格來說算是甜點，但吃起來很有飽足感，感覺更像正餐。這道菜一年四季都能吃得到，不過，最佳的食用季節是3到6月的芒果產季。不妨在素坤逸38巷（Sukhumvit Soi 38）沿途的小吃攤，或是在香味撲鼻的Mae Varee（地址：1 Soi Thong Lor Rd. Sukumvit 55）品嚐這道美食。

• 柯多哥市場（Or Tor Kor Market）有泰國最頂級的水果，其中很多都是東南亞才有的罕見品種。這座市場就在恰圖恰（Chatuchak）週末跳蚤市場對面，在那裡可以找到榴槤（4-7月）、山竹（5-9月）和釋迦（6-8月）等具有異國風味的水果。■

購物車

時髦的暹羅陶器和泰絲

恰圖恰市場的陶瓷薰香燈

絕妙設計 想用來自曼谷市場和古董店的陶器、漆器、木頭家具、雕像和其他充滿異國風情的居家飾品，將屋子改造成泰式風格，就要先到占地廣大的恰圖恰周末跳蚤市場，在木瓜古董店（Papaya Vintage，地址：Soi Lat Phrao 55/2, Lat Phrao Rd.）逛逛五花八門的商品。最後再到高檔的席隆購物中心（Silom Galleria，地址：Soi Silom 19）或優雅的OP廣場（OP Place，地址：30/1 Soi Charoen Krung 38）選購品質一流的「古董複製品」，為這趟購物之旅畫下句點。

泰絲 金・湯普森（Jim Thompson，地址：9 Surawong Rd.）的同名創辦人過去擔任美國情報員，他在二戰期間來到泰國，戰後留在當地振興泰絲產業。雖然湯普森之後在馬來西亞失蹤，至今都沒有被找到，不過他的公司卻蓬勃發展，旗艦店裡有絲巾、領帶、襯衫和抱枕套任君挑選。但來自泰北的T Shinawatra曼谷分店（地址：94 Sukhumvit 23 Rd.），以及暹羅百麗宮百貨（Siam Paragon，地址：991 Rama I Rd.）裡主打當代設計的Anita Silk也都是金・湯普森的競爭對手。■

金・湯普森的泰絲產品

美國伊利諾州
芝加哥

這座「寬肩之城」（City of Broad Shoulders）樂於展現美國中西部神氣活現的驕傲姿態

公共藝術與野餐民眾在千禧公園
（Millennium Park）中融為一體

重要統計數字

● 威利斯大廈（**Willis Tower**，原名**Sears Tower**）的電梯數共104座，速度可達每分鐘488公尺。

● 軍人球場（**Soldier Field**）場齡90歲。這座芝加哥熊（**The Chicago Bears**）美式足球隊的主場，是國家美式足球聯盟（**NFL**）中歷史最悠久的球場。

● 「**L**」高架鐵道長度為58公里

● 湖濱地帶長42公里

我的城市：瑪莉亞・品托

對我來說，無論什麼季節，在千禧公園內的盧瑞花園（Lurie Garden）散步，就是最完美的芝加哥週日午後。春夏兩季，繁花錦簇，但當秋季降臨，植物只剩骨幹，它們有趣的形狀和疏淡的影子，卻也同樣迷人。花園中多年生植物景觀的設計者皮特・奧多夫（Piet Oudolf）說：「那些只懂得欣賞鮮豔色彩之美的人……必須學習以不同的方式去觀賞植物，欣賞表象之下的形式與結構。」

　整座千禧公園是一場視覺和聽覺的饗宴。由美國建築師法蘭克・蓋瑞（Frank Gehry）操刀設計、採用懸浮鋼構的普利茲克露天音樂廳（Pritzker Pavilion），全年提供免費的精采表演。安尼施・卡普爾（Anish Kapoor）的「雲門」（Cloud Gate，民眾暱稱它為「The Bean」，意思是豆子），是一件令人驚嘆且大膽的雕塑作品，映射出這座城市的天際線。想看更多的藝術品，繼續往下走，漫步到芝加哥藝術學院美術館（Art Instituteof Chicago）的新館「現代之翼」（Modern Wing）。

身為設計師，我蠻迷戀骨頭和人體形狀，所以你也可以在菲爾德博物館（Field Museum），發現我徘徊於巨大的恐龍骸骨和人類學館藏之間，或是看到我在喬弗瑞芭蕾舞團（Joffrey Ballet）和哈巴德街舞團（Hubbard Street Dance）觀賞舞蹈表演。

密西根大道（Michigan Avemue）以購物著稱，但更西邊的區域很值得探訪，發現更多有趣的事物。在河北區（River North），Elements門市內擺設著獨特的家居飾品，以及漂亮的餐具、瓷器和水晶，我也總是在Haute Living的展示廳中，陷入難以抉擇的困境。這兩家店專門販售高品質的歐美現代家具——看看出自弗拉基米爾・卡根（Vladimir Kagan）之手、曲線性感優美的沙發。附近的Blake擁有幾位全球頂尖時尚設計師的美麗作品，不過想尋找真正前衛的單品，就造訪位在巴克鎮（Bucktown）的「蘿冰・里奇曼」（Robin Richman）。蘿冰的眼光極佳，而且她身上配戴的Goti珠寶簡直迷死人。

想脫離城市——至少在心理上——可走進位在舊城區（Old Town）的Green花坊，感覺就像穿過一座充滿異國植物和鮮花的迷人花園。它美得令人屏息，讓我可以暫時擺脫熙熙攘攘的世界，停下來喘口氣。

在芝加哥用餐是非常愉快的經驗，我最喜歡的幾家餐廳，都不是人潮洶湧的名店。位於西環區（West Loop）的Sepia和Embeya，擁有精緻的食物和高雅的氣氛。復甦後的洛根廣場（Logan Square）和烏克蘭村（Ukrainian Village）都是很棒的地區，迴盪著折衷氣息和創意活力——「魯拉咖啡餐館」（Lula Cafe，位於洛根廣場）和「拜特咖啡餐館」（Bite Cafe，位於烏克蘭村）是其中兩家值得珍視的好餐廳。至於晚餐後喝杯酒的最佳去處，我推薦柳條公園（Wicker Park）的「紫羅蘭時光」（The Violet Hour），外牆上不斷變換的塗鴉，掩蓋了充滿時尚感和神祕感的室內空間，以及好喝的調酒。

我看見這座城市的「鮮豔色彩」之美照耀在湖濱地帶、公園、迷人的大街小巷和微光閃爍的天際線。但是在老舊的工廠倉庫、轟隆行駛的「L」捷運、下瓦克街車道（Lower Wacker Drive）的底部，或是洛根廣場的破舊大道上，也存在著真正的美。芝加哥的靈魂就徘徊於這些空間的上下四方，是不容錯過的地方。

芝加哥本地人瑪莉亞・品托（Maria Pinto），是一位獲獎的時尚設計師和藝術家。她最近積極投入新女裝品牌「M2057 by Maria Pinto」的工作。■

哈巴德街舞團的現代舞姿

「1983 年 9 月 4 日，是我在芝加哥的第一天。我踏進這座城市，只是沿著街道漫無目的地走，它就像我的根、我的祖國。我知道自己屬於這裡。」

——媒體天后歐普拉・溫弗蕾（Oprah Winfrey），芝加哥居民

芝加哥的天際線在密西根湖畔的上方閃閃發光。

購物車
從法蘭歌薄荷巧克力到法蘭克・洛伊・萊特

樂高推出的范斯沃斯別墅積木組

芝加哥製造 芝加哥藍調是以淒婉動人聞名，很值得一聽。拜訪與知名唱片公司Delmark關係密切的「爵士唱片市場」（Jazz Record Mart，地址：27 E. Illinois St.），選購幾張巴弟・蓋（Buddy Guy）和朱尼爾・威爾斯（Junior Wells）等藍調傳奇樂手的黑膠唱片。時尚愛好者會想拜訪「南港紫金蓮精品店」（Southport's Cerato Boutique，地址：3451, N. Southport Ave.），店內引進芝加哥當地的時尚品牌，例如「亨利和貝兒」（Henry & Belle）和「克莉絲汀・哈珊」（Kristin Hassan）。幾年前，芝加哥很受歡迎的百貨公司「馬歇爾・菲爾德」（Marshall Field's）和「梅西百貨」（Macy's）合併時，當地人深感惋惜，但它位於市中心的旗艦店（地址：111 N State St.）還有販售菲爾德百貨知名的法蘭歌薄荷巧克力（Frango Mints），這款甜食的歷史可回溯到1918年。

外賣地標 「芝加哥建築基金會商店」（Chicago Architecture Foundation Shop，地址：224 South Michigan Ave.）販售以芝加哥偉大建築師的作品為藍本設計的商品，例如一款隔熱墊的造型是仿效建築大師法蘭克・洛伊・萊特（Frank Lloyd Wright）的作品，一組樂高（Lego）積木的實物原形則是路德維希・密斯・凡德羅（Ludwig Mies van der Rohe）的范斯沃斯別墅（Farnsworth House）。∎

在「爵士唱片市場」的爵士樂區、藍調區和靈魂樂區來回搜尋挖寶。

小說介紹

《魔鬼的叢林》（The Jungle）
厄普頓・辛克萊著（Upton Sinclair，1906年出版）
這本小說揭露了20世紀初美國肉品包裝業的醜陋內幕，並且為牲畜飼養場和後院區（Back of the Yards）內的移民生活留下記載。

《家住芒果街》（The House on Mango Street）
珊卓拉・西斯奈洛斯著（Sandra Cisneros，1984年出版）
西斯奈洛斯是在坎貝爾街（Campbell Street）長大，但她筆下的芒果街就是她眼中西城（West Side）拉丁裔低收入戶區的詩意化身。年幼的耶絲蓓郎沙・柯德羅（Esperanza Cordero）決心逃離這裡——也決心要回來把它變成一個比較好的地方。

《阿奇正傳》（The Adventures of Augie March）
索爾・貝婁著（Saul Bellows，1953年出版）
奧吉・阿奇在小說的一開始說：「我是美國人，出生在芝加哥。」這本小說會帶領讀者遊覽帕爾瑪飯店（Palmer House）和芝加哥大學等芝加哥地標。

人在芝加哥：潛艇堡、熱狗和厚片披薩

芝加哥的極致美味。

・義大利牛肉潛艇堡是一種把半熟烤牛肉片塞進長麵包裡的食物，你可以要求辣一點（加入義大利油漬辣椒）、甜一點（加入甜椒）、牛肉汁多一點或是雙倍，甚至三倍。至於更驚人的「組合餐」（combo），則是在體積龐大的潛艇堡中加上義大利香腸。「艾爾牛肉潛艇堡」（Al's Beef，創始店地址：1079 W. Taylor St.）宣稱是它發明了這種芝加哥常見食物。

・料多味美的芝加哥式熱狗：罌粟籽麵包裡夾著一條全牛肉熱狗，搭配黃芥末醬、白洋蔥末、番茄塊、一條醃黃瓜、醃青辣椒，以及芹菜鹽，再加上招牌的螢光綠調味醬——但是不加番茄醬。就在芝城兩家最受歡迎的店：「超級熱狗」（Superdawg，地址：6363 N. Milwaukee Ave.）或「火熱牧場」（Redhot Ranch，地址：2072 N. Western Ave.），買一份熱狗吧！

・使用刀叉品嘗的芝加哥厚片披薩，沒有其他餡餅可以比擬。奶油和玉米粉做成的餅皮堆滿起司，接著抹上厚厚一層、跟盧普區（Loop）摩天大樓一樣高的番茄醬。「第一披薩店」（Pizzeria Uno，地址：29 E. Ohio St.）是厚片披薩的發源地。Lou Mainati's、Gino's East和Pizano's（每間都有多家分店）也都是具有代表性的店家。■

從會飛的吉祥物到飛球

位於芝加哥南部的舒適社區海德帕克（Hyde Park），有一種不尋常的吉祥物：野生的和尚鸚鵡。這種色澤鮮豔的藍綠色熱帶鳥發現於1973年。沒有人知道牠們是怎麼來的，也不知道牠們為什麼能在冬天氣候相當惡劣的芝加哥旺盛繁殖。已故市長哈洛德・華盛頓（Harold Washington）認為這種鳥是「幸運的吉祥物」。

雖然瑞格利球場（Wrigley Field）外野露天看臺的普通票座位，還是觀賞芝加哥小熊隊（the Cubs）棒球比賽的首選，但最佳的觀賞座位，其實不在球場內。球迷可以從附近瑞格利村（Wrigleyville）的建築屋頂欣賞球賽，享受這種只有在芝加哥才享受得到的體驗。這原本是此區公寓居民獨享的特權，但如今擁有創新精神的「瑞格利村屋頂」（Wrigleyville Rooftops，官網：wrigleyvillerooftops.com）公司，出售屋頂空間，讓你能像本地人一樣觀看球賽。

如果你不是芝加哥人，你可能從來沒有聽說過傑普森苦艾酒（Jeppson's Malört）。當你試過這座第二大城獨一無二、奇苦無比的烈酒之後，你或許會希望自己從來沒有喝過它。但芝加哥人喝慣了這種1930年代以苦艾和草本植物製成的瑞典烈酒，現在它在芝加哥的調酒酒吧中又再度流行起來。■

瑞格利球場，美國職棒大聯盟芝加哥小熊隊的主場。

今昔之比

芝加哥的黃金海岸

逆來順受？這種事可不會發生在1921年的芝加哥！一位當地海灘遊客對前來檢查是否違反泳裝法定長度的女警橫眉怒目，這是一項當時為維護女性端莊儀態而制定的法律。回顧1921年，爵士樂已開始大鳴大放，但維多利亞時期過分拘謹的觀念仍深植人心。今日在湖濱大道（Lake Shore Drive）沿途，華麗的高樓沿著芝加哥黃金海岸區（Gold Coast）俯瞰密西根湖。每當氣溫升高，衣服就愈穿愈少，這時的標準海灘服裝是比基尼，要測量這種泳裝的上衣可是得用一把小小的尺。「當時是7月，天氣非常炎熱。」攝影師藍登・諾曼（Landon Nordeman）回憶說。「海灘就位在市中心旁，這是芝加哥最棒的一點，所以如果你在某個悶熱的日子裡，整件衣服都被汗水浸溼，只需要5分鐘的步行時間，將能讓你置身於密西根湖冰涼的湖水中。」■

香港

一個充滿產品、想法和企業家精神的全球中心

只需搭上船,就能逃離市中心令人頭暈目眩的高聳建築。

重要統計數字

- 百萬富翁人數達60萬1000,每九位成人中就有一位。

- 每年茶葉消耗量共2160萬磅,是全球平均值的三倍。

- 摩天大樓數超過1300棟,居全世界之冠,是排名第二的紐約的兩倍。

- 組成這座城市的島嶼數為263座。

我的城市:麥德華

香港是一座充滿爆發能量的城市,這股能量日復一日穿透我的身體。香港忙碌喧囂的街道和生活方式,讓我經常覺得難以入眠,更不用說抽出時間吃東西。由於能量實在太過強大,因此你必須學會控制自己,在家以外另尋一處令你覺得像家的地方。我的另一個家在水上,目的通常是為了每年的龍舟比賽,不是進行訓練就是投入比賽。這是體驗香港真正在地文化和外圍離島很棒的方式。

香港最令人興奮的一件事,莫過於可以搭乘天星小輪體驗巡航之樂。感覺很魔幻、很懷舊,而且是飽覽香港現代天際線的絕佳方式。現在的雙層天星小輪是仿造1920年代殖民時期所使用的原始渡輪而成。沿途景色令人讚嘆,特別是從九龍航向香港島時。

在香港吃東西是無上的享受。我酷愛所有的亞洲食物，因為可以和家人或朋友分享是一件很棒的事。品嘗本地食物最令人興奮的用餐地點，絕對是在大排檔吃道地的廣東菜。你可以在骯髒、潮溼的露天攤位上，吃遍最新鮮的海鮮、肉類和蔬菜。不僅美味、快速，還很便宜，我從來沒有餓肚子回家過。不過大排檔最棒的地方是不收酒類開瓶費，只要有用碗或塑膠杯喝酒的心理準備就可以了。

我不好賭，但香港可是最棒的賽馬活動所在地之一。賽季時，每週有兩場比賽。新界的沙田有一座馬場。另一座跑馬地馬場就位在市區，是我最喜歡的賽道；比賽大多在夜間熾熱的燈光下舉行。氣氛緊張刺激，只去一次絕對不夠。到馬場後，我喜歡看數千人忙著下注、加油、喝罐裝啤酒、認識新面孔，聆聽當地某些翻唱樂團高聲演唱邦喬飛（Bon Jovi）的歌曲。這些全都發生在週三夜晚，可想而知我的週四會過得有點迷迷糊糊。

儘管我沒有那麼喜歡購物——四周有太多人默默在購物——但香港有一些很棒的品牌和大型商店，坐落在例如海運大樓、海港城、國際金融中心商場和太古廣場這些地方。對我來說，我喜歡在同一個地點買完所有的東西，所以連卡佛（Lane Crawford）或Harvey Nichols這類百貨公司就是我的購物去處。必要時，我也會到當地的球鞋和運動服飾聖地「旺角」選購相關商品，只要搭乘地鐵，就能輕鬆抵達這個超棒的地方。

香港是一座非常時髦、文化多元且效率驚人的城市，它是通往美食體驗和消遣娛樂的門戶，也是世界各地一些傑出專業人士的家。它是全世界最棒的城市！

麥德華（Eddie McDougall）是生於香港的電視主持人，葡萄酒廊「飛行釀酒師」（The Flying Wine-maker）的老闆，也是得獎的釀酒師、評酒師和酒評家。■

跑馬地的馬場賽道

趣聞

佛像堆！
坐落在沙田一座山腰的萬佛寺，其實擁有1萬3000尊佛像；歷年來，和尚和其他信徒不斷增加佛像的總數。一條陡峭的階梯步道，通往這處由多座廟宇、亭閣和一座寶塔組成的龐大建築群，梯級超過430級、兩旁為成排的金色佛像。月溪法師在1940年代晚期創立了萬佛寺，他經防腐處理的肉身像也在此供人景仰。

搶包樂
傳說百姓供奉的北帝神，在遙遠的過去曾經拯救長洲島遠離鼠疫和海盜的侵襲。島上居民以每年一次的包山節（通常在5月，或稱「太平清醮」），慶祝他們從厄運中獲救，這場奇特的慶典會出現巨大的紙紮神像、小孩打扮成傳統英雄人物踩著高翹在半空中遊行的「飄色巡遊」，以及攀上六層高竹塔搶奪平安包的瘋狂搶包山活動。

「香港美得驚人。它的美一部分是由環境、土地和海洋之間的劇烈互動所造就，但最主要還是來自它令人難以抗拒的活躍氣氛。」

——英國知名作家珍·莫里斯（Jan Morris），《香港》（Hong Kong，1988年）

在金碧輝煌的香港後方，蟠踞著一條「龍脊」——當地
其中一條景致令人目眩神迷的步道。

今昔之比

殖民前後的香港

次世界大戰之間，中國大陸混亂的局勢，迫使人民移居華南沿海外的英國直轄殖民地——香港。在這張1934年刊登於《國家地理》雜誌的照片中，小販兜售香煙和和傳統中藥；臺階的頂端候著一座轎子。這塊殖民地曾是一座繁榮的海港，到處是貿易商和輪休的軍人。港口對面的九龍半島，同樣受英國人統治，不過大部分地區為農村。

今日的九龍，如同這張彌敦道上旅館林立的照片所呈現的模樣，也成為一處商業繁榮的地方。1997年，當英國和香港的租約到期時，共產黨統治下的中國要求收回這塊領土，但同意50年內維持香港經濟和政治系統不變。「香港向來頗具競爭力且充滿野心，」《國家地理》雜誌首席攝影師史提夫·麥凱瑞（Steve McCurry）說：「而現在，隔壁沉睡的巨人已經醒來。在經濟上，中國其餘的城市最終還是會超越香港。」■

從廣東漁獲到殖民咖哩

經典港式點心

• 香港以廣式海鮮、新鮮捕獲的魚和其他深海珍饈聞名，而且名不虛傳。其中一處比較能喚起記憶和品嘗蒸魚、辣炒黑胡椒蝦的地方，是「明記海鮮酒家」，位在迷你的蒲臺島上。至於其他離島的海鮮餐廳，則有南丫島上的「森記酒家」和「天虹海鮮酒家」，以及長洲島上的「張記魚蛋粉麵」。

• 「天龍軒」這間美食餐廳是你享用美味港式點心的至高點，它位在麗思—卡爾頓酒店（地址：九龍尖沙咀柯士甸道西1號環球貿易廣場）的102樓。但追求正統港式飲茶體驗的人，會喜歡比較傳統的地點，例如「蓮香樓」（地址：香港中環威靈頓街160-164號）或「參去壹點心粉麵飯」（地址：香港西環薄扶林道11號），這些嘈雜、混亂且服務冷淡的餐廳，更突顯出食物的美味。

• 美味的印度食物，是英國殖民統治留給這片土地的美食遺產之一，源自19世紀移居香港的南亞人。其中最棒的選擇，是名列米其林餐廳的「慶典」（Jashan，地址：香港蘇豪荷李活道23號），提供寶萊塢風格的表演節目和來自印度各地的特色菜。其他的一流印度餐館，還包括位於背包客天堂——重慶大廈（地址：香港九龍尖沙咀彌敦道36-44號）——裡的「真真印度咖哩王」，以及半山區的「印度村」（Indian Village，地址：香港中環半山嚤囉廟街31號）。■

新鮮的海鮮是南丫島「天虹海鮮酒家」中最耀眼的明星

小說介紹

《瑰寶》（A Many-Splendored Thing）
韓素音著（1952年出版）
這個悲喜交加的故事後來改編成好萊塢賣座電影《生死戀》（Love Is A Many-Splendored Thing），小說情節圍繞著住在香港的已婚英國男記者和歐亞混血女醫生之間的婚外情，以混亂和充滿變數的國共內戰關鍵時期為背景。

《蘇絲黃的世界》（The World of Suzie Wong）
李察・梅臣著（Richard Mason，1957年出版）
梅臣以跨越文化的愛情故事作為這本小說的主題，並深刻描繪出香港在二次世界大戰後的面貌。

《大班》（Tai-Pan）
詹姆斯・克拉維著（James Clavell，1966年出版）
以史詩般的筆法描述香港在第一次鴉片戰爭後成為英國貿易站的經過。這個支線眾多的故事，是克拉維另一部勾勒20世紀香港商戰的小說——《高貴之家》（Noble House，1981年出版）——的前傳。■

量身訂製衣、豐富小家電和玉器

在香港多家訂製服飾店中訂做一套西裝

更勝一籌 香港的訂製服飾店散布於城內各個角落，從前衛的時裝設計師品牌，例如位在銅鑼灣的「Cuffs」（地址：利園山道27號3樓），到比較傳統的裁縫師，例如坐落文華東方酒店（地址：香港中環干諾道中5號）內的「亞民興昌有限公司」等。經過多次試穿和費時製造，生產一套量身訂做的西裝，大約需要一週的時間。

電器大道 深水埗地鐵站一帶被塑造成「數位中心」，這個摩肩擦踵的九龍地區，是地球上選購電腦、小型電器和電腦配件最棒的地方。鴨寮街以電子產品集散地著稱，這裡的商人兜售二手或全新的電腦零件，至於好幾層樓高的「高登電腦中心和高登電腦廣場」（地址：香港九龍深水埗福華街146-152號），以大打折扣的筆記型電腦、手機和電子遊戲聞名。

令人羨慕的綠 香港以種類繁多的各色玉器、玉飾聞名。九龍的玉器市場中，超過400名商人販售各式各樣價錢低廉的石頭與飾品。選購高價玉器，應該前往誠信、可保證真實性的首飾店。位於國際金融中心商場（地址：香港中環港景街1號）的「Edward Chiu」，有一系列的玉飾設計作品。■

功夫和清靜的香港

中國武術或許源自中國大陸，但卻是香港的功夫電影讓它成為世界注目的焦點。香港少林武術文化中心（地址：大嶼山大澳石仔埗街）位在洋溢田園風情的大澳村，提供一至三日的武術營，內容包括融合少林禪學的傳統武術訓練、住宿和素食餐點。

儘管人口密度屢創新高，香港卻擁有各式各樣的公園。比較罕為人知的綠地包括：取代1994年時拆除、惡名昭彰的貧民窟的九龍寨城公園，以及位於沙田馬場跑道內圍中央的彭福公園。位在香港南端、屬於海岸保護區的香港島鶴咀海岸公園，則是五座海底公園之一。

日本人在偷襲珍珠港的同一天，也對香港發動攻擊，為了從英國人手中奪取香港，，雙方激烈交戰了18天。這場戰事的遺跡醉酒灣防線，是一連串坐落於九龍北邊群山之間的碉堡、隧道和機關槍崗站。位在柴灣和赤柱的國殤紀念墳場，安葬著為了捍衛這塊殖民地而陣亡的盟軍士兵遺體。■

和大嶼山的武師一同研習武術

向香港電影傳奇人物致敬的星光大道

最佳島嶼城市

這些別具一格、四面環水的大都市,重新定義了城市生活。

歷史古城特羅吉爾(Trogir)是聯合國教科文組織的世界遺產地之一。

克羅埃西亞,特羅吉爾

手中拿著義式手工冰淇淋,在錯綜複雜的中世紀街道間,展開午後漫步。這座完整保存下來的亞得里亞海上堡壘可說是克羅埃西亞的最佳縮影,它得天獨厚,擁有令人讚嘆的自然風光,以及一種怡然自得的生活步調。

莫三比克(Mozambique)的石頭城

莫三比克島

這處聯合國教科文組織的世界遺產地或許規模很小,卻有著偉大的歷史。鵝卵石街道和 16 世紀女修道院,令人回想起它曾是貿易中心和葡萄牙東非殖民地首都。

馬爾地夫,馬律

馬爾地夫的首都馬律(Male)或許和這個國家知名、包羅萬象的度假村,分享同一片藍綠色海水,但它們的相似點也僅止於此。這個活躍的商業和政治中心,在 20 年間見證人口呈雙倍成長,達到 10 萬 5000 人。

墨西哥,墨西卡提坦

墨西卡提坦(Mexicaltitán)這座布滿瓦頂房舍的迷你島嶼,每逢夏日雨季期間,就只能搭船往來通行,有墨西哥的威尼斯之稱。有人認為這座風景如畫的人造城鎮,是墨西哥特性的發源地之一:據說 11 世紀時阿茲提克人就是從這裡出發,前往日後成為墨西哥市的特諾奇提特蘭(Tenochtitlán)。

德國,呂貝克

呂貝克(Lübeck)或許不再擁有身為中世紀首都的某些權力,但這座美麗城市被特拉維河(River Trave)環繞、保存完好的市中心,仍以輝煌歷史的永恆見證者之姿聳立著。

海螺共和國

美國佛羅里達州,基威斯特

基威斯特(Key West)悠閒又奇特,這片內飛地具體而微地展現了島嶼城市隨心所欲的獨立精神。鍍錫鐵皮屋頂的海螺屋和童話般的豪宅,共享田納西·威廉斯(Tennessee Williams)曾漫步其間、兩側棕櫚樹成蔭的街道,以及海明威曾光顧過的酒吧。

挪威的特隆瑟（Tromsø）

挪威，特隆瑟

這座美不勝收的北極圈城鎮，以積雪覆頂的峽灣為背景。除了壯觀的北極光景致，當地穿著打扮很時尚的居民，讓特隆瑟有「北方巴黎」之稱，儘管這座城市的中心坐落著為數可觀的迷人古老木屋。

德國，林道

林道（Lindau）漂浮在鈷藍色的康斯坦斯湖（Lake Constance）中，坐擁數百年歷史的街道和留下美麗歲月痕跡的高聳山牆。像昔日航海商人一樣，穿過擁有巴伐利亞象徵獅子雕像的港口，是進入這座城市的最佳方式。

哥倫比亞，聖塔克魯茲島

全世界人口最稠密的島嶼，是這座加勒比海的前哨站，而不是曼哈頓。如果都市化的程度是由人與人之間的接近程度定義，聖塔克魯茲島（Santa Cruz del Islote）無疑在本質上非常都市化：在這裡，1200 位住在獨棟住宅的人，每人僅能分配到0.01 平方公里的空間。

巴西，弗羅里亞諾波里斯

弗羅里亞諾波里斯（Florianópolis）優雅的都市風情與42 座海灘和翠綠的荒野和諧地融為一體。無論是衝浪人士或商場大亨，都能在這座有「魔力之島」（Island of Magic）之稱的巴西南方城市中，感覺到猶如置身家中的舒適。

弗羅里亞諾波里斯是海灘愛好者的天堂，被暱稱為「弗羅里帕」（Floripa）。

沿著聖地牙哥的布爾内斯大道（Paseo Bulnes）漫步

智利
聖地牙哥

以雄偉的安地斯山脈為背景，結合現代氛圍與殖民魅力。

經濟活力的注入改造了這座殖民地首都的面貌。耀眼的現代藝術中心和餐廳林立的時髦社區，隱身在閃閃發光的高樓和較為靜謐的小巷間。安地斯山為這座南美洲首都塑造出壯麗的背景，市區則有馬波丘河（Mapocho River）流貫其間。

美食地圖

聖地牙哥特色菜——從新鮮的魚到皮斯科酒

- 那條長長的海岸線讓海鮮在聖地牙哥隨處可見。酸檸汁醃魚（Ceviche，以檸檬汁「烹調」的生魚）是這座城市首屈一指的餐廳Astrid y Gaston（地址：Antonio Bellet 201）的拿手菜。屹立超過40年，知名主廚荷西・可可・帕切可（Jorge "Coco" Pacheco）位在普洛維登西亞區（Providencia）的餐廳Aqui esta Coco（地址：Avenida Nueva Costanera 4076），已經成為品嘗智利海鮮的首選。維塔庫拉區（Vitacura）的「海洋」（La Mer，地址：Avenida Nueva Costanera 4076），擁有道地的酸檸汁醃魚，還有新鮮的義大利麵和綜合海鮮。

- 皮斯科酒（Pisco）這種白蘭地是智利人的國民飲料，也是很受歡迎的調酒「皮斯科酸酒」（Pisco Sour）的主要成分，其他原料包括檸檬、蛋白和糖。想在聖地牙哥聆聽現場音樂表演和暢飲皮斯科酸酒，位於普洛維登西亞區的Liguria Manuel Montt（地址：Avenida Providencia 1373）是首選。∎

香氣撲鼻的酸檸汁醃魚

今昔之比

聖地牙哥天際線

西班牙征服者佩德羅・德・瓦爾迪維亞（Pedro de Valdivia），從聖路西亞山（Cerro Santa Lucía）上的有利位置，看見赫然聳立於馬波丘河周圍谷地上方、白雪皚皚的安地斯山。公元1541年2月12日，瓦爾迪維亞選擇在這裡創立「智利的聖地牙哥」（Santiago de Chile）。數百年以來，這座城市沿著馬波丘河擴張，形狀既長且窄，貌似祖國智利。

1818年，在脫離西班牙人統治的獨立戰爭後，聖地牙哥立刻成為智利的首都。這張攝於1916年的市中心照片，景觀明顯帶有新古典主義風格。

如今，身為智利金融中心和最富裕城市的聖地牙哥，以天際線大肆宣揚當地繁榮的經濟。現代摩天大樓主宰了天際線，從普洛維登西亞區義大利廣場（Plaza Italia）上、外觀猶如一支巨大手機的移動之星大樓（Movistar Tower），到商業園區內輝煌奪目的飯店和辦公大樓，這些建築物就聳立在拉斯孔德斯（Las Condes）這個高級區域中的寬敞大道兩側。安地斯山至今仍隱約浮現在這座城市的上空，但經常籠罩在雲霧之間。■

電信塔──國家通信公司塔（**Entel Tower**）──從觀景讓為遊客能一覽安地斯山的壯麗美景。

祕密景點
愛人、戰士和姊妹

波提約（Portillo）邊遠地區的新雪

歷史告訴我們：聖露西亞山是「智利的聖地牙哥」1541年時創立的地方。1800年代時，這座小山一度發展成一座遍布棕櫚樹和噴泉的公園，擁有隱蔽處和欣賞下方城市景觀的瞭望臺。如今這座小山是年輕情侶避開、遠離家人窺視目光的地方。

智利最大的民族——馬普切族（Mapuche），是唯一從未被西班牙人征服的本土原住民。前往武器廣場（Plaza de Armas）參觀，那裡有一尊紀念這支強大戰士部族的馬普切（Mapuche）雕像。當這尊雕像1992年設置於此時，曾引發軒然大波，因為它雕刻出的是一張馬普切男人破碎的臉。

高級住宅區拉斯孔德斯的原文名稱Las Condes，有著明顯的文法「錯誤」：它使用陰性定冠詞「las」，描述高貴的男伯爵「condes」。不過當地人能夠理解，因為歷史中有著清楚的解釋：擁有「孔德」（Conde）姓氏的兩姊妹被認為曾經是這片土地的主人。∎

試試當地產自「種馬園」（Haras de Pirque）葡萄酒莊的葡萄酒

加拿大安大略省

多倫多

一個老於世故又擁有和加拿大進步精神的都市中心

搭乘渡輪可以欣賞到多倫多市中心的天際線和加拿大國家電視塔（CN Tower）

這座洋溢著活力與創新的加拿大第一大城，巧妙調合了歐洲的世故練達和北美的輕鬆隨意。不斷求進步且深具國際觀的城中居民，在藝術、建築和都市生活等方面，堅持走自己的路。

美食地圖

幸福的小點——從圓麵包上的煙燻肉到奶油塔

·多倫多是豌豆粉煙熏肉（peameal bacon）的故鄉，這種邊緣裹上豌豆粉或玉米粉的熏製豬腰肉切片，最佳的食用方式是做成三明治。「旋轉木馬烘培坊」（Carousel Bakery，地址：St. Lawrence Market, 93 Front St. E.）提供的傳統三明治，裡面有六片培根，還有五種芥末醬可以選。幾年前新開幕的「煙燻肉薄片」（Rashers，地址：948 Queen Street E.）則用煎蛋、切達乾酪和一種以骨頭和香料等熬煮而成的英式棕醬為煙燻肉「盛裝打扮」。

·奶油塔（Butter Tarts）引發挑戰、對抗，甚至一條穿越安大略省（Ontario）的「奶油塔步道」（Butter Tart Trail）。奶油塔是一種點綴著葡萄乾、料多味美的小甜派，在多倫多想尋找最棒的奶油塔，可以去萊斯利維爾（Leslieville）的「日安布里歐修麵包」（Bonjour Brioche，地址：812 Queen St. E.），或是威奇伍德（Wychwood）的「Leah's」（地址：621 St. Clair Ave. W）和小葡萄牙區（Little Portugal）的OMG BakedGoodness（地址：1561 Dundas St. W.），這些店的奶油塔都添加了令人興奮的楓糖漿。■

奶油塔

地標
加拿大國家電視塔

加拿大國家電視塔使多倫多千變萬化的天際線更顯分明。1976年時,加拿大國家鐵路局(The Canadian National Railway,簡稱CN)興建了這座當成通信塔使用的建築。如今,對那些想從全世界其中一座最高觀景臺眺望城市風光的遊客來說,加拿大國家電視塔是熱門去處。●塔高553公尺,約181層樓高。●驚險的「邊緣漫步」(EdgeWalk)行程,讓遊客置身塔外的狹窄平臺上,也就是多倫多上空116層樓高的地方。●天氣晴朗的日子,可見範圍將近有160公里。●每天晚上,1330個LED燈泡讓這座電信塔變成色彩繽紛的燈塔,還有每小時一次的塔頂燈光秀,以及用來慶祝特殊事件的不同圖案:從多倫多楓葉隊(Maple Leafs)在冰球場上獲勝,到英國皇室最新成員的誕生(都是藍色的圖案)。■

寧靜的西小艇碼頭（Marina Quay West），距離
市中心不過幾分鐘的路程。

祕密景點

適合新手的野生動物觀賞之旅

加拿大最大動物園中的一隻獵豹

在多倫多動物園的塞倫蓋提灌木營地（Serengeti Bush Camp，地址：2000 Meadowvale Rd.）中被非洲鼓聲喚醒，你可以在這裡看見悠然自得的犀牛、大象和河馬。訪客睡在旅行帳棚中，早起展開一趟晨間健行，趁園中動物最活躍的時候拜訪牠們。

一個世紀以來，卡薩羅馬城堡（Casa Loma）和安大略省議會大樓（Ontario Legislative Building）等多倫多最精緻的建築物，是使用本地開採的黏土磚和來自唐河河谷磚石工廠（Don Valley Brick Works）的原料作為建材。如今這處身兼採石場和磚石工廠的的地點，成為常綠磚石工廠（Evergreen Brick Works）公園的家，這片饒富興味的綠色空間，隱身於多倫多恣意蔓延的城區之間。小徑和木板道串聯起採石場庭園、農夫市集，以及推廣環保意識生活的綠色城市中心（Centre for Green Cities）。

儘管離加勒比海很遠，多倫多還是有一座煉糖工廠，就位於碼頭邊。工廠內有一間鮮為人知的博物館，以毫無保留的態度介紹奴隸制度、童工，以及剝削在糖業中所扮演的角色。由於雷德帕斯糖業博物館（Redpath Sugar Museum，地址：95 Queens Quay E.）的位置就在水邊，所以遊客很有機會看見糖船卸下這種甜蜜的貨物。∎

常綠磚石工廠綠意盎然，也大力推廣環保意識。

趣聞

創紀錄

全世界最大的地下購物商場位於多倫多，共有 1200 家商店，延伸超過 31 公里。這些零售商屬於多倫多「PATH」地下城（冬天來了也不怕！）的一部分，以一條地下街串聯起這座城市 50 多棟的建築。

小房子

多倫多這座大城很愛惜城內最小的房子——一棟寬約 2 公尺、長 14 公尺的平房。這棟百年歷史小屋蓋在規畫為車道的空間裡，是仍有人住的私宅，而且屋主說「非常寬敞」（地址：128 Day Avenue）。

紅燈，綠燈

加拿大人壽大樓（Canada Life Building，地址：330 University Ave.）的頂端有一座燈塔，燈光時紅、時白、時而閃爍。引進於 1950 年代，這些燈光傳遞著多倫多市的天氣預報訊息。不了解燈光涵意的人，可以參考人壽大樓大廳裡的顏色解說。（希望一直都是綠色。）∎

西班牙
巴塞隆納
兼具地方特色和歐洲風情的加泰隆尼亞首府

位在市中心的加泰隆尼亞廣場（Plaça de Catalunya）

巴塞隆納是既時髦又古老的城市，以自豪的心情擁抱著加泰隆尼亞文化。巴塞隆納向來喜歡創意，對於奇人異士和現代大師都同樣歡迎，也信奉生活可以過得巧妙的人生哲學。

美食地圖
加泰隆尼亞美食：小甜點和氣泡酒

・巴塞隆納是品嘗嘉泰隆尼亞地區知名「西班牙香檳」，也就是卡瓦（cava）氣泡酒的完美地點。在「Can Paixano」（地址：Carrer de la Reina Cristina 7）這家又小又不起眼但酒單包羅萬象的傳奇餐館，品嘗一些最棒的氣泡酒；或是去緊鄰這座城市的西班牙卡瓦酒之都——諾亞河畔聖薩杜爾尼（Sant Sadurní d'Anoia）——參觀知名的卡瓦酒製造商「菲思娜」（Freixenet）和「康德努」（Codorníu）。

・巴塞隆納也崇尚甜食，開心地沉浸在巧克力餐廳（granjas）之中，店內招牌為吉拿棒配熱巧克力（churros y chocolate）——油炸的條狀甜食，搭配一杯超濃熱巧克力。只要把吉拿棒浸入冒著熱氣的巧克力，就能體驗西班牙最熱門的甜食吃法。■

祕密景點
當地人跳舞和玩樂的地方

傳統的加泰隆尼亞薩達納舞

每逢週日下午，當幾百名女性聚集在巴塞隆納大教堂廣場（Plaça de la Seu）上，加入當地知名的薩達納（sardana）圓圈舞時，這座城市就會洋溢著歡樂氣氛。據說在佛朗哥（Franco）將軍的長期獨裁統治下，這項加泰隆尼亞的傳統象徵曾遭到禁止，如今則吸引人群前來欣賞複雜的舞步，並聆聽激勵舞者的樂隊演出。

遠在華特‧迪士尼（Walt Disney）想像出主題樂園以前，巴塞隆納家庭就已經登上纜車、拜訪位於山頂的遊樂場「提比達波」（Tibidabo）——歐洲其中一座最古老的遊樂場。儘管這座樂園擁有最新的雲霄飛車，不過真正讓這趟旅程值回票價的，是「飛機」（The Plane）這類老派遊樂設施，它們提供一覽無遺的城市美景。

新古典主義風格的朵塔迷宮公園（Parc del Laberint d'Horta），以瀑布、噴泉、天鵝和水道，提供一處浪漫的僻靜地。為了保留它的歷史氛圍，巴塞隆納甚至限制每日遊客人數。不過公園內最有趣的地方，是一座布局對稱的迷宮，提供了一道真正的難題。一旦踏進去後，就算是衛星導航系統，也沒有辦法幫你找到出路——它會在嘗試後給予錯誤的指示。■

無論早晨、中午或晚上，吉拿棒和熱巧克力都是完美的享受。

高第設計的奎爾公園（Park Güell）

新加坡

多元文化的匯聚之地，充滿令人驚奇的風情與事物。

只准行人通過的加文納橋，懸吊在新加坡河上。

重要統計數字

● 武吉知馬山的高度為164公尺，但這座城市中至少有40棟摩天大樓，讓這處天然制高點顯得矮小。

● 曾創下的**最低溫紀錄**為攝氏19.4度，出現在1934年。

● 組成這座城市的島嶼數為63座，其中大多無人居住。

● 官方語言有四種：馬來語、英語、中文和坦米爾語。國歌只有馬來語版本。

刮除這個東南亞國家閃閃發亮的外觀，你會發現一劑令人興奮的魔藥，裡面融合了馬來、印度、中國和西方傳統。你甚至可以說：新加坡是全球化世界的縮影。

美食地圖

馬來式早餐和印度甩餅

．攤販小吃想吃到新加坡最道地的食物，不妨造訪許多家庭式經營的街頭攤販，嘗嘗各式各樣的美味小吃。試試以香氣撲鼻的辣椒醬爆炒的辣椒蟹，或堆滿海鮮、口味濃郁的椰汁咖哩湯麵——叻沙。搭配油炸小菜的馬來式早餐椰漿飯，是種一整天都很受歡迎的食物，沾取辛辣咖哩醬食用的印度甩餅也一樣。新加坡到處可見「小販中心」（露天街邊美食廣場），其中比較受歡迎的有老饕灣美食中心（Makansutra Gluttons Bay，地址：Esplanade Mall 01-15）、麥士威熟食中心（Maxwell Road Hawker Centre，地址：11 S. Bridge Rd.）以及紐頓圓環美食中心（Newton Circus，地址：500 Clemenceau Ave. N.）。■

祕密景點
夢幻度假島嶼

烏敏島上的島嶼時光

新加坡即使擁有超級現代化和高科技的外表，本質上還是一座熱帶島嶼——巴拉灣海灘就是明證。這片金黃色的沙灘是亞洲最接近赤道的地點，有一條充斥著商店和小餐館的木板道。一趟快速的單軌電車車程，就能帶你返回極前衛的市中心。尋求更具田園風情的體驗，當地人會前往烏敏島，這裡可說是一粒濃縮新加坡過往歲月的時空膠囊。烏敏島是新加坡僅剩的「甘榜」（kampong，也就是鄉村）之一，迷人的木造房屋是店鋪兼住家，由島上的百餘位村民經營。

從新加坡本島的摩天大樓叢林出發，一趟快速的渡輪航程把你帶往一座歡迎遊客的垃圾掩埋場。面積350公頃的實馬高島，幾乎完全是由新加坡垃圾焚化爐中的灰燼創造出來的，而且至少到2045年以前，都有足夠的容量作為一座正常運作的垃圾場。可別期待在島上看到成堆發出難聞氣味的垃圾。實馬高島和這個國家的其他地方一樣乾淨整潔。來這裡的當地人會去潮間帶健行、賞鳥，或從事海上垂釣。■

只需一趟單軌電車車程，就能從繁忙的市中心抵達巴拉望海灘。

最快樂的城市

關係緊密的社區和引人入勝的環境，提升這些都市綠洲的極致幸福感。

昆士蘭（Queensland）主辦各式各樣的救生競賽

澳洲，黃金海岸

以綿延幾公里長的濱海度假村為特色，黃金海岸（Gold Coast）這座位於昆士蘭（Queensland）的海岸城市，永遠處於度假狀態，不斷接待大批衝浪人潮，吸引他們前往金黃色的沙灘、或斯比特（Spit）和彩虹灣（Rainbow Bay）這類出現世界級浪的知名地點。

奧胡斯（Aarhus）

丹麥，奧胡斯

臨海的奧胡斯，是斯堪地那維亞（Scandinavia）最古老的城市之一，在它大型的天然海港四周，一座中世紀舊城（Old Town）混合了現代生活。當地居民稱頌奧胡斯的平等收入、免費醫療保險和日間看護，以及許多當地學院和大學的出色教育。

泰國，蘇梅島

蘇梅島是繼普吉島之後泰國的最大島之一，隨著近來遊客的湧入，已經穩定發展成一座更加繁榮的島嶼，路邊小吃攤、隱密的佛寺、叢林瀑布和圍繞著棕櫚樹的海灘，混合成令人陶醉的魅力，深深吸引著遊客。

威斯康辛州，麥迪遜

在這座威斯康辛州（Wisconsin）的首府裡，麥迪遜（Madison）人一整年都很活躍：划獨木舟、越野滑雪、沿景觀美化的湖岸慢跑。威斯康辛大學麥迪遜校區的植物園（University of Wisconsin-Madison Arboretum），以擁有大草原、無樹平原和32公里長的健行步道而自豪。

墨西哥，蒙特瑞

新雷昂州（Nuevo León）的首府蒙特瑞（Monterrey），1579年創立時為一處西班牙殖民地。儘管擁有蓬勃發展的工業，居民表明他們強調的重點：社會生活以本市牢固的社區結合力為根據、而非職業生涯。

蘇梅島（Ko Samui）上的祕密佛像花園

加州，聖荷西

有機產品在這座舊金山灣（San Francisco Bay）東南方、陽光普照的加州城市裡蓬勃生長。居民在超過20座社區花園裡弄髒雙手，因為聖荷西（San Jose）溫暖的氣候非常適合耕種。

西班牙迷人的聖塞巴斯提安（San Sebastián）

西班牙，聖塞巴斯提安

擁有米其林評鑑的餐廳、三座風景如畫的海灘，以及保證能欣賞到本市最佳景觀的伊古爾多山（Monte Igueldo）遊樂園，聖塞巴斯提安（San Sebastián）同時吸引當地人和外來遊客。本市也擁有一所最先進的烹飪學校，並於最近獲選為「2016 年歐洲文化首都」（2016 European Capital of Culture）。

阿拉伯聯合大公國，杜拜

以每件閃亮的新東西聞名於世，從公路到鐵路，這座沙漠城市因擁有全世界唯一一間「七星級」飯店、阿拉伯聯合大公國（United Arab Emirates）國民免費教育和住所，以及全世界最高建築——高達828 公尺的哈里發塔（Burj Khalifa）而自豪。杜拜（Dubai）也擁有白沙沙灘，以及一座室內滑雪道。

馬來西亞，吉隆坡

坐落在巴生河（Klang River）和莪麥河（Gombak River）的交匯處，「吉隆坡」（Kuala Lumpur）在馬來語中或許意味著「泥濘的河口」，不過這座昔日的殖民首都，如今已發展成一座擁有一流餐廳和服務、欣欣向榮且多元文化的國際中心，當地地標——國油雙峰塔（Petronas Twin Towers）摩天大樓，雄踞於這座城市的上方。

紐西蘭，奧克蘭

在這座熱鬧的城市裡，從世界級餐飲和活躍的夜生活，到寧靜的黑沙海灘、蒼翠繁茂的森林，以及 49 座火山錐上靜謐的短期假期，150 萬名奧克蘭（Auckland）居民，不可能無視於它的魅力。當地人享受繁榮的經濟、出色的教育體系、廣闊的綠色公園以及紐西蘭的全民醫療保險。

在紐西蘭奧克蘭度過又一個無憂無慮的日子

美國賓州
費城
一座充滿21世紀氣息的殖民城市，擁有洞悉未來的敏銳目光。

中大西洋地區的都市風景，迷人的成排房屋和線條簡潔的高樓看上去渾然一體。

費城各區反映出許多在地特質。探索舊城區（Old City）的藝廊、獨立廳（Independence Mall）的精采歷史、東帕斯楊克（East Passyunk）的餐廳，而且無論在哪一區的酒吧都看得見熱情的運動迷（他們也熱愛精釀啤酒）。

購物車
〈愛〉和義式火腿

來自費城的愛 〈愛〉（LOVE）雕塑是費城令人難忘的地標之一，在AIA書店（地址：1218 Arch St.）找尋它和其他城市建築的相關商品。「藝廊裡的壁畫藝術」（Mural Arts at the Gallery，地址：901 Market St.）把費城宏偉的壁畫，變成瓷器、便箋和限量馬克杯。

愛公園（Love Park）裡的〈愛〉雕塑

費城滋味 這座城市的食物豐富多樣，值得帶點回家。歷史悠久的雷丁火車終點站市場（Reading Terminal Market，地址：51 N. 12th St.），供應會令人回想起這座城市的美味食品，像是當地生產的蜂蜜、果醬和來自「公平貿易農產品直銷鋪」（Fair Food Farmstand）的肉乾。義大利市場（Italian Market，地址：9th St.，位於Christian Street和Washington Avenue之間）是家中大廚的天堂：Di-Bruno Bros和Claudio's的乳酪、D'Angelo Bros的豬肉熟食食品，以及Fante's的廚房用品。位在東帕斯楊克的「綠巷食品雜貨鋪」（Green Aisle Grocery，地址：1618 E. Passynk Ave.），則有販售來自Zahav等費城頂級餐廳的美食。■

地標
費城藝術博物館

靈感來自希臘建築的費城藝術博物館不只是一座藝廊，也是費城的前廊，洛基昂首闊步走過這裡，費城居民則為當地節慶和7月4日的國慶煙火聚集到這裡。這座全美第三大藝術博物館中，收藏了梵谷的〈向日葵〉、塞尚的〈浴女〉──還有一尊洛基雕像。以快步爬上博物館前72級階梯的方式向這位虛構拳擊手致敬，並且好像真的拿到冠軍一樣振臂歡呼，留下一張典型的費城自拍照。‧這尊原型為席維斯‧史特龍（Sylvester Stallone）經典角色洛基的青銅雕像，是1982年為了電影《洛基》第三集而造。‧館藏數量超過22萬7000件。‧臺階頂端是縱覽費城全貌的最佳地點之一，你可以從這裡俯瞰博物館林立的班傑明‧富蘭克林公園大道（Benjamin Franklin Parkway），這條大道通往亞歷山大‧卡爾德（Alexander Calder）設計的斯旺紀念噴泉（Swann Memorial Fountain），以及羅伯特‧印第安納（Robert Indiana）的〈愛〉雕塑。‧週三下午5點以後，入場費可隨意給。∎

今昔之比

義大利市場

在義大利市場可以品味到費城的歷史——和未來。店家和攤商沿著第九街，從費茲瓦特街（Fitzwater）一路延伸到華頓街（Wharton），這裡於1880年代中期到末期興起，當時有一位義大利移民在附近開了一間民宿。到了1930年代，費城的義大利裔人口逐漸增加，這條街就成為他們的購物去處。在這條穿越費城南部、長0.8公里的狹長通道上，你可以買到所有東西：從力可達乳酪（ricotta）和義大利薩拉米香腸（salami），到鞋子和布料。

如今，這座辛勤店主和日常顧客雜沓其中的市場，仍營造出跟過去一樣熱鬧有勁的氣氛——但也增添了幾許新風貌。在羅夫義大利餐廳（Ralph's Italian Restaurant，1915年就在現址營業）、Di Bruno Bros食品供應商（1939年開始營業）和第九街上具有代表性的農產品攤販等義大利傳統商家周圍，你會發現形形色色且相對比較新的餐廳和商店，販售源自墨西哥、越南、韓國和泰國等地的菜餚和貨品。■

費城佳餚——從起司牛肉三明治到冰涼甜點

擺盤精緻的起司牛肉三明治

· 起司牛肉三明治（cheesesteak）是費城最有名的美食輸出品。費城南部的「傑諾牛排」（Geno's Steaks，地址：1219 St. 9th St.），和就在它正對面的長期競爭對手「派特牛排國王」（Pat's King of Steaks，地址：1237 E. Passyunk Ave.），每天24小時霓虹燈閃爍不停。裝潢走裝飾藝術風格的「吉姆牛排」（Jim's Steaks，地址：400 South St.）也是一間老牌名店。

· 費城人對烤豬的喜愛可能更勝起司牛肉三明治，會搭配氣味強烈的普羅臥乳酪（provolone）和球花甘藍（broccoli rabe）一同食用。在Tommy DINIc's（地址：Reading Terminal Market, 1136 Arch St.）或「約翰烤豬」（John's Roast Pork）嘗過一口後，你就能懂。

· 扭結麵包（pretzel）是費城常見食物，費城人甚至拿它當早餐吃。認識這種扭曲的食物：一種是抹上奶油、有多個扭結的阿米希（Amish）鬆軟扭結麵包，試試雷丁火車終點站市場的Miller's Twist（地址：1136 Arch St.）；另一種常見於街頭攤販的扭結麵包就比較小，會塗上厚厚一層芥末醬，嘗嘗擁有多家分店的「費城鬆軟扭結麵包工廠」（Philly Soft Pretzel Factory）。

· 每座城市都有專屬的冰涼享受。在費城，就是稱為「水冰」（water ice）的冰品。用「水冰」來稱呼這種雪泥狀的夏日點心其實非常寫實，而為了方便食用，店家有時會同時提供吸管和湯匙。「瑞塔水冰」（Rita's Water Ice，擁有多家分店）是深受喜愛的本地連鎖店，費城南部的「約翰水冰」（John's Water Ice，地址：701 Christian St.）則是經典老字號。■

〈金色拖鞋〉

新年那天，默劇演員將主宰「費城默劇演員遊行」（Philadelphia's Mummers Parade），演員不分男女都穿著綴有金屬亮片和羽毛的服裝，賣力表演精心設計的動作。〈喔，金色拖鞋〉（Oh, Dem Golden Slippers）是這場大搖大擺的默劇演員遊行的非正式主題曲。

佩恩魔咒

1987年3月，「自由廣場一號大樓」（One Liberty Place）超越了市政廳頂端那尊威廉·佩恩雕像的高度。在接下來的30年裡，沒有一支費城的主要職業運動隊伍贏得冠軍頭銜。2007年6月，費城最高建築康卡斯特中心（Comcast Center）的頂端，增添了一尊小小的佩恩塑像。隔年秋天，美國職棒大聯盟球隊費城費城人（Philadelphia Phillies）拿下世界大賽（World Series）的冠軍。

人體部位

馬特博物館（Mütter Museum）收藏超過2萬件的畸形人體解剖標本、歷史醫療工具和其他古怪的展覽品，包括一個高達2.3公尺的人類骨骼、一罐泡在福馬林裡的人類皮膚，以及一位19世紀解剖學家所收藏的139個人類頭蓋骨。■

24小時營業的傑諾牛排，是起司牛肉三明治的朝聖地。

俄羅斯
聖彼得堡
一座不分晝夜閃閃發光的帝國首都，昂然展示它富麗堂皇的過去和現代特質

這座水道縱橫的「北方威尼斯」，在涅瓦河（Neva River）畔閃爍著微光。

重要統計數字

- 座標北緯59度，是世界上人口數超過百萬的城市中，地理位置最北邊的。

- 水路共93條，這些河流和渠道的流經距離為330公里。

- 國立隱士廬博物館（State Hermitage Museum）藏品超過300萬件，館藏數量在全世界名列前茅。

我的城市：甘蒂絲・帕列什涅夫

聖彼得堡——或當地居民口中暱稱的「彼得」（Piter）——找到深植我心的方式，並從此駐留。

「彼得」是一座為散步而生的城市——這座城市的每一處都美不勝收，引人駐足流連，不願走得太快。知名的涅瓦大街（Nevsky Prospekt）是欣賞往來行人的好地方，黃昏時沿著水道和橋梁漫步則是一種近乎享受的愉快消遣。莫伊卡河（Moika River）沿岸色調柔和的新古典主義和巴洛克式建築正面，呈現出超現實的朦朧光暈，讓我覺得自己其實信步走進一個完全不同的年代。

我最喜歡的餐館距離人來人往的街道只有幾步路，而且大多是在半地下室。戈羅霍娃街（Gorokhovaya Street）上一家叫做Zoom的小餐館，有一種很棒的濃湯和一群時髦的人。波爾沙雅康尤申那亞街（Bolshaya Konyshennaya）上那家蘇聯風格的Pyshki（甜甜圈）小店，是你掏錢享受美味的絕佳地點。Grot提供非常好吃的烏茲別克（Uzbek）手

抓飯（plov，以米飯和肉燜煮而成的菜餚），這間店蝸居地下，幾乎隱藏在豐坦卡水道（Fontanka Canal）旁。想找點特別的樂子，就去位在喀山街（Kazanskaya Ulitsa，從喀山主教座堂再走幾個街廓就到了）的Suliko，那裡有喬治亞傳統樂師為用餐客人表演。

禁行汽車的葉拉金島（Yelagin Island）是一處避開車流的好地方。我喜歡在樹林間安靜隱蔽的小角落野餐，欣賞孩童餵鴨、情侶租借小船的情景。這座島嶼也很受當地年輕人歡迎，他們聚集在這裡玩極限運動「飛盤爭奪賽」（Frisbee）。

「JFC俱樂部」是欣賞現場爵士表演的絕佳去處，儘管不太好找——入口位在夏帕勒納亞街（Shpalernaya Ulitsa）上一棟不太起眼的建築中庭裡。但想必也不會太難找，因為店裡通常擠滿了人。

涅瓦大街沿途的商店是這座城市選購服飾的最佳地點之一，但我寧可買書。位在喀山主教座堂對面、知名歷史建築勝家大樓（Singer Building）裡的「書屋」（Dom Knigi），書籍和地圖都經過精挑細選。位在瓦西里島（Vasilyevsky Island）上的「舊書」（Staraya Kniga），是另一家迷人的書店，主要出售二手書；我在這裡以非常合理的價格，買下我鍾愛的杜斯妥也夫斯基作品集十冊套書。

拜訪聖彼得堡的遊客可以熬夜到清晨，欣賞橫跨涅瓦河的多座長橋高高拉起，好讓成群等待的船隻通過的場景。這畫面在6到7月的「白夜」（White Nights）期間分外有趣，這種迷人的永晝現象發生在夏天，一連幾週的時間，黃昏跳過夜晚、黎明直接降臨。這時正是拜訪擁有耀眼穹頂的滴血救世主大教堂（Church of Our Savior on Spilled Blood）的魔幻時刻。

「彼得」的獨特性，某種程度上和它的凝聚力有關，它不只是一系列迥異的地點，而是一個和諧的整體，伴隨著一段豐富的歷史——一段很榮幸能參與其中一小部分的歷史。

俄羅斯語言學家甘蒂絲·帕列什涅夫（Candice Pareshnev），在為美俄商業協會（U.S.-Russia Business Council）前往美國華盛頓哥倫比亞特區工作以前，曾在聖彼得堡讀書，並自願待在這裡。她和生於聖彼得堡的丈夫，定期回到這座俄羅斯的首都。■

滴血救世主大教堂

「整個地球上最抽象也最難以預料的城市。」

—— 俄國知名作家費奧多爾·杜斯妥也夫斯基（Fyodor Dostoyevsky），《地下室手記》（Notes from the Underground，1864年出版）

地標

冬宮

作為俄羅斯帝國昔日輝煌和十月革命推翻沙皇的象徵，冬宮具體展現了俄羅斯歷史上的兩種極端。這座昔日的皇宮如今變成隱士廬博物館，修復後的宮殿中收藏了數百萬件藝術品，而宮殿內部及其本身就是一件建築上的藝術品。• 冬宮的博物

館性質始於凱薩琳大帝，她把這座宮殿當成大量私人藝術收藏的存放庫。• 這座宮殿容納超過300萬件藝術品和手工藝品，包括林布蘭和莫內的畫作，以及古埃及雕塑。• 超過350間展覽室對大眾開放，每年超過250萬名遊客穿梭其中。• 一戰期間和1917年俄國革命

發生前幾個月，宮殿有部分區域被充當醫院使用。• 布爾什維克革命（Bolsheviks Revolution）期間，冬宮慘遭洗劫，包括價值非凡的酒窖。∎

購物車

聖彼得堡的奢華——從精緻的商店到沙皇的餐具

帝國速覽 在聖彼得堡購物可以把高檔國際精品到手工織物等南轅北轍的物品一網打盡。造訪涅瓦大街（聖彼得堡的主要道路和購物中心），隨意瀏覽華美的奢侈品。全世界其中一座最早的購物商城「高爾基市場」（Great Gostiny Dvor，地址：35 Nevsky Prospekt）外有柱廊，門面走新古典主義風格，橫跨一整個街區，擁有多間設計師商店。沿著這條大街再往下走會到「帕薩茲拱廊街」（The Passage，地址：48 Nevsky Prospekt），這是另一家歷史可回溯到1850年代的精品百貨公司。想買俄國製紀念品，包括隨處可見的俄羅斯娃娃，就逛逛「老婆婆」（Babushka，地址：Naberezhnaya Leitenanta Shm.），或是到「紡車」（Pryalka，地址：10 Pushkinskaya Ulitsa）選購手工絲巾和女裝罩衫。

沙皇的餐具 「帝國瓷器工廠」（Imperial Porcelain Factory，地址：151 Obukhov Defense）延續著這項1744年源自聖彼得堡的技藝，當時是為了幫羅曼諾夫（Romanov）家族製作瓷器，而開始大量生產手工瓷器。看看以鈷藍色網狀圖案作為裝飾的餐具，設計靈感來自凱薩琳大帝的一組茶具。原產於波羅的海海岸的琥珀，是另一種皇室歷史上很流行的贈禮。凱薩琳宮（Catherine Palace）聲名狼藉的琥珀廳（Amber Room）牆壁上，曾布滿這種橘紅色的寶石，重達好幾千公斤。去「老婆婆」看看琥珀手鍊、墜飾和耳環。■

瓷器彩蛋

「書屋」書店和咖啡館坐落在昔日的勝家公司大樓裡，這棟龐大的建築是涅瓦大街上傑出的新藝術風格之作。

皇室寓所和沙岸

皇室夏宮葉拉金宮重演歷史事件的演員

眾所皆知，聖彼得堡根植於沙皇時代的俄羅斯美學。冬宮廣場（Palace Square）展現出恢弘的氣勢。但，皇室避靜之地就比較少人知道了。這些位於聖彼得堡小島上的宮殿，是貴族遠離眾人目光的地方。在皇室夏宮葉拉金宮（Yelagin Palace，地址：4 Yelagin Ostrov）的庭園裡漫步；或是探訪**卡緬尼島**（Kamenny Island）兩旁宅邸林立的街道，20世紀初許多皇親貴冑紛紛在這裡興建宅邸。

去這座可以瞥見北極光的遙遠北方城市，游泳衣可能是最後一件你想打包的物品。當地人知道事實不然。**彼得保羅要塞**（Peter and Paul Fortress，地址：3 Petropavlovskaya Krepost）外的河畔沙灘地帶，是一處夏季進行日光浴、冬季看北極熊潛水的熱門景點。

郊區巡航：展開一趟跨夜巡航，遠離船隻往來頻繁的水道範圍，沿著涅瓦河離開市區，穿梭在聖彼得堡郊區木造教堂林立的河岸間，並駛進全歐數一數二的大湖拉多加湖（Lake Ladoga）。■

涅瓦河沿途的開合橋升起讓船隻通行，盛夏永晝期間河面波光粼粼。

從聖彼得堡出發的一日遊目的地「彼得夏宮」（Peterhof Palace），以精緻優美的瞭望景觀和富麗堂皇的氣勢，讓遊客讚嘆不已

雪梨

世故與時髦、活躍與多元文化的交會之處

鋼鐵打造的港灣大橋（Harbour Bridge）和雪梨歌劇院
如鼓起船帆的屋頂，形成戲劇性的對比。

重要統計數字

- 面積1萬2365平方公里，
  是全世界數一數二的大
  型都會區。

- 渡輪乘客每年1480萬人

- 原住民住在雪梨地區的
  時間至少3萬年

- 雪梨港灣大橋的高度為
  134公尺，是全世界最高
  的橋梁之一。

我的城市：瑪麗・歐馬雷

每天清晨6點30分，我就被吸蜜鸚鵡尖銳的鳴叫聲給喚醒。這種出現在內雪梨街道兩側白千層樹上的鳥，差不多可以代表我眼中的雪梨：招搖、嘈雜、尋求關注、莽撞卻莫名討喜、色彩繽紛和調皮的南半球風格。

牠們通報早晨的到來，讓臨海的雪梨成為一處很適合過生活的美好地方。我跳進尼爾森灣（Nelson Bay）布朗特海灘（Bronte Beach）的海水游泳池，在明亮的藍色天空下，加入晨泳者的行列——年長的歐洲人、年輕的亞洲家庭……這些把雪梨交織成一條文化百納被的各國移民，在展開一天的工作前，先在太平洋裡戲水。

到了下午，鳥鳴聲同樣歡迎我回家。多達124種原生種鳥類，住在百年公園（Centennial Parklands）裡，我們每天在這座「雪梨的中央公園」騎腳踏車和遛狗。這個溫柔的世界距離中心商業區東南方不到5公里，它屬於湖泊和樹木、騎馬者和騎自行車者、慢跑

的人和遛狗的人、餵鴨的學步兒童和在逐漸減弱的日光中野餐的家庭。

雪梨的海岸地帶和周圍郊區非常值得一遊。我們會去朋迪海灘（Bondi Beach），到遠離礁石的地方進行浮潛，讓我們的狗狗等在一旁接受路人的讚美；布朗特海灘則有海水游泳池和一路延伸至木板道的綠。位於朋迪海灘和布朗特海灘之間的岸邊走道，絕對是全世界最漂亮的濱海步道之一。

每當我們外出用餐，總喜歡光顧幾間由本地家庭經營的餐廳，我們和這些老闆熟到可以直呼對方的名字。我們最喜歡的餐廳包括：朋迪海灘的「龐貝」（Pompei's），因為喬治（George）和愛狄莎（Adisa）的手工披薩和義大利冰淇淋；蘭德維克（Rand-wick）的印尼餐廳「爪哇」（Java），因為喬（Joe）媽媽的炸魷魚和蜂蜜醬油茄子；以及威弗利（Waverley）的越南餐廳Uyen，因為理查（Richard）的軟殼蟹、辣椒大蒜魷魚和砂鍋魚。

如果我們想看電影，會到威弗利的商業區朋迪轉運站（Bondi Junction），其中威斯非（Westfield）購物中心的電影院酒吧，是觀賞雪梨港和港灣大橋的絕佳地點。我們邊啜飲葡萄酒，邊欣賞遊艇靜靜滑過蜿蜒的水道，這些水道圍繞著百萬富翁和億萬富翁圍牆高聳的港邊宅邸。

對我來說，沒有比帕丁頓（Paddington）、羅澤爾（Rozelle）和岩石區（The Rocks）的手工藝市集更好的購物地點，這些位於雪梨中央的市集綿延於囚犯興建的巷道間，記載著雪梨的殖民歷史。帕丁頓有多間鼎鼎大名的設計師精品服飾店，但對我來說，在服飾攤上發現的奇特衣物，更能吸引我的注意力。

有時我會開玩笑地說：我們把自己的世界縮減到半徑不超過10公里的範圍。不過當你住在一片海灘環繞的綠地，一個天氣總是適合戶外活動、可以吃喝玩樂、和朋友隨著當地合唱團或酒吧現場表演聚在一塊歡唱的地方，我們怎麼能不感謝：一座像雪梨一樣的大城可以這麼的宜人？

瑪莉・歐馬雷（Mary O'Malley）和丈夫賴瑞・格雷（Larry Gray）住在雪梨超過20年，夫妻倆經營紀錄片製作公司「第一手影像」（Pri-mal Vision），並且會帶團去萬那杜島（Vanu-atu Islands）旅行和認識當地部落文化。■

雪梨當地居民也包括彩虹吸蜜鸚鵡

趣聞

從死亡到結婚

位於雪梨港灣國家公園（Sydney Harbour National Park）內的飯店和會議中心，曾是舊隔離站（Old Quarantine Station）所在地，瀰漫著天花、霍亂，甚至是被稱為黑死病的腺鼠疫。隔離站因傳染病而設立，一直運作到不算太久前的1984年為止。現在，你可以參觀舊醫院、消毒淋浴間，以及部分移民者結束他們漫長澳洲旅程的太平間——甚至有人在那裡結婚。

小壞蛋

澳洲最危險的動物不是灣鱷或食人鯊，而是雪梨漏斗網蜘蛛。這種蜘蛛只存在於雪梨半徑100公里的範圍內，被咬後如果不治療，可能會致命。牠有很強的侵略性，會以能穿透手套或衣物的毒牙，反覆咬受害者好幾次。■

「雪梨的一大優點是樂於接納所有人事物。
這是一座極為寬容的城市，一座以豐富多元文化為基礎的城市。」

——生於雪梨的電影導演巴茲・魯曼（Baz Luhrmann）

雪梨皇家植物園（Royal Botanic Garden）遠離城市喧囂，氣氛恬適靜謐。

地標

雪梨歌劇院

高鼓起的雪梨歌劇院始自一場賭博。真的就是賭博，因為大部分的建造資金，來自新南威爾斯州彩券公司（New South Wales State Lottery）。如今，每年幾百萬名遊客蜂擁而至，拍攝歌劇院閃閃發光的屋頂。• 歌劇院的七座表演廳每年約舉辦1800場表演。• 丹麥建築師約恩·烏松（Jørn Utzon）在1957年贏得建造這棟建築的設計比賽。• 建造這座宏偉的革命性建築物，總共花了14年（1959到1973年）。• 建造期間，費用從700萬美金暴漲到最後的1億200萬美金。• 屋頂覆蓋著105萬6006片白色磁磚。• 1973年10月20日，英國女王伊莉莎白二世為這棟建築舉行落成典禮，並曾經四度造訪。• 1980年，阿諾·史瓦辛格於在音樂廳（Concert Hall）舉辦的「奧林匹亞先生」（Mr. Olympia）健美比賽中奪冠。• 1960年，美國知名歌劇演唱家保羅·羅布森（Paul Robeson）在歌劇院的建築工地上為工人表演。■

百分百雪梨製造——從叢林時尚到本地蛋白石

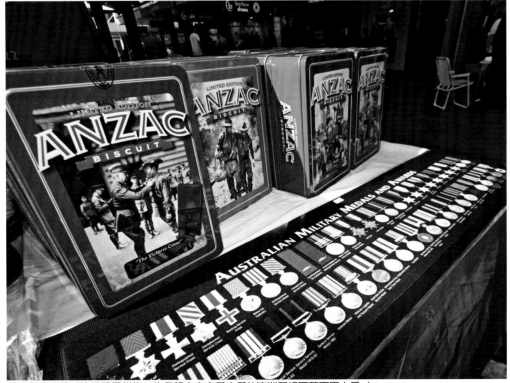

「鱷魚」丹地風牛仔帽

東蘇格蘭的丹地（Dundee）風打扮 談到時尚，生活在偏遠且人口稀少地區的澳洲人，提倡一種質樸的穿衣哲學。在Strand Hatters（，地址：Strand Arcade, 412 George St.）找一頂適合你的正宗澳洲牛仔帽（Akubra hat），店內男、女牛仔帽都有。接著輕快的走上街道，前往R.M. Wiliams（地址：389 George St.）尋找其他叢林裝束——訂製馬靴、Calder外套和Mulyungarie套頭毛衣，如果你非常熱衷這種風格，甚至可以訂製一副手工馬鞍。

所有閃閃發亮的東西 珍貴的蛋白石是澳洲的國石，它是一種有許多顏色、曾深受歐洲貴族喜愛的寶石。全世界大約97%的蛋白石開採自澳洲，其中有許多出自當地傳奇小鎮庫柏佩迪（Coober Pedy）。岩石區有好幾間專門招攬遊客的石頭店，其中包括Opal Minded（地址：55 George St.），這間店還在經營自有的澳洲內陸蛋白石礦場。避開人群，去位在四季飯店（Four Seasons Hotel）內的Giulians逛逛，那裡有以黑色圓形大蛋白石製成的耳環、項鍊、戒指、襯衫袖扣和其他首飾。

復古點心 位在天文臺山（Observatory Hill）上的國家信託中心（National Trust Centre，地址：Watson Rd.），致力於保護澳洲遺產，把昔日雪梨流行的食物包裝成禮盒販售，包括葡萄柚和野生木槿果汁、芒果和香草豆果醬、澳紐軍團餅乾（Anzac biscuit）、葡萄乾布丁和手工水果硬糖（rock candy）。■

蜂蜜燕麥餅乾『澳紐軍團餅乾』的名稱來自食用它們的澳洲和紐西蘭軍團士兵（Australian and New Zwaland Army Corps）命名。

難以抗拒的澳洲食物：肉餡餅到「薄荷香」

拖放在「海灘上的道爾斯」前方的橡皮艇

· 某些人讚揚的澳洲國菜——肉餡餅，是英國殖民統治後遺留的贈禮，澳洲人把它變成一道令人著迷的美食。新鎮（Newtown）的Pie Tin（地址：1 Brown St.）提供所有美味可口的選擇，從老派的牛排和腰子，到雞蛋奶油培根口味，和加入大量香料的凱焉（Cajun）豬肉餡餅等。「哈利餐車咖啡館」（Harry's Café de Wheels，地址：Cowper Wharf Rd.at Brougham Road., Woolloomooloo）從1938年開始就是雪梨的地標——這家以「老虎派」（Tiger Pie）聞名的連鎖簡餐店，把馬鈴薯泥、碗豆泥和肉汁，層層疊在這道知名派餅的牛肉上。

· 只要想到漫長的濱海地區和面積廣大的海港，雪梨擁有出眾的海鮮也就不足為奇。「海灘上的道爾斯」（Doyles on the Beach，地址：11 Marine Parade, Watsons Bay）大約從1880年代開始，端上分量十足的石蠔、扇貝、蝦蛄、大明蝦、青蟳、尖吻鱸（Barramundi）和鯛魚。

· 雪梨幫成員熱愛他們的甜點——以巧克力餅乾聞名的Tim Tams、主打多種口味爆米花的「狂吃甜食幸福炸彈」（Lolly Gobble Bliss Bombs）、生產青蛙造型巧克力棒的「弗雷多蛙」（Freddo Frogs），以及以白色方形薄荷軟糖備受喜愛的「薄荷香」（Minties）。「佩瑞牛奶吧」（Parry's Milkbar，地址：347 Kingsway, Caringbah）出售多樣當地最受歡迎的糖果。「黏TT」（Sticky，地址：12-24 Playfair St., The Rocks）生產本市最棒的水果硬糖。或是在「糖果吧雪梨倉庫」（Candy Bar Sydney Warehouse，地址：5/9 Stanley St., Peakhurst）中大肆採購。■

雪梨人煙稀少的都市「內地」

澳洲的內地搬到了這座大城市的蓋瑞加國家公園（Garigal National Park）裡，這片面積廣大的綠色空間，擁抱著中港（Middle Harbour）的內圍。迥異於雪梨的其他地區，這座原始叢林保存了原生植物群與動物群、瀑布、與世隔絕的沙灘，以及原住民遺跡。

塔隆加動物園（Taronga Zoo，地址：Bradley's Head Rd., Mosman）的「吼叫與打呼」（Roar and Snore）活動，是在雪梨消磨一晚的另類方式之一。睡在長滿草的庭院帳棚裡，聆聽動物園管理員編織澳洲不可思議且精采的野生生物故事。這項體驗包括與無尾熊和其他動物的近距離接觸。

為了保護游泳者不受波濤洶湧的海洋威脅，雪梨擁有許多直接蓋在海岸上的鹹水游泳池。它們全都對大眾開放。擁有奧運規格泳池和兒童泳池的朋迪冰山公共泳池（The Bandi Iceberg Baths），是其中歷史最悠久且最有名的泳池之一。其他還包括：位在庫吉（Coogee）、只對女性開放的麥克沃斯公共泳池（Mclvers Baths）、位在馬魯布拉（Maroubra）的馬洪泳池（Mahon Pool），以及位在馬拉巴（Malabar）、緊鄰高爾夫球場的海洋泳池（Ocean Pool）。■

位於朋迪海灘的冰山公共泳池

散布於雪梨港邊的餐廳，擅長營造美妙的露天夜生活。

美國佛羅里達州
邁阿密

一座溼熱、世故的沿海城市，兼具世俗享樂和精緻文化

裝飾藝術風格的霓虹燈是邁阿密魅力的象徵。

經過略超過一個世紀的時間，邁阿密從一片蚊子滿天飛的沼澤地，變身為一座擁有高聳摩天大樓和裝飾藝術風格建築的多元文化大都市。這恰好也顯示出邁阿密的事物變化速度有多快：這裡以激情四射的夜生活、縱情享樂的氛圍和時髦的居民著稱，過度刺激成為它的主要風險，不過這正是海灘存在的原因。

美食地圖
古巴料理和海鮮貨車

・為道地的拉丁美洲食物，走一趟小哈瓦那（Little Havana）的第八街（8th Street又稱 Calle Ocho）。在Exquisito（地址：1510 SW 8th St.）點一盤「炒碎牛肉」（vaca frita）。在「凡爾賽」（Versailles，地址：3555 SW 8th St.）吃午餐，享用一份夾著蜜汁火腿、烤豬肉和瑞士乳酪的傳統古巴三明治。如果你需要提神飲料，就買一杯古巴咖啡（加入大量砂糖的濃縮咖啡）。請注意：這種咖啡非常濃。

・邁阿密以一大堆美味的魚類和貝類海鮮為它最重要的沿海地區增光。上上之選包括去店名取得很貼切的「喬的石蟹」（Joe's Stone Crab，地址：11 Washington Ave., Miami Beach）點隻石蟹；在La Camaronera（，地址：1952 W. Flagler St.）來個炸魚三明治，在「31區」（Area 31，地址：270 Biscayne Blvd. Way）品嘗各式各樣的海鮮。■

購物車

邁阿密尋寶：絕讚雪茄和外帶裝飾

小哈瓦的手捲菸

雪茄天堂 如果你是雪茄迷，那你就對來地方了。等你在第八街吃夠古巴食物，就前往El Credito Cigar Factory（地址：1106 SW 8th St.）參觀，它是美國最古老的雪茄工廠之一。同樣位於小哈瓦那主要街道上的還有：當場捲雪茄的小公司ElTitan de Bronze（地址：1071 SW 8th St.），以及完整配備吸煙室和骨牌遊戲桌的「索薩家族雪茄」（Sosa Family Cigars，地址：3475 SW 8th St.）。

裝飾瘋 名列《國家史蹟名錄》（National Register of Historic Places）的邁阿密比奇建築區（Miami Beach Architectural District），以充滿奇想的裝飾藝術建築聞名。你可以造訪「工匠骨董裝飾藝術藝廊」（Artisan Antiques Art Deco Gallery，地址：110 NE 40th St.），帶點邁阿密比奇的特產回家，這間家飾店售有質量可觀的照明燈具、家具和裝飾品；或是在「裝飾藝術官方禮品店」（Official Art Deco Gift Shop，地址：1001 Ocean Dr.）中速戰速決，你在這裡能找到以裝飾藝術為靈感的紀念品和海報。∎

在屬於邁阿密比奇建築區的林肯路（Lincoln Road）上漫步

小說介紹

《第八街》（Street 8）
道格拉斯‧費爾貝恩著（Douglas Fairbairn，1976年出版）
費爾貝恩這部被低估的黑色小說，故事場景發生在邁阿密的小哈瓦那，精湛地描繪出大量湧入的古巴難民和老邁阿密人之間的衝突。

《觸覺失憶》（Lost Memory of Skin）
羅素‧班克斯著（Russell Banks，2011年出版）
主角小鬼頭是一名22歲的性侵犯，住在佛羅里達州某座海岸城市中一處堤道下方的帳棚裡，因為這裡是他唯一能合法居住的地方。

《回歸血統》（Back to Blood）
湯姆‧沃爾夫著（Tom Wolfe，2012年出版）
在這部長達700頁的小說中，沃爾夫以宏大的敘事、廣闊的視角呈現邁阿密的生活剖面，用文字摹寫出這個融合各色種族、族群與經驗的大熔爐之中的紛紛攘攘。∎

最美國的城市

在全美各地獨特的城市和遺址中，探索真正的美國。

亞利桑那州比斯畢的驢子山（Mule Mountains）

亞利桑那州，比斯畢

比斯畢（Bisbee）過去是一座雜亂無章的採礦小鎮，1970年代開始吸引藝術家和音樂家來到驢子山後，找到了新生命。現在的比斯畢以藝廊、商店和博物館，撐起當地蓬勃發展的藝術圈。

拉匹市（Rapid City）的恐龍公園

阿拉巴馬州，伯明罕

伯明罕（Birmingham）這座城市對於它的種族撕裂史不但不想隱瞞，反而欣然接受。可去參觀激勵人心、紀念1960年代重大抗議事件的民權協會（Civil Rights Institute），以及擁有水炮和警犬雕像的凱利·因格姆公園（Kelly Ingram Park）。

南達科他州，拉匹市

大多數人知道這座崎嶇不平的小鎮，是因為它鄰近拉什莫爾山（Mount Rushmore），但這裡也有一座恐龍公園——這項大蕭條時代的公共工程計畫，擁有巨大的遠古「名龍」雕像，包括霸王龍、三角龍和劍龍。

肯塔基州，波林格陵

還有什麼比雪佛蘭Corvette更能代表美國的呢？波林格陵（Bowling Green）這座肯塔基州（Kentucky）的西部小鎮，不只擁有唯一一間生產這種經典美國國寶級跑車的工廠，還有一座Corvette國家博物館（National Corvette Museum），以及一座全新的賽車運動公園。

1960年的雪佛蘭Corvette

紐約州，水牛城

美國最受歡迎的建築師法蘭克·洛伊·萊特在水牛城投注了大量時間。遊客可以看見六間由他設計的房屋，包括格雷克里夫（Graycliff）大宅，外加近期以萊特的設計圖興建的墓園和船塢。

愛荷華州，錫達拉皮茲

錫達拉皮茲（Cedar Rapids）不僅是〈美式哥德風〉（American Gothic）繪者格蘭特·伍德（Grant Wood）的故鄉，還擁有深厚的伊斯蘭遺產，像是美國歷史最悠久的伊斯蘭禮拜堂：美國母親清真寺（The Mother Mosque of America）。

托雷多泥母雞隊（Toledo Mud Hens）

俄亥俄州，托雷多

很難抵抗一支名為「泥母雞」的棒球隊。這支美國職棒大聯盟底特律老虎隊（Detroit Tiger）旗下的小聯盟球隊，以古怪搞笑的促銷和一隻令人難忘的吉祥物吸引人潮。一年到頭，「東尼・帕可」（Tony Packo）餐廳都擠滿了想品嘗炸酸黃瓜的顧客，順便一睹店內有來訪名人簽名的熱狗麵包。

維吉尼亞州，洛亞諾克

蒸汽火車曾經和這個快速發展的國家有著密不可分的關係。隨著那個時代即將結束，攝影師溫斯頓・林克（O. Winston Link）用相機把那些巨大的火車頭捕捉下來，而這些令人難忘的影像如今展示於洛亞諾克（Roanoke）歷史鐵道區中的溫斯頓・林克藝廊裡。

德州，馬歇爾

這座孤星（Long Star，德州的別名）小鎮熱愛慶祝——名目不拘。每年 10 月的重頭戲是火蟻節（Fire Ant Festival），屆時會有街頭音樂會、腳踏車遊行，以及一場色彩繽紛的昆蟲遊行——這些昆蟲當然比實際體積大很多。幾個月後，馬歇爾這座歷史小鎮的廣場，在長達一整個月的「燈火仙境」（Wonderland of Lights）期間，因幾百萬盞燈泡而閃閃發光。

加州，聖克魯斯

海灘男孩（和女孩）熱愛這座典型的濱海小鎮，鎮上有一座有百年歷史的碼頭遊樂公園。位在海灘木板道旁的兩項遊樂設施「大斗杓」（Giant Dipper）雲霄飛車和「Looff 旋轉木馬」是美國歷史地標。

很典型的美國景觀：加州聖克魯斯（Santa Cruz）蔚藍天空下的紅白相間雲霄飛車——「大斗杓」

澳洲
墨爾本
一座擁有自己節奏的世界級21世紀大都市

兼容並蓄的韋伯大橋（Webb Bridge），讓行人和腳踏車以新潮的方式通過雅拉河（Yarra River）。

墨爾本急速蓬勃發展的樂壇讓它登上頂峰，連續三年獲選為全球「最適合居住的城市」，不再屈居於長期對手雪梨之下。近幾十年來，成千上萬的移民、企業家、令人驚嘆的現代建築，已徹底改變了這座城市的都市結構。

購物車
從拱廊商場到澳式足球

購物天堂 一片布滿狹長通道、店鋪林立的維多利亞式拱廊商場，占據整整三個街區，歷史可回溯到1890年代。擁有大量裝飾和玻璃頂篷的「街區拱廊商場」（Block Arcade，地址：222 Collins St.）是其中最上相的一座，商場內古色古香的「霍普敦茶館」（Hopetoun Tea Rooms），帶你展開一趟時光倒流之旅。歷史更為悠久的「皇家拱廊商場」（Royal Arcade，地址：335 Bourke St.），1869年開幕，高掛著一個每小時都會報時的古老時鐘，時鐘下是一家家精品店，販售設計師珠寶、美味巧克力和特製玩具。

歷史悠久的街區拱廊商場

澳式足球 欣賞澳式足球（Aussie Rules Football）並加入墨爾本足球迷的行列，蒐集官方球衣、圍巾、交換卡、足球和其他澳式足球商品，你可以去分散於都會區周遭的澳洲足球聯盟商店（AFLStores）選購，「查斯頓購物中心」（Chadstone Shopping Centre，地址：1341 Dandenong Rd.）內就有分店。這些東西在墨爾本商業區的連鎖運動用品專賣店 Rebel Centrepoint（地址：283-297 Bourke Street）也買得到。∎

今昔之比

福林德斯火車站

1910年啓用、坐落在墨爾本市中心的福林德斯火車站（Flinders Street Station），同時是建築和運輸上的奇觀。銅製圓頂和，這座占地廣大的火車站一端是銅製圓頂，另一端則是一座鐘樓，在它流線型的結構中，融合了20世紀初的愛德華巴洛克風格（Edwardian baroque）、法國的文藝復興風格與新藝術的設計元素，不僅引人注目還非常實用。1920年代，它是全世界最繁忙的單一火車站，反映出當時墨爾本驚人的人口成長。

福林德斯火車站誕生一百多年後，至今仍是墨爾本的地標和會面地點，以及一座營運中的火車站，服務日常通勤人口和長程鐵路旅客。每天有超過15萬名乘客出入這裡。這座火車站宏偉的石頭建築依舊屹立不搖。∎

墨爾本人鍾愛的雅拉河，是市中心一處適合在
陽光下散步、放鬆和聊天的好地方。

美食地圖

時髦酒吧、豪華咖啡館和一些烤肉

佩萊格里尼義式濃縮咖啡吧

・無論在墨爾本還是澳洲的任何一個角落，都有人在暢飲古老的琥珀色佳釀。前衛的菲茲洛區（Fitzroy）擁有好幾家最棒的「酒店」（酒吧）。為精選的澳洲手工精釀啤酒，走進「內皮爾酒店」（Napier Hotel，地址：210 Napier St.）；為枝葉茂密的啤酒園和往日氣氛，踏入古老的「標準酒店」（Standard Hotel，地址：293 Fitzroy St.）；或為「尖尖的酒吧」建築和面積廣大的戶外啤酒花園，踏進「菲茲洛尖塔」（Fitzroy Pinnacle，地址：251 St. Georges Rd.）。

・墨爾本豐富的咖啡文化歷史可回溯到1830年代，當時正值禁酒運動，富麗堂皇的咖啡館取代了酒吧，迅速湧現。如今這座城市是澳洲的咖啡首都。其中，「佩萊格里尼義式濃縮咖啡吧」（Pellegrini's Espresso Bar，地址：66 Bourke St.）提供最古老且最正統的喝咖啡體驗，至於「巴巴・杜登兄弟」（Brother Baba Dudan，地址：359 Little Bourke St.）則是以新潮著稱。

・移民把墨爾本變成一場國際美食慶典，其中包括來自十幾個國家的各色烤肉。在「烤肉國度」（BBQ Nation，地址：16/111 Market St., South Melbourne）燒烤屬於你的坦都里晚餐；在「聖特爾莫」（San Telmo，地址：14 Meyers Place）品嘗炭烤式（parrilla-style）阿根廷牛排；或是在南考菲爾德（Caulfield South）的澳洲式燒烤小酒館「大男孩燒烤」（Big Boy BBQ，地址：764 Glenhuntly Rd.）幫烤架上的蝦子翻面。■

已證明經得起時間考驗的內皮爾酒店中，充斥著啤酒和足球紀念品。

蒙特婁

位於加拿大深受歐洲影響的地區，一座國際化的文化之都

歌德復興式（Gothic Revival）風格的聖母宗座聖殿（Notre-Dame Basilica），在這座教堂很多的城市中還是格外醒目。

重要統計數字

- 天主教教堂194座

- 通往蒙特婁島（Island of Montreal）的橋梁共28座

- 蒙特婁加拿大人隊奪得國家冰球聯盟（National Hockey League）冠軍共24次，為所有隊伍之冠。

- 大型購物商場「地下城」（Underground City）的行人通道長度為33公里

我的城市：喬・吉伯洛維奇

蒙特婁是我的家、我的心和我的家庭——我的妻子艾蜜莉（Emilie）以及我的兩個幼子諾亞（Noah）和艾拉（Ella）——落腳的地方。它是一座認同感很強烈的城市，不但注重且擁有非常活躍的文化與藝術發展，這兩點對我來說都很重要。

　　許多主廚決定把墨爾本當成他們的家，這座城市有非常多間出色的餐廳。位於舊蒙特婁（Old Montreal）的「食品儲藏室」（Garde Manger），溫馨的用餐空間分為兩區。上回我和艾蜜莉一起去時，我們坐在海鮮吧檯旁，看著吧檯服務生為生蠔去殼。他為我調製了一杯「血腥凱薩」（Bloody Caesar），這是我喝過最棒的加拿大版「血腥瑪莉」（Bloddy Mary），以Clamato番茄牡蠣汁調製而成。佐以扇貝的新鮮義大利麵疙瘩（gnocchi），完美混合了食材的美妙滋味。位於麥爾安德區（Mile End）的希臘海鮮餐廳「法洛斯」（Faros），是我們特別喜歡的餐廳。無論我們是跟家人還是朋友一同前往，主廚兼老闆班

尼（Benny）總讓我們感覺賓至如歸。

我們喜愛新鮮的食物。我們會點炸櫛瓜和茄子，搭配餐廳自製的希臘黃瓜優格醬（tzatziki）一起食用，還會點我們六歲兒子超愛的烤章魚。這裡的希臘沙拉宛如藝術品。

艾蜜莉和我以前住在安靜的聖亨利區（Saint-Henri），鄰近亞特華德市場（Atwater Market），我會在拉欽運河（Lachine Canal）畔的小路上溜直排輪和騎自行車，一路到拉欽區的碼頭或舊蒙特婁。夏天時，我們到比佛湖（Beaver Lake）散步，這片位在蒙特婁市中心的漂亮綠色空間，也是當地的一處地標。秋天時，我們喜歡偕家人前往植物園（Botanical Garden），欣賞中國燈籠花園。這些燈籠入夜後特別漂亮，在黑暗中散發出柔和的光芒。

蒙特婁不乏購物地點。所有你渴望的商店，都能在大部分由「地下城」連接的商業區中找到。聖丹尼街（St. Denis Street）兩旁林立著時髦的商店、咖啡館和出色的餐廳，像是蒙特婁最老、最棒的小餐館「特快車」（L'Express）。我喜愛這些小餐館的牛排和薯條。圍繞著烏特蒙區（Outremont）和高地區（the Plateau）的月桂樹大道（Laurier Avenue），是另一條適合閒逛的漂亮街道，有許多迷人的精品店。位在慈悲聖母區（Notre Dame-de-Grâce，N.D.G.）——這裡很好的住宅區，我們就曾住過那裡，距離市中心大約25分鐘地鐵車程——中間的商業街蒙卡蘭大道（Monkland Avenue），是另一處受歡迎的購物地點，擁有玩具店、咖啡館和一間很棒的肉舖「肉販師傅」（Le Maître Boucher）。我們也在慈悲聖母公園（N.D.G. Park）消磨不少時光，內有兩座溜冰場和一座夏季水上公園，全年都適合前往。

多虧那些形形色色且別具一格的人選擇住在這裡，使蒙特婁有了屬於自己的節奏。我也因此可以自豪地說：「我是蒙特婁人。」

喬·吉伯洛維奇（Joel Giberovitch）是蒙特婁「樓上爵士酒吧和燒烤」（Upstairs Jazz Bar & Grill）餐廳老闆兼藝術總監。■

Montreal's trendy St. Denis Street

「在蒙特婁，春天就像一場解剖手術。每個人都想看看這頭冰凍長毛象的內部。女孩迅速脫下長袖上衣，肌理甜美白皙，就像綠色樹皮下的木頭。繁殖的欲望在街道高漲，猶如一顆正在膨脹的輪胎，大聲宣告：我們再度逃過冬日的摧殘！」

——加拿大歌手兼詞曲創作者李歐納·柯恩（Leonard Cohen）

皇室山公園（Mount Royal Park）位在蒙特婁中間地帶，是市民遠離塵囂的去處。

聖母茟座聖殿的內部

購物車

享樂：從毛皮到所有楓樹產品

舊蒙特婁的街頭藝術

新柔軟觸感 幾個世紀以前，法國毛皮商人開發了這個地區，他們留給後人的遺產為可供應大量（且價格相對較為優惠）的水貂、黑貂、山貓毛皮和其他毛皮。售價能比美國便宜幾千塊，品質通常還更好。主要的零售商包括「麥康伯毛皮」（McComber Furs，地址：440 Boulevard de Maisonneuve W.），以及在它附近的「格羅夫納毛皮」（Grosvenor Furs，地址：400 Boulevard de Maisonneuve W.）。「瘋狂聯盟」（Folles Alliés，地址：365 Du Mont Royal Ave. E.）這類復古二手服飾店，也經常供應能真正省下一大筆錢的毛皮。或挑選一塊被Harricana par Mariouche（地址：3000 Saint-Antoine W.）改造成嶄新設計的再生毛皮。

蒙特婁製 在舊蒙特婁的鵝卵石街道上漫步，特別是這座城市的第一條主要街道聖保羅路（Rue Saint-Paul），尋訪所有本地產品。「加拿大楓樹樂」（Canadian Maple Delights，地址：84 Rue Saint-Paul St. E.）以大量免費樣品，以及楓糖口味的義大利冰淇淋和咖啡等這類自製特產，收服顧客的心。「好幫手市場」（Bonsecours Market，地址：350 Rue Saint-Paul E.）是幾個挑選最初民族（First Nation）和因紐特（Inuit）藝術品的絕佳去處之一。小型的「橙區藝廊」（Zone Orange Gallery，地址：410 Rue Saint Pierre）售有讓人恢復精神的義式濃縮咖啡，以及出自當地設計師之手的首飾、陶瓷器和藝術品。以往只能在網路上訂購的蒙特婁品牌「法蘭克和橡樹」（Frank & Oak，地址：160 Rue Saint-Viateur E.），工作室位在時髦的麥爾安德區，以量身打造的服飾裝扮上門的顧客。■

舊蒙特婁充滿魅力的鵝卵石街道

美味貝果、地方風味和「貓王」肉汁乳酪薯條

肉汁乳酪薯條，魁北克省的終極享受。

· 蒙特婁人會告訴你，連紐約市最棒的貝果都比不上他們的貝果。蒙特婁的貝果比較薄，使用以蜂蜜水煮熟的麵糰，擁有一種甜味和刺激食欲的光澤。「聖維亞特」（St-Viateur，地址：263 St Viateur W.）和「費爾蒙」（Fairmont，地址：74 Avenue Fairmount W.）是蒙特婁的貝果名店，日以繼夜烘焙和販售貝果。

· 蒙特婁以燻肉著稱。將近有百年歷史的「史華茲」（Schwartz's，地址：900 Saint Laurent Blvd.），是痛快品嘗經典燻肉三明治的地方，以創始者魯本·史華茲（Reuben Schwartz）獨創的辛香料祕方製作。

· 沒品嘗過知名的肉汁乳酪薯條（poutine）——也就是一堆熱量超高的炸馬鈴薯加上半融化的乳酪和牛肉醬汁（brown gravy）——蒙特婁人是不會放你走的。「冰」（La Banquise，地址：994 Rue Rachel E.）不只提供標準口味，也有改造經典的創意口味，包括「神風隊」（La Kamikaze）、「霸王龍」（La T-Rex），以及添加了碎牛肉、蘑菇和青椒的肉汁乳酪薯條之王：「貓王」（La Elvis）。

· 蒙特婁盡可能以各種方式從「移民城市」的身分中獲益。小餐館、麵包店（boulangeries）和餐廳裡的韓國、葡萄牙、越南、德國和中國料理，全都明顯帶有法國色彩，「魁北克料理教父」諾曼·拉普希斯（Normand Laprise）的Toqué！（地址：900 Place Jean-Paul-Riopelle）就是一例。在Maison Christian Faure（地址：355 Place Royale），試試精緻的法式糕點。■

有關葡萄酒和音樂

位於蒙特婁中心的皇室山公園，擁有寬廣的綠色空間和絕美的山頂景觀，讓人輕鬆就能逃離城市的嘈雜。但有時喧鬧反而是一件好事。整個夏天（5月初到9月底）每逢週日，一群又一群音樂家輪番聚集在皇室山山腳下的喬治—艾提安·卡提耶爵士紀念碑（Sir George-Étienne Cartier Monument），帶著鼓、邦哥鼓、非洲鼓參與Tam Tam Jams音樂表演。這項活動沒有節目流程或正式的時刻表，不過傳統發展至今已超過30年的時間，每年還是都很熱鬧，沒有衰退的跡象。

位在舊蒙特婁歷史區的聖母宗座聖殿很引人注目，是這座城市最突出的景點之一。大部分的時段遊客都必須付費入場，不過可以免費參加彌撒，這也是全面欣賞這座富麗堂皇的宗座聖殿的好機會。
蒙特婁不收開瓶費，所以在餐廳邊用餐邊享用一瓶好的葡萄酒，既沒有負擔也相對便宜。這座城市擁有368間「自行攜帶啤酒或葡萄酒」（BYOB）的餐廳，包括O-Thym（地址：1112 Boulevard de Maisonneuve E.）和Le Quartier Général（地址：1251 Rue Gilford）。■

夏季時於皇室山湧現的擊鼓表演

今昔之比

蒙特婁港

聖羅倫斯河（St. Lawrence River）在北美歷史中扮演著重要的角色，朝來自歐洲的新移民大方敞開土地。

1641年時，由梅桑納夫（Paul de Chomedey de Maisonneuve）帶領的首批殖民地拓荒者，抵達了聖羅倫斯河的河岸。變化莫測的拉欽急流（Lachine Rapids）阻止他們冒險前往更遠的地方，他們在此建立的維勒馬利（Ville-Marie），日後發展成蒙特婁。港口和交易站是毛皮、木材交易與其他產業的重要關鍵。後來啓用的拉欽運河，讓他們能沿著聖羅倫斯河上溯北美五大湖（Great Lakes）。舊港（Old Port）也發展出鐵路，讓蒙特婁成為加拿大的首要運輸中心。

如今，蒙特婁仍是主要的貨運港口。但它同時也是郵輪、遊船和每年超過800萬遊客造訪的樞紐要地。他們可能是被這裡的科學中心（Science Centre）、餐廳、溜冰場、甚至一座海灘吸引而來。■

美國麻州
波士頓
傳統與創新在這座新英格蘭首府中相遇，歷史悠久的街道上每天總有意外新發現

革命歷史與現代產業在波士頓交會

波士頓過去是孕育美國的搖籃，也是這個國家未來的實驗室。波士頓的最大特色在於它是一座社區城市，也是全世界數一數二適合步行的城市，從高貴的後灣區（Back Bay）和奇特古怪的亞買加平原（Jamaica Plain），到最近變得時髦的老南區（old Southie）。

美食地圖

豆城（Beantown）小吃：從巧達濃湯到冰淇淋

· 波士頓蛤蜊巧達濃湯濃郁且奶香味重——不像曼哈頓版是用番茄湯底——添加大量的馬鈴薯和肥美的蛤蜊。這座城市的餐廳競爭激烈：「夏日小屋」（Summer Shack，地址：50 Dalton St.）和「吠叫螃蟹」（Barking Crab，地址：88 Sleeper St.）是兩家深受當地人喜愛的餐廳。不過很難相信還有其他餐廳能比「合法海鮮」（Legal Sea Foods）旗艦店（地址：26 Park Plaza）端出更多的食物。

一球又一球的義式冰淇淋

· 必嘗冰品：或許是波士頓的冬天已經讓當地人愛上了冰凍的樂趣，所以冰淇淋一整年都出現在菜單上。尋找伯爵茶或波本威士忌黑胡椒這類別出心裁的冰淇淋口味，不妨前往「托斯卡尼尼」（Toscanini's，地址：899 Maint St., Cambridge）或J.P. Licks（擁有多家分店）。若想品嘗撒上配料的經典聖代或喝一杯frappe（加入冰淇淋的波士頓濃奶昔）的話，可前往「莉茲自製冰品」（Lizzy's Homemade，擁有多家分店）。 ■

公共花園（Public Garden）四季都很美，冬季雪花紛飛，春季繁花盛開，夏季綠意盎然，不過秋天還是它最美的時候。

地標

芬威球場

　　百多年來，波士頓人熱情支持的紅襪隊（Red Sox）一直是以芬威球場（Fenway Park）為主場。波士頓人很珍惜這座屬於這座城市的棒球神殿。儘管多次更新（最後一批木頭座位終於在2010年時汰換），棒球場似乎不受時間的影響，同時充滿痛苦──讓紅襪隊長達86年與冠軍無緣的「貝比‧魯斯魔咒」（Curse of the Bambino）──和狂喜──2013年波士頓馬拉松爆炸案後成為世界大賽冠軍──的回憶。‧球場左外野全壘打牆「綠色怪物」（Green Monster）高約11公尺（為美國職棒大聯盟棒球場中第二高）。‧芬威只有略略超過3萬7000個的座位，是最小的棒球球場。‧唯一的一張紅背椅（42區37排21號座位），標誌著這座球場上曾擊出的最長距離全壘打：泰德‧威廉斯1946年轟出長達153公尺的一棒。‧打到第八局時紅襪隊球迷會合唱尼爾‧戴蒙（Neil Diamond）的《親愛的卡洛琳》（Sweet Caroline）。如果紅襪隊贏得球賽，音響系統將播放一首1966年發表、靈感來自波士頓港（Boston Harbor）的歌曲《髒水》（Dirty Water）：「嗯，我愛那髒水；喔，波士頓，你是我的家。」‧每個賽季估計賣出約150萬根芬威熱狗。■

閃亮波士頓：從常春藤盟校到水面下

「山姆‧亞當斯」啤酒廠

沒有學位也能穿 有兩種方法可以得到一件哈佛長袖運動衫：成為學生，或是過查爾斯河（Charles River）到「哈佛合作社」（Harvard Coop，地址：1400 Mass. Ave., Cambridge）！這間擺滿哈佛和麻省理工（MIT）紀念衣的龐大書店，從羊毛毛衣背心到拳擊短褲一應俱全。從1882年開始，它就一直為這座城市的知識界提供服務（和穿著）。但假使你另有擁護對象，波士頓地區其他50多家高等教育機構都有賣印上學校名稱或標誌的紀念衣，像是百克里音樂學院（Berklee College of Music）附設商店（地址：1090 Boylston St.）、新英格蘭視光學院（New England College of Optometry）附設商店（地址：424 Beacon St.）。

對啤酒的熱愛 誰說啤酒只能拿來喝？波士頓人太愛當地的「山姆‧亞當斯」（Sam Adams）啤酒，甚至把它做成肥皂，讓你可以把拉格（lager）香氣抹在身上。可別在一間酒吧指名要芬威啤酒香皂，要買的話就造訪Sault New England（地址：577 Tremont St.），這間男士商店販售稀奇古怪的地方禮品，外加設計頗具巧思的服裝。至於其他「山姆‧亞當斯」的所有周邊商品，可前往源頭尋找。位於日耳曼街30號（30 Germania Street）的釀造廠附設禮品店，存放著滿滿的商品。

閃亮海洋 濱海的波士頓以港灣城市之姿發跡，儘管外表很都市化，但仍維持著與海洋的關係。在「諾亞首飾」（Noa Jewelry，地址：88 Charles St.）挑選每一件都是獨一無二的海玻璃首飾。如果你想自行尋找這種寶藏，不妨搭乘渡輪前往波士頓港的奇觀島（Spectacle Island）。這處休閒區被認為是世界頂級的海玻璃旅遊勝地。■

哈佛合作社──從1882年開始為哈佛大學和麻省理工學院提供服務。

華盛頓

一座國家首都，因藝術、歷史和愈來愈有朝氣的景象而充滿活力

喬治城大學（Georgetown University）壯麗的哥德式建築，矗立於波多馬克河（Potomac River）上方。

重要統計數字

- 史密森學會（Smithsonian）館藏多達1億3700萬件

- 長眠阿靈頓國家公墓（Arlington National Cemetery）的亡者超過40萬人

- 註冊的遊說者共1萬1935人，他們每年花費超過23億8000萬美金。

- 華盛頓棒球隊最後一次贏得世界大賽冠軍是在1924年

- 國會圖書館（Library of Congress）的書架總長近1350公里。

華盛頓除了是新聞標題主角和美國人又愛又恨的政治要地，也是一座生氣勃勃、不斷進化的城市：富裕、美麗、適合找樂子，充滿歷史寶藏和新興熱門景點。

祕密景點

首都的狂野面

今日華盛頓的吸引力，有一大部分是來自舊社區，現在則成為年輕人和時髦事物的活躍區域。目前嶄露頭角的區域包括：東北H街（H Street NE）沿途的亞特拉斯區（Atlas District），以及阿那卡斯提亞（Anacostia）濱水區附近的西南華盛頓（Southwest Washington）。

華盛頓魅力之一是隨處可及的自然風光。在國家廣場（the Mall）上，尋找迷人的史密森蝴蝶棲地花園（Smithsonian Butterfly Habitat Garden），或加入華盛頓市民的行列，沿著喬治城乞沙比克俄亥俄運河（Chesapeake & Ohio Canal）風光秀麗的曳船路散步。山林博物館和花園（Hillwood Museum and Gardens，地址：4155 Linnean Ave., NW）位於岩溪公園（Rock Creek Park）附近，是一棟復古華麗的私宅，收藏著為數驚人的古典裝飾藝術作品，和綠意盎然、井然有序的花園交互映襯。 ■

特區食物：蟹餅到辣肉豆醬（Power Chili）

用手吃衣索匹亞料理

・東方市場（Eastern Market，地址：225 7th Street, SE）是這座城市的美食聖地。就算你家沒有廚房，還是可以來這裡感受喧鬧的氣氛，逛逛手工藝品攤商、週末跳蚤市場，以及嘗嘗「午餐市場」（Market Lunch）著名的藍莓蕎麥薄煎餅或乞沙比克灣蟹餅。

・早在U街（U Street）變酷以前，「班的辣椒碗」（Ben's Chili Bowl，地址：1213 U St., NW）和冒煙辣椒商標，已在當地頗負盛名。今日，從「天才老爹」比爾・寇斯比（Bill Cosby）和知名美食節目主持人安東尼・波登，到美國總統歐巴馬等名人，都曾走進這家店。附近還有非常多走高檔路線的競爭者，例如位在屋頂露天平臺上的「馬文」（Marvin，地點：2007 14th St. NW），供應南方菜、比利時菜和酒精飲料。

・餐車在哥倫比亞特區蔚為風潮，而且擁有不少全美最棒的餐車。你可以在國家廣場附近（靠近史密森學會）、法拉格特廣場（Farragut Square）上或位於霧谷（Foggy Bottom）社區的西北H街（H Street NW）沿途發現它們。

・香辣的燉菜和injera麵包讓衣索匹亞餐廳成為哥倫比亞特區中廣受歡迎且與眾不同的用餐地點。Dukem（地址：1114 U St., NW）和Meskerem（地址：2434 18th St., NW）這兩家餐廳都非常棒。 ∎

餐車和杯子蛋糕：哥倫比亞特區美食家的拿手絕活！

雄偉的傑佛遜紀念館（Jefferson Memorial）俯視櫻花樹環繞的
潮汐池（Tidal Basin）。

南非
開普敦
位於非洲尾端的國際大都會

西開普省（Western Cape）沿岸的富裕坎普斯灣（Camps Bay）濱海小鎮

重要統計數字

- 建成時間為1652年，當時荷蘭東印度公司（Dutch East India Company）在這裡建立補給站。

- 座標為南緯33.55度，它和赤道間的距離，大致相當於北半球城市洛杉磯和赤道間的距離。

- 海岸線在市區範圍內長295公里。

- 使用語言主要有三種，包括南非荷蘭語（Afrikaans，使用人口占50%）、科薩語（isiXhosa，占25%）和英語（占20%）。

我的城市：拉席‧法塔

我住在一座以壯麗美景著稱的城市。不過開普敦絕對要比泰布爾山（Table Mountain）、羅本島（Robben Island）以及為數眾多的白沙海灘等具有代表性的形象，層次更豐富，質地更細膩。

開普敦是南非最古老的城市，但這座進入民主時代不過短短20年的城市，還在書寫、建構著可能的故事。開普敦人的美好，他們的故事、抱負與夢想，對我來說就是這座城市之所以特別的地方。我的熱情和事業也繫於這座城市。

當我在市中心，以步行、騎自行車或搭公車等方式在會議和活動間穿梭時，我通常需要靜靜地喘息片刻。我喜歡像公司花園（Company's Gardens）這類非常高尚、漂亮和寬敞的地方，當我看著開普敦人在這些地方散步、閱讀、躺在草坪上，我不禁覺得：我們努力要成為的那種城市其實正在成形。我在市中心最常流連的地點，通常是「克拉克酒吧」

（Clarke＇s Bar）和「餐廳」（Dining Room）、「真實咖啡店」（Truth Coffee Shops）、「裝卸區」（Loading Bay），以及咖啡餐館兼營銷售服飾、靈感來自衝浪的「緯度33」（Latitude 33），還有清新舒適的Hemelhuijs餐廳。這些店家的客群差異極大，所以要去哪一家就憑我當下的感覺決定。

我最近從市中心搬到我非常喜愛的三錨灣（Three Anchor Bay）的一間小套房裡。這裡離海岬濱海步道（Sea Point Promenade）和大西洋都更近——非常適合漫長的散步，或悠閒地騎腳踏車去找某位朋友敘舊，順便在歷經忙碌混亂的一天後清理一下思緒。

不過商業鬧區和充滿活力的布里街（Bree Street）或阿德利街（Adderley Street），還是吸引著我內心的都市人因子。每個月的第一個週四，藝廊——現在還有餐廳——會營業到很晚，人群、藝術和食物讓一切都活躍起來。我個人最喜歡的包括盧普街（Loop Street）上的藝廊「馬廄」（Stable）、藝術和文化發展基金會的家「美麗生活」（Beautiful Life）大樓、「錢德勒之家」（Chandler House），以及「AVA藝廊」（AVA Gallery）。但我必須承認，除了欣賞藝術作品，我更喜愛觀賞建築以及和朋友不期而遇。

儘管我不是一個非常喜歡逛街的人，「V＆A濱水區」（V&A Waterfront）購物中心卻是一座令人愉快的商場，它鄰近海洋邊緣，坐落在一座本地人和遊客來來往往的營運港口裡。我一邊吃著來自「乳製品工廠」（Creamery）的美味冰淇淋，一邊愉快地參觀采茨非洲當代藝術博物館（Zeitz Museum of Contemporary Art Africa），或是欣賞在我眼前上演的景物變換。從市中心搭乘公車或騎腳踏車，就能抵達「伍茲托克交易市場」（Woodstock Exchange），這裡總能找到新開幕的設計商店或趣味小商店。這個區域歷經大規模更新，部分房屋的牆壁上布滿出色的街頭藝術，已吸引了全世界的目光。

今年我決定當一個沒有車的人，也就是說我必須以步行或使用大眾交通工具的方式四處移動。「我的城市」（MyCiTi）巴士路線陸續推出，讓這座城市的不同區域變得愈來愈容易抵達。我們的城市還在不停擴張，向所有喜愛它的人展現自我。

開普敦人拉席・法塔（Rashiq Fataar）是非營利組織「未來開普敦」（Future Cape Town）的創辦董事，也是一位城市顧問、演講者和作家。■

在AVA藝廊展出的當代南非藝術

趣聞

迷你動物園

（除了在動物園裡）你已經無法在開普敦附近的任何地方，發現一隻獅子或其他任何一種「非洲五霸」。不過本市擁有土生土長的動物界「小五霸」——蟻獅、象鼩、獨角仙、豹紋陸龜和牛文鳥。

行銷策略

葡萄牙船長巴爾托洛梅烏・迪亞士（Bartolomeu Dias），在他1488年那趟劃時代的發現之旅中，把非洲南端命名為「風暴角」（Cape of Storms）。不過葡萄牙國王若昂二世（King João II of Portugal）希望為前往印度洋的新航線帶來更積極的形象，下令把名稱改為「好望角」（Cape of Good Hope）。

祕密花園

開普敦是全世界唯一一個擁有自己植物王國的城市。開普敦市內和附近的原生植物非常與眾不同，擁有許多地球上其他地方都找不到的品種，包括21種極度瀕危的植物。■

「這是一座漂亮又獨特的城鎮，躺臥在一面巨大山壁（泰布爾山）的腳下，這面山壁高聳入雲，構成一道最壯觀的屏障。開普敦是很棒的歇腳處，坐落在通往東方的重要公路上。」

——1836年拜訪過開普敦的英國博物學家查爾斯・達爾文（Charles Darwin）

今昔之比

泰布爾山

這兩張關係密切的泰布爾山風景照，搭配的恰到好處，彷彿某位藝術家把一片都市風景，經電腦加強後，扔進一片空曠的地景之中。這張黑白照片攝於1917年，當時坐落於開普敦的南非國會才剛成立不久——這個國會日後將起草南非種族隔離政策法案，導致在長達數十年的時間裡，有色人種被趕到開普敦沙質平原上的城鎮聚居，白人卻享有環境舒適宜人的山坡地。

如今，隨著種族隔離政策廢止，開普敦已成為一座居民人數超過340萬的龐大都市——以及南非的第二大城。「這裡是一塊小寶石，擁有完美的結構。」從飯店屋頂拍下這張開普敦現代照片的攝影師鮑伯‧克里斯特（Bob Krist）說：「南非人習慣在日落時分到可以俯瞰這座城市的泰布爾山上小酌，這也是我在這裡最喜歡做的事。城市和一路向下延伸到海角的景觀令人驚嘆。」■

開普敦特產：珠寶首飾和更多

濱水區音樂商店

金光閃閃 以南非鑽石和黃金打造的首飾在開普敦很容易就能買到。坦波斯科魯夫（Tamboerskloof）區的「護身符金匠」（Amulet Goldsmiths，地址：14 Kloof Nek Rd.）提供充滿現代感、獨一無二的金飾。如果你更想要的是鑽石，在康斯坦提亞村（Constantia Village）的「彼得金飾工」（Peter Gilder's）精品店中，隨意欣賞漂亮的項鍊、戒指和胸針。金飾工也接受訂製鑽石和黃金首飾的委託。

藝術與靈魂 開普敦獨特的「小鎮手工藝」，包括以再生金屬線、錫、塑膠、瓶蓋和其他材料製成的裝飾品——動物、花朵、汽車、包包。位於「V & A濱水區」購物中心的「藍色小屋」（Blue Shed）手工藝市場，是一處尋訪小鎮寶藏的絕佳地點。「濱水區音樂商店」（Waterfront Music Store）主打以廢棄油罐製成的電吉他。非營利的「工作心」（heART at Work）販售出自開普敦附近弱勢團體之手的懸掛吊飾、馬賽克鑲嵌畫和其他手工藝品。

美化家居 開普敦嶄露頭角，成為一座新銳的室內設計和居家裝飾中心。Skinny laMinx（地址：201 Bree St.）擁有當地藝術家希瑟‧摩爾（Heather Moore）獨特的廚房用品和居家飾品——圍裙、毛巾、長方桌布、桌巾和枕頭。「葛瑞格‧詹金工作室」（Gregor Jenkin Studio，地址：1 Argyle St.）也主打開普敦人的創新，這間店裡獨特的手工桌、椅和照明，同時也是藝術品。∎

光顧**Skinny laMinx**支持當地經濟，這裡的每件物品都是「南非製」。

「彩虹」料理和當地美食

南非焗烤咖哩牛肉是一道以咖哩牛肉為餡料的菜餚

• 由創新年輕主廚提倡的開普敦「彩虹料理」（rainbow cuisine），反映出各色文化和烹飪所帶來的影響。位在優雅的尼爾森山飯店（Mount Nelson Hotel）中的「行星餐廳」（Planet Restaurant，地址：76 Orange St.），是間注重環保的小餐廳，巧妙混合的維多利亞式建築和太空主題裝飾，以及一份包括鮟鱇魚、撒上乾肉條的跳羚肉和凡波斯沙拉（fynbos salads）的菜單，是它的特色。「試驗廚房」（Test Kitchen，地址：375 Albert Rd.）是得獎的開普敦主廚路克・達爾－羅伯茲（Luke Dale-Roberts）最新開設的餐廳，呈獻南非酸檸汁醃魚和豆腐味噌湯這類菜餚。

• 本地的非洲食物剛獲得眾人的認可，被視為美食料理，特別是南非版烤肉──「燒烤」（braai）。開普敦急速發展的燒烤界，範圍從海角（Sea Point）上的「後院燒烤吧」（Backyard Grill Lounge，地址：72 Regent Rd.）這類簡單的東西，到服務生表演以鐵叉供應非洲野味、超越顛峰的「加比餐廳」（Galbi Restaurant，地址：210 Long St.）等。

• 起源自幾百年前被帶到開普敦的亞洲奴隸，開普敦馬來人是本市最與眾不同的族群之一。與眾不同的食物是「比斯米耶拉餐廳」（Biesmiellah Restaurant，地址：2 Wale St., Bo-Kaap）的專長，「南非焗烤咖哩牛肉」（bobotie）和「燉羊肉」（denning vleis）這類菜餚，混合了亞、非兩洲的風味。■

從壯麗海濱到高峰健行

要避開人群，可沿著半島往更南邊的海灘去。北角海灘（Noordhoek Beach）在大西洋沿岸地區延伸了8公里長，是片景色絕美的白色沙灘，背倚未受汙染的溼地。斯卡波羅（Scarborough）村提供一處沙質小海灣，就在霧崖（Misty Cliffs）附近。卵石海灘（Boulders Beach）圍繞著福爾斯灣（False Bay）邊，人類和非洲企鵝共享這座引人注目的沙灘。

科斯坦伯斯國家植物園（Kirstenbosch National Botanical Garden，地址：Rhodes Drive）在11-4月間舉辦以泰布爾山為背景的科斯坦伯斯夏日夕陽音樂會（Kirstenbosch Summer Sunset Concerts）。參與演出的音樂家包羅萬象，從開普敦交響樂團（Cape Philharmonic Orchestra），到爵士傳奇修・馬塞凱拉（Hugh Masekela）。訪客可自行攜帶酒精飲料和野餐晚餐，或從植物園的「銀樹餐廳」（Silvertree Restaurant）叫外賣。

每個人都知道啟用於1929年的泰布爾山空中索道（Table Mountain Aerial Cableway）。位於這座地標平頂山山頂、由多條小徑組成的大型步道網，名氣遠不如它響亮，其中88公里長的荷里韋格步道（Hoerikwaggo Trail），需要5天的時間走完，並在四處帳棚營地中過夜。必須自己做飯的奧里凡茲柏斯招待所（Olifantsbos Guest House）和大小羚羊小屋（Eland and Duiker Cottages），是其他可以在這座國家公園中過夜的地方。■

企鵝在卵石海灘的岸邊搖擺前行

開普敦嘉年華會在每年3月時
炒熱氣氛

柏林

一座藝術家與移民的知名避風港，大方展示光鮮亮麗的高科技景象

柏林：斯普雷河（Spree River）河畔的酷炫首都。

重要統計數字

- 博物館175間（比柏林的平均下雨天數還要多）

- 餐廳達4650家

- 酒吧和俱樂部約1090家

- 柏林電視塔（Fernsehturm Tower）的高度為368公尺。這座電視塔是全德國最高的建築物。

- 地下碉堡超過300座，還有長達數百公里、始於納粹時代的隧道。

我的城市：喬・傑克森

作家卡爾・謝富勒（Karl Scheffler）曾在1910年稱柏林為「一座注定永遠正在形成而非已經成形的城市」。百年以後，我的一位柏林友人說這座城市「壞掉了（gebrochen）──被破壞地太嚴重，也太多次，永遠無法真正的修復。」但無論如何，它不愛守規矩的無政府主義特質，始終吸引著藝術家、享樂主義者和不受陳規束縛的人。比柏林漂亮的城市很多，但柏林卻讓它們看起來有點太過整齊、太過舒適、太過完美。

這副亂糟糟的模樣，讓某些人覺得不像德國。但柏林就是德國，它努力做到既前衛又安全，同時擁有恣意妄為的夜生活和良好的大眾交通運輸。寬容在當地人的心中根深蒂固：1920年代，包括英格蘭在內的很多地方，連開設一間同志酒吧都是無法想像的事，但當時柏林光是舍恩貝格區（Schöneberg）就有超過50間的同志酒吧。這座城市也是酒徒天堂，從24小時的廉價酒吧到豪華的雞尾酒酒廊應有盡有──但是比起其他城市，柏林的雞尾酒酒廊，像是舍恩貝格區的「綠門」（Green Door）或是十字山區

（Kreuzberg）的「窒息天使」（Würgeengel），沒有那麼高不可攀的傲慢姿態。位在昔日西柏林的「愛因斯坦咖啡餐館」（Café Einstein）曾是一位默片明星的別墅和納粹的巢穴，店內提供上好的雞尾酒。不過我個人更喜歡街角酒吧（Eck-Kneipen），這些傳統的勞動階級酒吧，有著廉價的啤酒和破破爛爛的點唱機，至今仍充斥於那些我喜歡的「不酷」地區，例如柏林東南方的新克爾恩區（Neukölln）。

柏林是頹廢的，但它也是文雅的，劇場、歌劇院、藝廊和書店林立，還有全世界最棒的管弦樂團——這個樂團的家「柏林愛樂廳」（Philharmonie）音響效果絕佳，空間給人的感覺比實際體積小很多。如果你覺得部分東邊社區太過大膽或時髦，西邊夏洛騰堡（Charlottenburg）的薩維尼廣場（Savignyplatz）一帶，或是以歌德（Goethe）、席勒（Shiller）和裴斯泰洛齊（Pestalozzi）為名、樹木成排的街道上，仍保有歷史悠久的優雅氣質。位在米特區（Mitte）中央的腓特烈大街（Friedrichstrasse）上，五層樓高的杜斯曼文化百貨公司（Dussmann）擁有CD、黑膠唱片、書籍、DVD、樂譜、文具……每次總吸引我流連好幾個小時，同時從我的皮夾裡吸走好幾百塊歐元。

總而言之，柏林最吸引我的一點是一種自由感。相較於紐約或倫敦，這裡的生活比較便宜也比較沒有壓力，它蔓延的規模，讓其他城市顯得幽閉。公園都不修剪；這使得蒂爾加藤公園（Tiergarten）看起來比較像是一座森林，但裡面有宜人的啤酒花園（Café Am Neuen See），而位在昔日東柏林的特雷普托公園（Treptower Park）則有一座獻給入侵蘇聯軍隊、令人驚愕的史達林主義式紀念碑。柏林綠意盎然，夏季舒爽宜人，人潮蜂擁而出，活動多不勝數，但寬敞的人行道足夠容納所有的人潮與活動。這裡的水也多到遠超乎你的預期：你可以搭船沿著河流和水道遊覽風光，或是前往其中一座鄰近湖泊。感覺上你距離都市生活已有千里之遙，但實際上仍置身於柏林之中。

喬·傑克森（Joe Jackson）是成功的德國音樂家和專輯歌手，以及自傳《重力療法》（A Cure for Gravity）的作者。他在英國長大，2008年搬到柏林以前，曾長期旅居紐約。■

〈柏林〉：一件象徵這座原本分裂城市的雕塑作品。

「所有的自由人，無論他們在那裡生活，都是柏林市民；
因此，身為一位自由人，我可以很自豪地說：我是柏林人（Ich bin ein Berliner）！」
——美國總統約翰·甘迺迪（John F. Kennedy），1973年在柏林的演說

"Three girls and a boy"

Wilfried Fitzenreiter

柏林大教堂（Berlin Cathedral）是柏林最大的新教教堂。

布蘭登堡門（**Brandenburg Gate**）：屹立
超過200年的柏林象徵。

購物車

柏林獨賣：玩具和時尚小飾品

「費歐娜‧班奈特」工作室裡的高級帽子

柏林製造 超過25萬人參與的柏林時尚週（Berlin's Fashion Week），使這座城市正贏得「引領時尚之都」的美譽。在時髦的米特區尋訪當地設計師品牌，像是深受年輕人喜愛的「拉拉柏林」（Lala Berlin，地址：Mulackstrasse 7）。前往新興的威丁區（Wedding），招搖的時尚達人常出沒於Schuldig groben Unfugs（地址：Föhrer Strasse 10），挑選裝飾著棕櫚葉、動人天鵝、甚至摺紙船的實驗性服裝。迷人製帽師費歐娜‧班奈特（Fiona Bennett，地址：Potsdamer Strasse 81）的展示間，裝飾著輕盈的鳥羽和稻草，看起來更像一間藝廊。

聖誕節豐饒角 裝飾得美輪美奐的聖誕市集是柏林的季節象徵。御林廣場聖誕市集（Gendarmenmarkt Christmas market，地址：Gendarmenmarkt 1）以手工玩具、精緻刺繡、加入了糖和香料的熱紅酒，吸引你前往被新古典主義建築圍繞的豪華廣場。由啤酒釀造廠建築變身為文化機構的文化啤酒廠（Kulturbrauerei，地址：Schönhauser Allee 36）中，每年舉辦露西亞聖誕市集（Lucia Christmas Market）時，柴火將照亮堆滿奇特禮物的中庭。如果你還是渴望童話般的感覺，可前往鋪設鵝卵石的斯潘道聖誕市集（Spandau Christmas Market），擁有多達250個攤子和種類包羅萬象的通俗商品。∎

柏林御林廣場在聖誕節前幾週變身為色彩繽紛的假日市集。

美味香腸和斯瓦比亞德式麵疙瘩

淋上酸豆醬的牛肉丸

• 柏林的食物以樸實無華和實在為特色，堅守根源於工人階級的傳統。試試 Gerichtslaube（地址：Poststraße 28）的自製肉丸，以及Zum Schusterjungen（地址：DanzigerStraße 9）的醃製德國豬腳。隱身在柏林地鐵（U-Bahn）高架鐵軌下方的Konnopke's（地址：Schönhauser Allee 44a），是眾多聲稱發明咖哩香腸（currywurst）的街頭攤販之一，這種備受推崇的柏林香腸特產，上面塗著厚厚的番茄醬和咖哩粉。

• 是什麼讓普魯士士兵在漫長的冬季戰役期間支撐下去？去擅長東德料理的 Marjellchen（地址：Mommsenstrasse 9）尋找答案，嘗嘗上方蓋著一片豬肝腸的杜松子酒Pillekaller、分量豐富的betenbarsch（某種羅宋湯），或是塞滿梅乾的蒸五花肉。淋上酸豆奶油醬的東普魯士特色菜「柯尼斯堡肉丸」（Königsberger Klopse），是德國米其林名廚提姆·勞厄（Tim Raue）旗下餐廳La Soupe Populaire（地址：Prenzlauer Allee 242）裡的閃耀新星。Alpenstueck（地址：Gartenstrasse 9）讓豐盛的南德料理順應時代潮流，到這間餐廳盡情享用蔬菜燉鹿肉或很薄的炸肉排（schnitzel），並欣賞滑雪休閒小木屋式的有趣裝飾。Schwarzwaldstuben（地址：Tucholskystraße 48）提升了樸實的斯瓦比亞（Swabia）料理，像是方形肉餃和裹著乳酪的德式麵疙瘩（spaetzle）。或是在Weihenstephaner（地址：Neue Promenade 5）品嘗巴伐利亞料理，例如淋上甜芥末醬的白香腸（wurst）。■

祕密、神聖和撫慰

你知道納粹在地下製造轟炸機嗎？在「柏林地下世界」（Berliner Unterwelten，地址：Brunnenstrasse 105）了解更多詳情，隨著引人入勝的導覽，回溯19世紀的防空洞、隧道和地下儲藏室。千萬別錯過〈元首地堡〉（Fuhrerbunker）這幅描繪納粹黨衛軍士兵保衛人民的壁畫，由希特勒的車輛調配場衛兵繪製。

特雷普托公園的深處赫然聳立著蘇聯戰爭紀念碑（Sowjetisches Ehrenmal），四層樓高，目的是為紀念1945年時蘇聯戰勝德國。這尊巨大的雕像刻畫出一位雙手分別持劍和抱著一位孩童的蘇聯士兵，腳踩一面破碎的納粹黨徽。約有5000名紅軍（Red Army）士兵，埋在這個建築物四周的地下。

繫泊於斯普雷河的退休貨櫃「沐浴船」（Badeschiff，地址：Eichenstrasse 3），是最佳的泡水地點。三溫暖和DJ休息室為冬天增添趣味，此時，閃閃發光的藍色河水被這個高科技外殼烤得暖烘烘。■

地下導覽之旅揭露了這座城市神祕的底部。

今昔之比

德國國會大廈

德國國會大廈（The Reich-stag）興建於第二次世界大戰前，1933年時這棟建築物部分被火燒毀（希特勒把責任歸咎於反納粹共產主義者），戰時又遭受同盟國轟擊，並於1945年被蘇聯士兵占領。一年後，它被燒毀的外殼猙獰地俯看著在絕望中耕作土地、努力對抗饑荒的柏林人（上圖）。

戰後，波昂（Bonn）繼任政府所在地，直到1999年，政府才又重返這棟歷經重建、堪稱現代建築奇蹟的新國會大廈（右圖）。自1989年11月9日那晚柏林圍牆倒塌後，它就成為「新柏林」（Neue Berlin）象徵。

如今，年輕活力主宰了柏林的未來。充滿放蕩不羈、不受世俗陳規規範的氣息。商店更加新奇，餐廳以閃電般的速度擺脫了難以下咽的乏味食物，這一切讓它成為歐洲最迷人的大城市之一。■

最佳夜生活城市

全球最熱門的派對地點,迎合炫耀、大膽、誘人和奇特等各式口味需求。

都柏林(Dublin)的坦普爾酒吧區(Temple Bar)

愛爾蘭,都柏林

坦普爾酒吧區夾處於聖三一大學(Trinity College)和舊城區之間,是一處聚集著酒吧和夜店的頹廢之地。「黃銅頭」(Brazen Head)裡啤酒汨汨流動,據說它是愛爾蘭最古老的酒吧(創立於 1198 年),也是詹姆斯·喬伊斯(James Joyce)作品《尤里西斯》(Ulysses)中固定出現的地點。

貝爾格勒(Belgrade)

波多黎各,聖胡安

在聖胡安(San Juan)聖塞巴斯提安街(San Sebastián Street)時髦的酒吧裡恣意賣弄風情,接著在「倫巴」(Rumba)這類熱帶俱樂部中扭動身體,放任自己直到滿身是汗——當然,全程都得手握一杯混合鳳梨和椰奶的調酒「椰林飄香」(piña colada)。

塞爾維亞,貝爾格勒

沒有人會用「美麗」來形容貝爾格勒,不過當地歡樂的夜生活卻在全世界名列前茅。以河船改建的「漂流俱樂部」(Splavovi),在夏日令人深感愉快的暖意中繁榮興盛。舞鞋再度出現在薩瓦馬拉區(Savamala)的後工業化場所。

玻利維亞,拉巴斯

玻利維亞首都拉巴斯(La Paz)海拔高度 3597 公尺,日落後略帶寒意,此時居民會成群前往舒適的酒吧找些樂子和交換祕密。別害羞:這座世故練達的城市將張開雙臂迎接遊客。

巴西,聖保羅

在聖保羅(São Paulo)這座百萬人口大城,選擇多到令人不知所措,交通狀況又很糟糕,所以打扮得漂漂亮亮的聖保羅居民(paulistas)匆匆吃頓飯或喝點東西後,就走向最近的廉價小酒館,跟隨森巴、巴薩諾瓦(bossa nova)或巴西式鞭擊龐克(thrash punk)等音樂扭動身體。

印度,果亞

無論是想尋求與世隔絕的藏身處,還是一整晚的旋轉,果亞(Goa)的海灘都符合你的想像。沿著金黃色的南岸,有多家氣氛悠閒的娛樂場所,你可以在那裡回溯到果亞嬉皮盛行的 1970 年代。這座禁止徹夜派對的城市,無法阻擋人們尋歡作樂。

一組啤酒

伊比薩島（Ibiza）上的泡泡趴

西班牙，伊比薩島

如果你一看到派對就來勁，那麼巡禮伊比薩島的俱樂部，能讓你精力充沛直到深夜。在覆蓋著大量肥皂泡沫的舞池上滑行，或加入懸吊式 DJ 室下方的舞池狂歡者。接著搭乘島上的夜間巴士「迪斯可巴士」（Discobus），展開你的下一場冒險。

德州，休士頓

帶著一大桶油錢收入，加上燙平的牛仔褲和一個德州式露齒微笑，你就能在日落後的休士頓（Houston）得到很棒的娛樂。沿著華盛頓大道（Washington Avenue）泡俱樂部是有趣且不招搖的娛樂。這座城市不完全屬於頭戴牛仔帽和腳踏靴刺的牛仔——也有適合藝文活動愛好者的絕佳劇院和爵士樂。

希臘，塞薩洛尼基

還記得那些俏皮的古希臘馬賽克鑲嵌畫嗎？這類藝術的精神延續至今，並且活躍於辛格魯大道／瓦拉歐里杜街（Syngrou/Valaoritou）和拉達蒂卡區（Ladadika），更別提所有大大小小的海灘。塞薩洛尼基（Thessaloniki）的人均咖啡館和餐廳數目高居歐洲城市之冠。

亞塞拜然，巴庫

石油熱錢湧入原本落後的巴庫（Baku），使高加索山的這一側成為最新潮的酒吧區。僑民和亞塞拜然人（Azeris）可能會跳上「威廉 · 莎士比亞」（William Shakespeare）的吧檯，一同興奮地舞動身體；「康提酒吧」（Konti Pub）讓每桌的客人可自行從桌子上方的桶子中汲取啤酒。

在油錢湧入的亞塞拜然首都巴庫，享用精緻的晚餐是展開夜生活的第一站。

希臘

雅典

一座洋溢全新能量和樂觀態度的古老地中海首都

古老的蒙納斯提拉奇（**Monastiraki**）廣場，是
拜占庭建築和現代跳蚤市場的所在地。

重要統計數字

- 雅典衛城（Acropolis）
  的第一個人類聚落，可
  上溯至9000年前的新石
  器時代。

- 「雅典七丘」之一的呂
  卡維多斯山（Mount
  Lycabettus）的高度為
  277公尺。

- 巴特農神廟（Parthe-
  non）落成時間為西元前
  438年

- 戲劇舞臺共148座

- 最高氣溫紀錄為1977年
  時的攝氏48度

- 住在雅典的希臘居民比
  例為35.45%

- 1896年首屆現代奧林
  匹克運動會（Olympic
  Games）的女性運動員
  人數為零（250位男性運
  動員代表14個參賽國出
  席）。

雅典曾是輝煌帝國的所在地，但如今這座城市已無須眷戀過往榮光。遊客可以在現代博物館、五光十色的夜生活和戶外用餐體驗中尋找靈感。

美食地圖

甜點的和葡萄葉卷

- 小餐館（taverna）在雅典生活中至關重要。這種輕鬆友好的餐廳供應烤章魚和葡萄葉卷飯等傳統菜餚，而且通常可以在希臘曼陀鈴（一種傳統弦樂器）令人愉快的節奏聲中享用餐點。試試Klimataria（地址：Platia Theatrou 2），這家餐廳也提供烹飪課。Scholarhio（地址：Tripodon 14, Plaka）提供免費的哈爾瓦芝麻糖（halva）當作甜點。如果你想品嘗羊排，To Steki Tou Ilia（地址：Eptachalkou 5, Thisio）是首選。

- 無論你走到哪裡，都清楚可見希臘人對甜點的熱愛——隨處都能吃到融合蜂蜜的堅果糕點巴克拉瓦千層派（baklava）、撒上糖粉的杏仁餅（amigdalota），以及用來招待客人、因通常以湯匙盛裝而稱為「湯匙甜食」（spoon sweet）的水果蜜餞。最好的幾家甜點店包括：Varsos（地址：Kassaveti 5 Kifissia）、也有湯匙甜食的「新鮮優格吧」（Fresko Yogurt Bar，地址：Dionysiou Areopagitou 3），以及有賣麻花狀奶油口味希臘復活節餅乾（koulourakia）的「塔基斯烘培坊」（Takis Bakery，地址：Misaraliotou 14）。∎

小餐館裡的典型希臘用餐風格

地標

巴特農神廟

身為古希臘象徵的巴特農神廟，興建於衛城的至高點上，也就是雅典心臟地帶的岩石高原上。這座神殿落成於公元前438年，由當時的雅典領袖伯里克里斯（Pericles）下令建造，作為獻給雅典娜女神的一座巨大紀念建築。神廟屋頂下方最引人注目的帶狀裝飾，也就是備

受爭議的「埃爾金大理石雕」（Elgin-Marbles），因埃爾金伯爵的掠奪，如今收藏在倫敦的大英博物館中──希臘正想盡辦法拿回來。• 神廟內曾聳立著一尊以黃金和象牙打造、大約四層樓高的龐大雅典娜雕像。至於大約出現在公元200年的羅馬時期複製品，如今則展示於雅典的國家考古博物館

（National Archaeological Museum）中。• 微微彎曲的神殿圓柱，在視覺上創造出一種外形完美的錯覺。• 公元5世紀時，神廟成為基督教教堂，在1458年又成為清真寺，當時土耳其人占領了衛城並新增一座宣禮塔。•1687年，威尼斯人轟炸衛城時，巴特農神廟的中央遭受破壞。■

「地平線咖啡館」（Orizontes Café）是最佳觀景地點之一。

祕密景點

從古代奇景到時鐘

手工藝品和旅客共享地鐵站的空間。

以雅典的現代化地鐵為移動工具,其實就宛如是一趟穿越古希臘之旅。1990年代,當挖掘地鐵新的部分時,開鑿者發現大規模的考古遺址,例如一座古代澡堂、金屬加工店、溝渠、道路、城牆和墓地。手工藝品展示於雅典市中心好幾座地鐵站的玻璃櫥窗中,包括「憲法廣場」(Syntagma)站和「蒙納斯提拉奇」(Monastiraki)站等。

緊貼衛城腳下的阿納非歐蒂卡(Anafiotika),是一座可愛且相對比較現代的村莊,擁有粉刷白色外牆的房舍和亮藍色的大門,以及避開城市繁忙交通的狹窄巷弄。來到雅典工作的阿納非島(island of Anafi)石匠師傅,在19世紀時興建了它。

雅典的古羅馬廣場(Roman Forum),經常因附近引人注目的古羅馬市集(Ancient Agora)而相形失色,但它擁有雅典最顯著的地標之一:風之塔(Tower of the Winds);這座八角形的大理石建築建於公元前1或2世紀,作為報時之用。風之塔的每一面都對著一個主要的羅盤指向。 ■

潔白的小屋和九重葛增添了阿納非歐蒂卡村的魅力。

奈洛比

肯亞的高地首都，擁有現代的大都會生活和與人不期而遇的野生動物

令人驚嘆的現代化建築描繪出奈洛比的天際線。

重要統計數字

- 建城時間為1899年，當時是作為停放火車頭的車庫。

- 與赤道的距離為140公里

- 一輛出租車（matatu，公共計程車／迷你巴士）的載客數為14到24人

- 奈洛比國家公園（Nairobi National Park）的鳥類約有400種

- 太陽能溜冰場（Solar Ice Rink）的面積為1394平方公尺，很可能是全非洲最大的溜冰場。

在你展開野生動物觀賞之旅前，就能在玻璃摩天大樓、繽紛絢麗的購物場所和繁華的夜生活之中，發現大量野生動物和大自然之美。

美食地圖

異國風燒烤和奈洛比食物

· 肯亞以「碳火烤肉」（nyama choma）或稱「肯亞燒烤」聞名。素食者請迴避以下餐廳：知名的「食肉動物餐廳」（The Carnivore Restaurant，地址：Langata Road）供應包括鴕鳥、鱷魚和駱駝等動物的肉品，由身著斑馬條紋的侍者提供桌邊燒烤和切割分食服務。

· 濃稠的玉米糊「烏加利」（ugali）本身不是一道菜，但它是可口湯品和燉菜的固定配菜。以玉米粉或木薯粉製成，混入熱水直達麵包般的黏稠度。（類似的菜餚以形形色色的名稱出現在整個非洲大陸。）一般習慣直接用手吃「烏加利」：把它弄成球狀，再捏出一個用來填肉或蔬菜的勺狀凹陷。■

祕密景點
天堂和乳酪製作

不同物種在長頸鹿中心裡建立親密關係

除了知名的奈洛比國家公園之外，也可以去比較少人知道的非洲瀕危野生長頸鹿中心基金會（African Fund for Endangered Wildlife Giraffe Center，地址：Duma Road）的大自然間散步，並餵食長頸鹿。在附近的大衛‧薛德里克野生生物信託機構（David Sheldrick Wildlife Trust，地址：Bogan Gate, Magadi Road）看看獲救的大象和犀牛寶寶，牠們每天早上11到12點間會進行日常的泥漿浴。

坐落於原為凱倫‧布里森（Karen Blixen）莊園裡的卡祖里珠子工廠（Kazuri Bead Factory，地址：Mbagathi Ridge），每年生產超過500萬顆珠子，出口到超過30個國家。遊客可以參觀工作坊，有400多位、大部分是單親媽媽的婦女在這裡創作手工項鍊、手環和單顆珠子。

古達（gouda）、切達、菲達（feta）和布里（Brie）乾酪，只是奈洛比西側郊區的布朗乳酪農場（Brown's Cheese Farm，地址：St. George's Rd., Tigoni）所生產乳酪中的少數幾種。這個地區有超過3000個小農，他們飼養的乳牛專門為「布朗乳酪農場」製作的17種乳酪生產牛奶。遊客可以參觀工廠、品嘗乳酪，實際親手嘗試擠牛奶或製作莫札瑞拉乾酪（mozzarella）。■

坐火車從奈洛比到蒙巴沙（Mombasa）本身就是一場野生動物觀賞之旅。

小說介紹

《血染的花瓣》（Petals of Blood）
恩古吉‧瓦‧提安戈著（Ngũgĩ wa Thiong'o，1977年出版）
肯亞的鄉村居民前往奈洛比尋求幫助，卻遭受到冷漠對待。恩古吉這本對獨立後的肯亞提出尖銳控訴的小說，與他後續以母語基庫尤語（Gikuyu）撰寫的劇本，為他帶來長達一年的牢獄之災。

《即將誕生》（Coming to Birth）
瑪裘莉‧歐魯岱‧麥葛伊著（Marjorie Oludhe Macgoye，1986年出版）
一位名叫波琳娜（Paulina）的年輕女子搬到了奈洛比，在這則成長故事裡，波琳娜的成長不但與肯亞本身的發展同步，同時成為它的說明。

《紅神時刻》（Hour of the Red God）
理查‧康普頓著（Richard Compton，2013年出版）
作者康普頓為前英國廣播公司（BBC）記者，在這本描述一位馬賽族（Maasai）成員調查部落女子凶殺案的偵探故事裡，他以外人的視角觀察這座城市，也讓讀者有機會深入了解肯亞政治。■

羅馬

一座富有高格調和難忘樂趣的古老城市

古羅馬廣場（Roman Forum）遺址，持續引人緬懷昔日帝國的榮光。

重要統計數字

- 扔進特萊維噴泉（Trevi Fountain）裡的錢幣，據估每年總價值為140萬美金。

- 古羅馬圓形競技場（Colosseum）可容納人數，據估為5萬人。

- 噴泉超過2000座

- 教堂超過900間

- 方尖碑共13個，數量為全世界之冠。

我的城市：伊尼亞齊奧・馬利諾

我的城市──羅馬永遠不乏討人喜歡的地方。這是一座值得品味和探索的城市。當然，羅馬的博物館和考古遺址獨步全球，不過光是到處走走，就足以成就一次十分美好的體驗。羅馬目前正經歷部分最主要街道只對行人而非汽車或電動腳踏車開放的過程，包括歷史上著名且商店林立的巴布意諾街（Via del Babuino）。

一直以來，羅馬最令我喜愛的放鬆地點是一座公園。我喜歡在平齊亞諾區（Pinciano）的鮑格才別墅（Villa Borghese）散步，或是騎腳踏車。我每天都會騎腳踏車，幾乎到哪裡都騎。這座城市變得愈來愈適合騎腳踏車，許多新的巷道正在興建中。我也經常沿著水渠公園（Parco degli Acquedotti）裡宏偉的古羅馬水渠遺跡散步，它位在平行延伸到羅馬古道（Appian Way）的新羅馬古道（Via Appia Nuova）附近。

我喜歡茶勝過咖啡，我喜歡去西班牙廣場（Piazza di Spagna）上知名的英國茶館Babington's，喝一杯好喝的混合茶。想喝一杯葡萄酒時，我通常會到總理府廣場（Piazza della Cancelleria）上的「精神」（Spirit）坐坐，這處迷你但迷人的地方，介於萬神殿（Pantheon）和鮮花廣場（Campo de' Fioro）上的納沃納廣場（Piazza Navona）之間。我也經常出入附近的Etabli，它是一間總是生氣勃勃、洋溢鄉村風情的別致酒吧。在這兩個地方，你可以在輕鬆的環境下只喝杯葡萄酒，或是享用一餐。

我的妻子是很棒的廚師，好好吃頓飯的最佳地點當然是在我家。然而，羅馬還是有好幾家我喜愛的餐廳。想吃新鮮的海鮮，我就前往萬神殿附近的「海之味」（Sapore di Mare）。至於和媽媽、姊妹一起的大型家庭聚會，通常是選在威尼托街（Via Veneto）後方、鮑格才別墅外靠近費德里柯・費里尼廣場（Piazza Federico Fellini）的「托斯卡尼道地烤肉店」（Al Vero Girarrosto Toscano）──這間店連偉大的費里尼也非常喜歡，擁有出色的傳統托斯卡尼食物，且遠離熱門觀光區。我在羅馬吃過最棒的幾餐，是在極小的小餐館（trattoria）裡，有些入口上方甚至還沒有招牌！

有時候，我們會為了變化而改吃壽司。牽涉到食物時，就連我們羅馬人也喜歡混搭！我的妻子和女兒喜愛普拉蒂區（Prati）的「禪」（Zen），最近，我已經從其中一家「達摩壽司」（Daruma Sushi）訂購外賣，這間連鎖餐廳似乎突然出現在羅馬的各個角落。

我並不熱愛購物，但是我真心喜愛書籍、筆、古文物和藝術。在由人民廣場（Piazza del Popolo）開始延伸的阿利貝街（Via Alibert）上，有羅馬最棒的藝廊之一「俄羅斯藝廊」（Galleria Russo）。我還會到附近的馬格塔街（Via Margutta）拜訪馬切羅・羅齊（Marcello Rocchi），他是我的朋友，也是別具天賦的珠寶工藝師。或是前往威尼托街上的「亞里安書店」（Librerie Arion），我大部分的書都是在這裡買的，有時也只是隨意瀏覽書架上已堆疊到天花板的書。

伊尼亞齊奧・馬利諾（Ignazio Marino），2013年當選羅馬市長。■

炸朝鮮薊心是猶太區（Jewish Ghetto）的常見美食。

趣聞

駕駛請注意！

羅馬向來是一座惡名昭彰、考驗市區開車能力的城市。不過讓情況變得更糟的是，為了紓解壅塞狀況，羅馬現在有撲朔迷離且違規會罰款的「交通管制區」（ZTL Zones）。這些標示欠佳的區域需要特別通行證，且根據地區、時間和日子改變。如果你收到罰單，你的信用卡會被自動扣除多達約170美金的罰金，此外你將支付一筆來自租車公司的額外處理費。如果你只是開車往來於飯店之間，事先告知你的飯店，它們可以試著幫你取得一張特別通行證，或者更好的方法是，在沒有限制的週日開車。

突兀的柱頂

回收可說是羅馬的發明，至少就建築材料而言是如此。聖瑪莉亞教堂（Church of Santa Maria，地址：Piazza di Santa Maria）中風格突兀的愛奧尼克式柱頂，就是最好的範例。一般認為，它們若不是來自這座城市6世紀時的卡拉卡拉浴場（Baths of Caracalla），就是年代甚至更早的古伊西斯神殿（Temple of Isis）。■

「凝視過古羅馬遺跡的遊客，腦中可能浮現一些不完整的想法，
當他們抬頭仰望這些輝煌的純淨之美，必然受到了啓發。」

──歷史學家愛德華・吉朋（Edward Gibbon），出自《羅馬帝國衰亡史》（The History of the Decline
and Fall of the Roman Empire，1776年出版）

曾是陵墓、要塞和城堡的聖天使城堡（Castel Sant'Angelo），如今則是一座博物館。

人民廣場

購物車
絕妙且（稍）可負擔

Sermoneta的手工製手套

高級時尚 購買義大利設計師精品是去羅馬絕對不能錯過的行程，每個主要品牌都有一處或是好幾處營業據點，價格通常比你的國家優惠。維托里奧·威尼托街（Via Vittorio Veneto）、科爾索大道（Via del Corso），以及不跟隨時尚主流、主打小型設計師品牌商品的波斯切托街（Via del Boschetto），是羅馬市中心的幾條主要購物街。值得注意的特色商店包括：充滿華麗服飾和泳裝的巴洛克精品店Brighenti（地址：Via Frattina 7-10），以及供應手工女裝的藝廊附設商店「IF空間」（Spazio IF，地址：Via dei Coronari 44a）。男士則可前往Brioni（地址：Via Barberini 79），內有穿起來像（電影中）007情報員詹姆斯·龐德和《亂世佳人》男主角克拉克·蓋博（Clark Gable）的服飾，「維加諾兄弟」（Fratelli Viganò，地址：Via Marco Minghetti）的手工帽子師傅，繼續為經典男裝打扮增添時尚風格。

必買精品 沒有人能像義大利人一樣，製造出如此精巧的皮件。在Sermoneta找尋手工製皮革手套，該店就位在西班牙階梯（Spanish Steps，地址：Piazza di Spagna, 61）附近。在Braccialini（地址：Via Mario De' Fiori 73）選購鮮豔且古怪的包包——形狀像一臺偉士牌機車或一隻蜥蜴的包包，有沒有人有興趣？想找一些回國後展現性感的繫帶衣服或鞋子，托斯卡尼設計師Salvatore Ferragamo在羅馬開設了一間一流精品店（地址：Via dei Condotti, 65），也在西班牙階梯附近。對美國知名演員兼舞者佛雷·亞斯坦（Fred Astaire）的雙腳來說，夠好的鞋子當然出自A. Testoni（地址：Via Condotti 80），它們應該能為男人和女人的舞步加分，同樣生產高級經典鞋款的Bruno Magli（地址：Via Condotti 6）也不例外。至於最優惠的價格，注意7月和1月的換季促銷。■

Salvatore Ferragamo的櫥窗，反映出它鄰近西班牙階梯且地段一流。

在羅馬時：酥脆的朝鮮薊、披薩和義大利冰淇淋

經典的窯烤披薩

· 朝鮮薊（carciofi）是一種從遠古時代流傳至今的羅馬美食，在猶太區或在臺伯河（Tiber River）對岸鄰近地區的特拉斯提弗列區（Trastevere），有賣以橄欖油油炸的「猶太式朝鮮薊」（Carciofi alla Giudia）。朝鮮薊全年都有供應而最適合在早春品嘗，到「皮佩諾餐廳」（Ristorante Piperno，地址：Monte dè Cenci, 9）試試它們香脆美味的口感。也可以去「鐘」（La Campana，地址：Vicolo della Campana, 18）讚美一下以頂級冷壓初榨橄欖油和香草一同燉煮的羅馬式朝鮮薊（Carciofi alla romana）。「貝塔祖母」（Nonna Betta，地址：Via del Portico d'Ottavia, 16）和 La Matricianella（地址：Via del Leone, 4）是另外兩家名店。

· 很難想像沒有披薩的義大利之旅會是什麼模樣？雖然披薩是源自那不勒斯（Naples）和義大利南部其他地區的主食，但羅馬以方形披薩（pizza al taglio）取勝，這款招牌披薩會放在鐵盤上送進爐子裡烤。優秀的餐廳太多，無法一一列舉，但還是推薦你去特別擅長製作方形披薩的 Pinsere Roma（地址：Via Flavia, 98）、「雛菊」（La Pratolina，地址：Via degli Scipioni, 248）和 Forno Campo de' Fiori（地址：Piazza Campo de' Fiori）試試這種香脆的薄皮派餅。

· 富含乳脂且口感濃郁的義式冰淇淋（gelato），不該只被視為是「義大利版的冰淇淋」。深受當地人喜愛且最近受到遊客注意的 I Caruso（地址：Via Collina, 13-15）是最棒的冰淇淋店之一，擁有幾家分店，其中一家在特米尼火車站（Termini Station）附近。「喬凡尼·法西冰宮」（Il Palazzo del Freddo Giovanni Fassi，地址：Via Principe Eugenio, 65）是當地的名店（擁有自己的維基百科詞條），有多達30種口味可以選，其中包括米飯等罕見口味。■

回溯歷史和觀賞360度羅馬

又稱為「祖國聖壇」（Altar of Fatherland）的維托里奧·艾曼紐二世紀念堂（Vittorio Emanuele II Monument，地址：Piazza Venezia），不只是一處提供漂亮拍照機會的地點。走進國立義大利復興運動博物館（Museo Nazionale del Risorgimento Italiano），認識羅馬從1861年的統一後到今日的「現代」歷史。也別忘了前往屋頂，看看壯觀的360度羅馬全景。

全世界最大的室內聖誕馬槽收藏就在羅馬。在聖誕類型學國際博物館（Museo Tipologico Internazionale Del Presepio，地址：Via Tor Dè Conti, 31）中有來自幾十個國家、超過3000座聖誕馬槽。

前往羅馬文明博物館（Museo della Civiltà Romana），看看這座城市曾經可能擁有的面貌，館址為 Piazza Agnelli 10，就在墨索里尼興建的衛星城市「羅馬世界博覽會」（Esposizione Universale di Roma，簡稱EUR）中，可搭乘地鐵B線抵達。這間博物館收藏了一座重現古羅馬風情的縮小版模型，年代上溯1930年代末期和1940年代早期，經常被拍攝，影像至今仍經常出現在歷史書中。■

羅馬文明博物館中的模型和微縮模型，展現古代生活的面貌。

今昔之比
西班牙階梯

條大路或許都通往羅馬，但是對遊客來說，羅馬所有的路線都通往西班牙階梯。這張所有目光都聚集在女孩身上的照片，拍攝於1971年，出自鏡頭前表現比鏡頭後作品有名、巧妙偽裝的吉娜·露露布麗姬達（Gina Lollobrigida）之手，身兼演員和攝影記者的她，當時正在進行《我的義大利》（Italia Mia）一書的準備工作，這是她出版過的多本攝影書之一。「只有在我們仔細注視過他人之後——照片能幫我們這麼做——我們才能真正發掘自己。」這位知名的義大利女演員說。

一個在西班牙階梯前沉浸於地圖中的男人，完全沒注意當下的情況。這張經典照片的拍攝者為在全世界捕捉遊客旅行行為的英國攝影師馬丁·帕爾（Martin Parr）之手。帕爾說：「我的照片是對他們的批判。」他的遊客照片大量出現在《小世界》（Small World）和《最後的度假勝地》（The Last Resort）等攝影書中。■

加州
舊金山
氣氛閒適但野心勃勃，一座不斷創新的常年新興都市

令人眼睛為之一亮的維多利亞式建築「彩繪仕女」（painted ladies）和後方高聳的天際線，具體展現了舊金山的多樣性。

重要統計數字

- 一房公寓的平均租金為單月2898美金，價格居全美之冠。

- 舊金山至高點戴維森山（Mount Davidson）高286公尺

- 提供服務的纜車（或稱「叮噹車」）數量為40輛，行駛於14公里長的軌道上。

- 舊金山灣（San Francisco Bay）一帶的霧警設備共32座

- 最陡峭的山丘是李文沃斯街（Leavenworth Street）和海德街（Hyde Street）之間的榛子街（Filbert Street）——坡度為31.5％。

古老的維多利亞房舍、大約400輛餐車、幾百間在商店評論網站 Yelp 上得到多星高評分的餐廳、野心勃勃的網路企業家，以及舊時代的嬉皮，全都聚集在這塊127平方公里的半島上。舊金山是一座有幸擁有壯麗海灣、高聳樹林和霧氣的獨特創造力中心。

購物車
最驚人的書

聰明買書 向舊金山輝煌的文學遺產致敬。在「城市之光書店」（City Lights Bookstore，地址：261 Columbus Ave.）挑選詩集，以及垮掉的一代的象徵「嚎叫吧！如果你喜歡城市之光」（HOWL if you love City Lights）汽車保險桿貼紙。羅倫斯・弗林蓋提（Lawrence Ferlinghetti）於1953年創立這間獨立書店，旗下出版公司繼續出版自己的印刷品。誇張、典型的通俗小說充斥著KAYO Books（地址：814 Post St.）；「雜食者的食物書」（Omnivore Books on Food，地址：3885 Cesar Chavez St）擁有包羅萬象、由此區主廚推薦的食物、酒類書籍——很適合這座徹底改革美國料理的城市。「書匠」（Booksmith，地址：1644 Haight St.）位在以嬉皮文化著稱的反傳統文化溫床海特區（Haight），經常舉辦讀書會支持當地作家。■

從市場到教會區的美味佳餚

蔬菜捲

・在這座啟動美國新鮮食物運動的城市裡，內河碼頭（Embarcadero）的渡輪大廈市場（地址：1 Ferry Building）是最佳食物生產者的聚集地，提供了一場美食盛宴：Acme的麵包、Cowgirl Creamery的乳酪、Hog Island的生蠔、Frog Hollow Farm的果醬、Blue Bottle的咖啡，以及Recchiuti的巧克力。每到週六，這裡就變身為美國最誘人的農夫市場的所在地。

・以使用本地各式各樣的產品和勇於嘗試的態度為特色的加州料理，在舊金山生氣勃勃的餐飲界中無所不在。明星主廚梅莉莎・佩瑞羅（Melissa Perello）注重細節卻不失溫和的Frances（地址：3870 17th St.）、以港飲推車方式端上五花八門菜餚的State Bird Provisions（地址：1529 Fillmore St.）、提升有機飲食的「山坳」（Col，地址：373 Broadway St.），以及精心製作食物的「緯線37」（Parallel 37，地址：600 Stockton St.），都是當地的知名餐廳。有些人認為「祖尼咖啡餐館」（Zuni Café，地址：1658 Market St.）簡單的烤雞，美味到足以列入當今世界知名的舊金山料理名單中。

・除了墨西哥捲餅外，還有「教會區捲餅」（Mission burrito）。西班牙米飯、豆子、莎莎醬、酪梨、乳酪、酸奶油，以及燉雞、烤牛肉、烤豬肉或豬肉條，全包進一張大玉米餅和一片錫箔紙中。每個人都有一家自己喜愛的捲餅快餐店（taqueria）。可前往教會區的「風箏」（Papalote，地址：3409 24th St.和1777 Fulton St.）、「金色麥穗」（La Espiga de Oro，地址：2916 24th St.）或「坎昆捲餅快餐店」（Taqueria Can-Cún，地址：3211 Mission Street）一探究竟。■

渡輪大廈市場中的乳酪商和其他手工製造食品

從北灘（**North Beach**）望向舊金山灣

十大推薦
最佳環保智能城市

創新讓這些城市樞紐成為令人驚嘆的未來典範。

南韓松島（Songdo）

南韓，松島

這個網路相當發達的首爾近郊住宅區，不需要垃圾車：所有家庭廢棄物經由一個巨大的地道網，從各自的廚房吸往自動分類、處理和除臭的處理中心。

德國弗萊堡（Freiburg）

加州，柏克萊

先進的回收服務，吸收了柏克萊（Berkeley）超過四分之三的廢棄物（2020年目標：達到百分之百完全回收）。如同市議會所說，如果有東西不能回收，就應該禁止生產、重新設計或被排除。

德國，弗萊堡

這座明亮的城市從 1986年開始就以太陽為中心，因當地政府投票決議以太陽能為主要的能源來源。如今，弗萊堡的公共建築上擁有超過 1700 座太陽能裝置，以及 100 家太陽能企業，使它成為可再生能源支持者眼中的楷模。

阿拉伯聯合大公國，馬斯達爾城

在這座阿布達比沙漠邊緣、低碳、環境理想國的下方，無人駕駛的電動小車，以極快的速度運送著居民。超薄的太陽能電池板同時創造能源與涼蔭，此外，馬斯達爾城（Masdar City）永遠不會太熱：一座 45 公尺高的風塔，傳送著穿越街道、持續不斷的微風。

西班牙，桑坦德

在桑坦德（Santander）這座擁有 1 萬 2000座隱藏式感應器的高科技濱海城市，智慧型手機的應用程式不只讓你調出商店特價商品、瀏覽狀況和大型垃圾箱的堆高程度，同時也上傳最新的路面坑洞位置。當沒有人在附近時，街燈會自動變暗。

德國，法蘭克福

法蘭克福（Frankfurt）全世界第一座「綠能」摩天大樓——57 層樓高的商業銀行大廈（Commerzbank tower）——的所在地，這座銀行業的樞紐是歐洲超低能量數記錄保持者—超絕緣「被動式」建築：1000 棟。

風力能源

馬爾摩（Malmö）

瑞典，馬爾摩

在 這座位於瑞典南方的城市裡，所謂的「未來城」（City of Tomorrow）是歐洲首座碳中和社區。這個新建的 600 戶住宅區，把溫暖的夏日雨水，收集在一處保溫的地下蓄水層，冬天時以風能打氣，溫暖房屋。在這座城市的新計畫中，制定了最低限度的綠色空間標準。

丹麥，哥本哈根

丹 麥首都哥本哈根（Copenhagen）不只有一座近海風力發電廠，還有不計其數的腳踏車。外觀充滿太空時代未來感的建築群「8 字元」（8 Tallet），是個由將近 500 間永續使用公寓組成的 8 字型，擁有一面長滿草的隔熱屋頂、達到最大日光和通風標準的精確布局，以及一道由一樓通往頂層公寓的步行（或腳踏車）斜坡。

加拿大，溫哥華

在 加拿大第三大城溫哥華（Vancouver）中，廢水和未經處理的汙水，被轉換成曾是工業區的公寓能量。居住者只需要拔掉他們浴缸或廚房水槽的塞子，一旦廢水盤旋上升至環保行星中，就能溫暖他們的高樓。

冰島，雷克雅維克

冰 島以它令人驚豔的風光、間歇泉和藍潟湖（Blue Lagoon）——以及豐富的可再生能源使用經驗著稱。氫氣巴士漫遊於首都雷克雅維克（Reykjavík）的街道上，所有的能量都是利用源自冰島火山的水力和地熱資源。

冰島的地熱藍潟湖

塞內加爾
達卡

一座處於法國─非洲文化十字路口上的城市，融合了令人陶醉的色彩與香料

這座濱海城市利用大西洋，提供「米飯配魚」（cheb-ou-jen）這類絕佳海鮮料理。

重要統計數字

● 脫離法國獨立的時間為1960年

● 移居達卡的法國人據估約2萬人

● 德奧多荷‧莫諾非洲藝術博物館（Musée Théodore Monod d'Art Africain）中陳列的非洲文物超過9000件

● 達卡大清真寺（Dakar Grand Mosque）宣禮塔的高度為67公尺

● 非洲最高的雕像──備受爭議的非洲復興紀念碑（African Renaissance Monument）──花費2720萬美金

● 官方語言有五種：法語、沃洛夫語（Wolof）、富拉語（Pulaar）、朱拉語（Jola）和曼丁哥語（Mandinka）。

達卡曾是大西洋兩岸國家的奴隸貿易中心，現在則是一座成功融合法國殖民根源和現代非洲精神的迷人半島城市，擁有林立的高樓與熱鬧的市集，伴隨著非洲鼓聲和宣禮員對祈禱者的召喚聲。

美食地圖

美味可口的米飯小吃店和小型肉攤

‧「米飯和魚」這種傳統的沃洛夫米飯菜餚，是塞內加爾的特色食物。通常以新鮮的魚或魚乾，加上海螺和以辣椒調味的蔬菜。在達卡找找「米飯」（cheb）小吃店──以灌木或木頭為火源與大鐵鍋組成的小型臨時廚房。Le Djembe（地址：56 Rue St-Michel）和Keur N' Deye（地址：68 Rue Vinces）是兩處很受當地人歡迎的餐廳，提供新鮮米飯菜餚。

‧食品市場內的小型肉攤（dibiteries）提供搭配麵包和辣椒醬的新鮮燒烤羊肉、牛肉或肝臟。如果街頭食物不是你的菜，試試Le Seoul II（地址：75 Rue Amadou Assane Ndoye）的洋蔥烤肉（dibi）。

‧嘗嘗塞內加爾許多以小米麵粉為主的食物，包括搭配甜優格一同食用的蒸小米球（chakri）、簡單的小米粥（lakh），或甜點ngalakh（混合小米、花生糊和猴麵包樹果，以橙花水調成甜味）。∎

購物車

達卡藝術：從民間到抽象

塞內加爾雕刻

市場瘋 前往隨意蔓延的桑達加市場（Marché Sandaga，地址：Avenue Pompidou和Avenue du Président Lamine Guèye），尋找出自沃洛夫人（塞內加爾最大族群）之手的手工藝品。木雕是沃洛夫人的特產。桃花心木雕刻而成的雕像，拋光成黑色或棕色，有時裝飾著象牙、牛尾巴、獸角或羽毛。引人注目的沃洛夫陶器以紅黏土製成，裝飾著黑色或白色的圖案。另一個尋找沃洛夫陶器的好地方，是濱海的蘇貝迪烏恩藝術村（Village Artisanal de Soumbédioune，地址：Route de la Corniche Ouest）。

彩繪玻璃 經常以村莊生活或街頭風光為主題，彩繪玻璃藝術（souwere）是一種繪製於窗玻璃背面、明亮且繽紛的畫。這項工藝最初很可能是一種民間藝術，由黎巴嫩（Lebanon）和摩洛哥商人在19世紀末期和20世紀初期引進。「安特納藝廊」（La Galerie Antenna，地址：9 Rue Félix Faure）和「藝術村」（Le Village des Arts，地址：Patte d'oies off Route de l'Aéroport）創意合作商店，是少數展示當地彩繪玻璃藝術家作品的地方。

石頭雕刻 達卡擁有豐富的火山浮石。藝術家把這種柔軟、灰棕色的岩石，雕刻成人像或抽象作品。在達卡西側濱海道路（Western Corniche）沿途的戶外工作坊，可以找到這類作品。■

彩繪玻璃藝術以明亮色彩和鄉村題材為特色，**souwere**在沃洛夫語中的意思是「反面玻璃彩繪」。

葡萄牙
里斯本

一座擁有鵝卵石街道、明亮有軌電車和現代誘惑的迷人歐洲首都

聖喬治城堡（Castelo de Sao Jorge）掌管里斯本最古老的地方行政區域——非常迷人的阿爾法瑪區（Alfama）。

重要統計數字

- 由於一般認為腓尼基人（Phoenicians）定居今日里斯本，讓這座城市很可能是西歐最古老的首都，時間為公元前1200年。

- 構成里斯本的山丘數為7座

- 「貝倫糕點」（Pastéis de Belém）咖啡餐館每日售出的蛋塔約2萬個

- 里斯本許多博物館週日上午的入場費為0元

- 瓦斯科達伽馬大橋（Vasco de Gama Bridge）的長度為17.2公里，居歐洲之冠。

里斯本予人強烈的視覺震撼，綿延起伏於七座山丘上，向下延伸至太加斯河（Tagus）河岸，沐浴在明亮的大西洋光線中。它散發出悠閒的舊世界（Old World）魅力，與繁忙的新世界（New World）活力完美結合。

購物車
難以抗拒的裝飾……和沙丁魚

光滑且漂亮　知名的葡萄牙釉面瓷磚「阿茲雷荷瓷」（azulejo），在里斯本隨處可見，用來裝飾建築正面、教堂、宮殿內部，甚至地鐵站。想找買得起的複製品，可以試試任何一家紀念品店，但要尋找真正的17或18世紀阿茲雷荷瓷，就前往瓷磚按照年分堆疊的「太陽」（Solar，地址：Rua Dom Pedro V 70）。至於高品質的複製品和原創飾板，試試「聖安娜瓷磚」（Azulejos Sant' Anna，地址：Rua do Alecrim 95）的工廠商店，1741年開業，瓷磚完全以手工製作，並且非常樂意安排寄送服務。

搶購沙丁魚　沙丁魚在里斯本深受喜愛。光顧「里斯本魚罐頭專賣店」（Conserveira de Lisboa，地址：Rua dos Bacalhoeiros, 34），挑選包括沙丁魚魚子醬和魚凍在內的125種罐頭。迷你酒吧「太陽和魚」（Sol e Pesca，地址：Rua Nova do Carvalho 44）出售五顏六色的沙丁魚罐頭。■

葡萄牙的阿茲雷荷瓷

貝倫塔

以當地開採的「利歐茲」（Lioz）石灰岩興建，這座發光的塔樓傲然聳立，如同一則葡萄牙地理大發現時期的傳奇。在過去500年間，貝倫塔（Tower of Belém）的身分不斷改變，然而因它優雅地坐落於太加斯河的北岸，具有象徵地位，成為葡萄牙人最喜愛的哥德式古蹟遺跡之一。•四層樓高的塔樓興建於1514到1520年之間，作為里斯本防禦設施的一部分。•起初興建於一座就位在岸邊的岩石島嶼上，後來因沿海土地開發，把它和歐洲大陸連在一塊。•在漫長的歷史中，貝倫塔曾被當成要塞、監獄、海關大樓、電報站和燈塔使用。•這座塔樓曾是多趟地理大發現之旅的起點。•1983年被指定為世界遺產，並於2007年成為「葡萄牙七大奇景」之一。•不要錯過守護海員的「平安返鄉聖母」（Our Lady of Safe Homecoming）雕像，以及西歐藝術中的首座犀牛雕刻。■

貝倫塔令人回想起葡萄牙曾是偉
大航海國家的全盛時期

美食地圖

港口城市的美味：海鮮和舒芙蕾

帶殼的水生動物是啤酒屋菜單中最精采的部分

・葡萄牙的人均吃魚量居世界各國之冠，當地的啤酒屋（cervejarias）能滿足內行海鮮食客的需要。想吃最棒的龍蝦和明蝦，前往市中心以北的「拉米諾啤酒屋」（Cervejaria Ramiro，地址：Av. Almirante Reis, 1），或是以海鮮料理和洋溢藝術氣息的阿茲雷荷瓷磚裝潢聞名的「三位一體啤酒屋」（Cervejaria Trindade，地址：Rua Nova de Trindade, 20c）。尋找當代美食變化，試試時髦的Sea Me（地址：Rua do Loreto, 21），壽司和燻沙丁魚、鯖魚等葡萄牙魚類在此相遇。

・最值得一試的，是葡萄牙的上等「鱈魚」（bacalhau）。在供應絕佳「炸鱈魚球」（pastéis de bacalhau）、沒有過多裝飾的Tasca do Jaime（地址：Rua Sao Pedro, 40）中，在現場演唱的葡萄牙法朵（fado）音樂熱情的旋律中，和當地人摩肩接踵。外觀長得像舒芙蕾（soufflée）的「焗烤鱈魚派」（bacalhau espiritual）值得你在「老廚房」（Cozinha Veiha，地址：Largo do Palácio）花45分鐘排隊。迷你的Ti Natercia Restaurante（地址：Rua das Escolas Gerais, 54）提供家常菜，包括以鱈魚、奶油和辣椒做成的酥皮點心「鱈魚酥」（bacalhau folhado）。

・擁有美味食物且裝潢令人愉快的簡單小酒館（taberna）再度恢復流行。占地廣大的「1300小酒館」（1300 Taberna，地址：Rua Rodrigues de Faria 103），在羊、鴨當然還有魚等葡萄牙主食的烹調方式上，採取比較年輕的做法。「托斯卡小酒館」（Taberna Tosca，地址：Praça de São Pauloo, 22）的過人之處在於小吃（petiscos），小吃可說是葡萄牙版的西班牙下酒小菜，「理想小酒館」（Taberna Ideal，地址：Rua da Esperança, 112）的小吃也是一絕。■

空間既大且深的「1300小酒館」，以令人耳目一新的現代化傳統葡萄牙料理聞名。

從聖露西亞教堂（Santa Luzia church）的露臺欣賞
阿爾法瑪區的紅瓦屋頂。

美國華盛頓州
西雅圖
發達的網路與豐富的戶外生活形成令人興奮的組合，蓬勃發展而且腳踏實地

夏季時，每週舉辦的「啤酒罐競賽」（beer can races），使得聯合湖（Lake Union）上布滿帆船和通常全副武裝的船員。

重要統計數字

● 市立公園和露天空地共2205公頃，略超過所有土地面積的10%。

● 第一輛行動義式濃縮咖啡車出現在1980年，位於單軌鐵路下方。

● 船屋約500間，1930年代則有超過2000間。

● 西雅圖人擁有圖書館借書證的比例為80%，居全美之冠。

● 陰天數為每年226天

● 「星巴克」每10萬人中就有23家，為全美比率最高。

● 長榮浮橋（Evergreen Point Bridge）長2.3公里，為全世界最長的浮橋。

從不乾燥的西雅圖，名列全世界教育程度最高、最活躍、更不用說最多咖啡因飲料的城市。這個愈來愈多高科技新創公司的嶄新後微軟世代，把這座長青鎮改造成世界級的創造力中心。

祕密景點

多雨且多怪事

夫利蒙（Fremont）社區自稱為「宇宙中心」，沒有任何一種創業金援的湧入，可以抹除這個社區的古怪景象。一枚聳立於某棟建築物屋頂的1950年代飛彈，醒目地展示著該社區的格言：「人人皆有特立獨行的自由」（De Libertas Quirkas）。36街的一道橋梁底下，一隻水泥巨怪抓住了一輛福斯金龜車（Volkswagen Beetle）；六尊鋁製人像（和一隻鋁製狗）等待著永遠不會到站的有軌電車。四處悠閒漫步，是領會這個社區獨特氛圍的最佳方式。

儘管西雅圖的天氣通常很涼爽，但這裡還是有幾座頗受歡迎的沙灘，例如巴拉德（Ballard）的金園（Golden Gardens），以及位於西雅圖西邊（West Seattle）、提供絕佳天際線全景的阿爾凱沙灘（Alki Beach）。如果你不想人擠人，可以前往一座祕密沙灘。退潮時，一片點綴著貝殼的海岸將出現在秀秀灣小艇碼頭（Shilshole Bay Marina）附近。你只能以划乘小艇的方式抵達那裡。■

金園公園

太空針塔

為1962年世界博覽會而建的太空針塔（The Space Needle），不僅是歷史遺跡，同時也在向美好未來致敬。這座184公尺高的塔樓曾是密西西比河（Mississippi）以西最高的建築體，也是這座思想勇於超越當代的城市既優雅又明白的象徵。• 建

造時間只花了一年多，使它贏得「400日奇景」（The 400 Day Wonder）的美名。• 這座塔樓在天氣炎熱的日子，會長高0.25公分。• 太空針塔完工三年後，一場強烈的地震撼動了西雅圖。針塔回報的問題僅有水從馬桶中潑灑出來，因為它足以對抗震度直達9.1級

的地震而完整無缺。• 從地下層前往塔頂可步行848級的階梯，或搭乘一趟為時43秒的電梯。• 在塔頂興建一座鸛巢的計畫被迫放棄，因為鸛鳥無法在西雅圖潮溼的氣候狀況下生存。■

西雅圖的派克市場（Pike Place Market）是美國西北方農產品的集中地。

西雅圖的滋味：大西洋的慷慨贈予

一座屬於咖啡迷的城市

• 有其他料理可以跟西雅圖料理相提並論嗎？結合豐富的天然食材與泛太平洋風味，使西雅圖的食物健康且獨一無二。「馬刺」（Spur，地址：113 Blanchard St.）為西北方的戶外風格增添美食酒吧的刺激——如放在小片烤麵包上的紅鮭魚開胃小點（cockeye salmon crostini）。晚餐俱樂部「經文」（Sutra，地址：1605 N. 45th St.）提供豪華的五道式素食盛宴，菜色善加利用了州內各種植物；「海象與木匠」（The Walrus and the Carpenter，地址：4743 Ballard Ave.）以有趣的方式把本區物產提升到另一個境界，例如鮮干貝泥和調味豌豆藤。若想模仿本地人的飲食習慣，就點一份不起眼的照燒：這種西雅圖實際上的官方午餐隨處可見，特別是在朝氣蓬勃的大學大道（University Avenue）上。

• 在西雅圖，你總是離水不遠，由此可以推論：你將會發現令人驚喜的海鮮。在暢飲酒精飲料的「歡樂時光」時段，前往「艾略特生蠔屋」（Elliott's Oyster House，地址：1201 Alaskan Way）坐坐，你會發現已經去殼的豐盛帶殼類海鮮。在Etta's（地址：2020 Western Ave.）捲起你的袖子、把手探進蛤蜊桶裡。以各色醬料爆炒的粵式珍寶蟹（Dungeness crab），是國際區（International District）中「海洋花園」（Sea Garden，地址：509 7th Ave. S.）的焦點。在Shiro's（地址：2401 2nd Ave.）壽司店試試象拔蚌（一種原產自本區的象鼻狀大蛤）生魚片。Tanglewood Supreme（地址：3216 W. Wheeler St.）提供季節性美味佳餚，例如阿拉斯加海扇蛤或是長鰭鮪魚肉條。■

鹹水雙殼貝類，太平洋的產物。

明尼亞波利斯

美國明尼蘇達州

明尼亞波利斯

一座友善、迷人的美國中西部中心，同時也是洛磯山脈東部大草原（the Plains）的文化首都

很上鏡的卡胡恩湖（Lake Calhoun）湖岸，對散步者和慢跑者來說是熱門自然景點。

重要統計數字

- 公園170座、占地2243公頃，全美排名第一的最佳綠地城市。

- 沃克藝術中心（**Walker Art Center**）的創立時間為1927年，美國上中西部歷史最悠久的公共藝廊。

- 位在明尼亞波利斯郊區布隆明頓（**Blooming-ton**）的美國購物中心（**Mall of America**）裡的商店超過520家

- 湖泊數共22座

- 前往姊妹市聖保羅（**St. Paul**）市中心的開車距離為16公里

- 航線公里數為13公里

這座上中西部的中心擁有評價相當高的生活品質，以及頂尖的劇團、運動隊伍和欣欣向榮的藝術圈。居民一有機會，就愛在市內的各地溜冰、騎腳踏車和泛舟。

祕密景點

市區划船和文藝之旅

遼闊的密西西比河從明尼蘇達州展開前往墨西哥灣漫長且蜿蜒的旅程，為遊客提供划槳穿越這座城市知名水道的機會。都市運動用品商Above the Falls Sports（地址：120 3rd Ave. N.）為悠閒的明尼亞波利斯泛舟之旅，提供船隻和導遊。

這座城市知名的沃克藝術中心（地址：1750 Hennepin Ave.）絕對值得拜訪，不過還有許多比較少為人知的藝文角落。逛逛「球屋」（The House of Balls，地址：212 3rd Ave. N, Suite 108），你可以摸摸那裡的雕刻並提供意見。若是受到啟發而有了靈感，不妨自己動手創作藝術品：在提供吹管和安全玻璃的「博泰玻璃」（Potekglass，地址：2205 California St., N）吹製作品。■

一座全球和國產食物的中西部中心

食街『這座城市巧妙命名的餐飲區』店家所賣的壽司

‧你可能知道，砂鍋菜（casserole）被明尼蘇達人稱為「熱菜」（hotdish）。「炸薯球熱菜」（Tater Tot hotdish）是一道深受喜愛的變化砂鍋菜。想品嘗以別致手法製作的這道主食，前往一語雙關的「高級菜」（Haute Dish，地址：119 Washington Ave. N.），它的「炸薯球高級菜」（Tater Tot Hautedish）以牛肝菌、牛小排和四季豆等額外食材為特色，肯定讓美食家滿意。也別錯過這家的「罐裝肉卷」（Meatloaf in a Can），會搭配蘑菇、肉汁、蔬菜和「搗碎器」一同食用。

‧忘了有關中西部食物平淡無奇的刻板印象。明尼亞波利斯是一座世界熔爐，走一趟食街（Eat Street）就能證明這一點。這個橫跨17條街的商業區，集中在南明尼亞波利斯的尼可洛特大道（Nicollet Avenue）上，吸引旅客前往、感受便宜且風味無窮的用餐體驗，德國、希臘、馬來西亞、加勒比海、日本、西藏和越南料理都一應俱全。想擁有難忘的民族風味飲食體驗，就拜訪附近中城全球市場（Midtown Global Market）裡的「遊獵特快車」（Safari Express，地址：920 E. Lake St.），品嘗美式東非佳餚：搭配著薯條一同享用的駱駝肉漢堡。∎

尼可洛特大道兩旁林立著熱門餐館，包括「冰庫」（Icehouse）。

趣聞

終將成功

1970年代熱門電視情境喜劇「瑪麗‧泰勒‧摩爾秀」（The Mary Tyler Moore Show），讓這座城市永垂不朽，劇中描述一位單身明尼亞波利斯電視記者的生活。直至今日，粉絲仍會模仿這位女演員歡樂的開場片段；把帽子拋向空中──這個經典動作被一尊市區青銅雕像（地址：700 Nicollet Mall）永久保存下來；或者拜訪肯伍德公園大道（Kenwood Parkway）2104號，據說是瑪麗在這部劇中前五年居住的家。

最後一幕

向「表演者長眠處」（Showmen's Rest）的馬戲團和流動遊樂場工作人員致敬，萊克伍德墓園（Lakewood Cemetery）中有個專區，獻給這些戶外娛樂產業的老手。紀念碑的墓誌銘說明一切：「沒有環繞燈光的摩天輪閃爍整個寧靜的夜晚。鳥語取代了大聲攬客者和旋轉木馬的喧嘩聲。帳棚布已被疊起、存放遠處，如今，我們沉沒在沒有陽光的世界。」

靜得發瘋

位於歐菲爾德實驗室（Orfield Labs）中的消音室，吸收了99.9%的聲音，讓它成為《金氏世界紀錄》（Guinness World Records）中全世界最安靜的地方。這間房間的背景噪音測量，低於人類耳朵可以處理的最小音量，讓人感覺非常迷惑，因此很少有人能忍受超45分鐘的無聲寂靜。有關參觀資訊，寫信到：info@orfieldlabs.com。∎

古巴
哈瓦那
一座充滿藝術氣息、熱情且非常迷人的加勒比海首都

多虧19、20世紀的建築法令，舊哈瓦那（Old Havana）的巴洛克式和新古典主義建築結構大部分仍維持原貌。

重要統計數字

- 經典美國車款數量估計6萬輛，引進於1960年美國對古巴施行貿易禁令以前。

- 冰淇淋供應：古巴冰淇淋界的「權威」——Coppelia——每天為超過2萬5000名顧客提供服務，店內每球冰淇淋只賣4分美金。

- 呈現菲德爾‧卡斯楚（Fidel Castro）面容的雕像數為0

我的城市：伊莉安‧蘇亞雷斯

我可以應付機場壓力——漫長的辦理登機手續隊伍、緊湊的轉機行程，以及幽閉恐懼症——這一切都是為了準備前往新的地方和接觸不同文化。如今，我回來了。時間、飛機、迷惑、轉機、辦理登機手續、壓力，和一個問題：「我為什麼回來？」哈瓦那挑起了我內心對於不確定感的著迷……

計程車沿著波耶洛斯大道（Avenida Boyeros）迂迴前行，我一數再數我們好幾代人平日共同生活的房舍，例如為古巴人提供古巴食物的家庭餐廳（paladar）。這些小型的家庭企業出現在每個社區——它吸引著精打細算而非尋求美味食物的人。如果精緻美食是你的目標，我建議你去位於哈瓦那中央區（Centro Habana）的「巢穴」（La Guarida）或維達多（Vedado）區的「工作室」（Atelier）。

午夜是屬於尼古丁和酒吧的時光！我在維達多區的「波西米亞」（Bohemio）、「牧歌」（Madrigal）和哈瓦那舊城（Habana Vieja）的El Chanchullero之間舉棋不定。最後，

「波西米亞」勝出！約魯巴族（Yoruba）風之女神——奧雅（Oyá）——吹過它敞開的大門，我可以大方點燃H. Upmann雪茄，一旁啜飲蘭姆酒和雞尾酒的客人並不會覺得困擾，他們高興地大聲宣布遠離網路世界的藝文活動。（喔，網際網路，我多麼想念你！愛連線上網的不良嗜好再度浮現。）他們提供了情報給我：各式各樣的爵士樂手在維達多區的梅拉劇院（Teatro Mella）演奏；「古巴當代舞蹈團」（Danza Contemporánea de Cuba）在「國家劇院」（Teatro Nacional，地址：Plaza de la Revolución）演出；艾齊奎耶爾·蘇亞雷斯（Ezequiel Suárez）在維達多區的「哈瓦那藝廊」（Galería Habama）舉辦展覽。我想隨口胡謅說「I.A.」（由我共同創立的電子音樂雙人組）將在哈瓦那舊城的國立藝術博物館（Museo Nacional de Bellas Artes）演出，但我沒有，而是示意要結帳買單。

再度返回家鄉，我沿著全世界數一數二漂亮的道路「海堤大道」（Malecón）散步。四周瀰漫著海洋的氣息！沿著海堤大道漫遊，可以體驗所有哈瓦那最棒的事物——步行甚至比開車還要來得更好。在這裡可看到古巴的原型，海堤保留了島嶼的習性，就像鹽從海中而來。它同時也是各種建築、聲音、氣味、公園、歷史遺跡、飯店、商店、漁夫、情侶、哈瓦那中央區「聶魯達咖啡餐館」（Café Neruda）之類的餐館，以及哈瓦那舊城的聖荷西市場（Feria de San José）這類吸引遊客和古巴人的藝術和手工藝市集的家。此外，海堤大道對那些穿著舊運動鞋小心翼翼繞過崎嶇礁石、沿著「海岸」（Playa）玩玩水的人來說，或是在東方海岸（Playas del Este）的梅加諾（El Mégano）海灘赤腳游泳的人而言，是一個入口。海堤大道在20街（Calle 20）到達盡頭，引誘我們繼續朝山上出發，跌進維達多區「自由古巴」（Cuba Libro）文學咖啡館和英語書店中一張有樹蔭的吊床。

計程車司機看著我，問我是不是古巴人，「是的！」我承認。他說他是一位來自卡馬圭（Camagüey）的57歲律師。「這是你第一次旅行嗎？」「不是」我回答。「每次我在機場載到古巴人，都會問：你為什麼回來？」我們已經知道原因了。儘管如此，我還是問他：「我應該付你多少錢？」

伊莉安·蘇亞雷斯（Iliam Suárez）是古巴女演員、電影剪接師，以及古巴電子音樂雙人組「I.A.」的共同創立者。她是古巴年度「電子音樂節」（Pro-electrónica Festival）的概念、藝術和音樂總監。■

東方海岸不像其他的古巴海灘有那麼多的遊客。

「你已經收集了這座古老城市的老舊陽臺和陰涼角落的影像……
遊客動身穿越街道和社區的時刻已經來臨，展開他們對這座城市的探索。」

——在哈瓦那長大的瑞士小說家阿萊霍·卡彭鐵爾（Alejo Carpentier，1939年）

海堤大道

海堤大道通常是任何一趟古巴之旅的第一站（和最後一站）。無論你來自何方或是怎麼來到這裡——歷經幾十年的海外流放、首次拜訪的遊客，或是在某個炎熱夏夜緊緊纏繞的情侶——都難以抗拒這道哈瓦那海堤的魅力。闊別古巴40年之後，知名美國戰地記者瑪莎‧蓋爾霍恩（Martha Gellhorn）說：「在哈瓦那的第一個早晨，我站在海堤大道旁，因對這座城市的鄉愁而泫然欲泣。」海堤大道將近8公里長。古巴人設計、美國人建造，1901年動工、1959年落成。海堤大道有一段延伸了八個街廓的路，被稱為「華盛頓大道」（Avenida Washington）——這可說是歷史遺物，源於革命前美國大使館坐落於此。這座海堤的暱稱包括「哈瓦那沙發」（Havana's sofa）以及「銀色金屬光澤布」（silver lamé）。冬季時，洶湧的波浪頻繁拍擊著這道牆，迫使濱海道路關閉。釣魚、接吻、打情罵俏和寫歌，競爭著海堤大道上最受喜愛的消遣。■

購物車

雪茄、蘭姆酒和倫巴舞

哈瓦那的日常必需品：蘭姆酒和雪茄。

來根雪茄 古巴世界知名的哈瓦那雪茄（Habanos）可以在下列地點選購：提供導覽行程的「帕塔加斯皇家雪茄工廠」（Real Fábrica de Tabacos Partagás，地址：Industria #520, 位於Barcelona和Dragones兩條街間）、擁有舒適酒吧兼抽菸室的「哈瓦那雪茄之家」（Casa de Habano，地址：5ta Avenida & Calle 16），以及展現1920到1930年代禁酒令時期風格的「里維拉飯店」（Hotel Riviera，地址：Paseo，海堤大道轉角）。除了挑剔的重度愛好者以外，一般人普遍認為：在「阿圖埃咖啡館」（Café Hatuey，地址：Avenida 41和Calle 10的轉角）這類自助餐廳裡出售的每支4分美金的雪茄，味道還算不錯。

奔往蘭姆酒 古巴也以蘭姆酒著稱。儘管「哈瓦那俱樂部」（Havana Club）享有品牌知名度，最滑順、好喝的主流蘭姆酒還是聖地牙哥牌（Santiago）。在「蘭姆酒博物館」（Museo del Ron，地址：Avenida del Puerto #262）參與導覽行程，並品嘗古巴主要的蘭姆酒，或是直接前往「雙梔子花」（Dos Gardenias，地址：7ma Avenida，28街轉角）的市場，尋求更廣泛的選擇。純粹為了好玩，試試古巴受歡迎的廉價蘭姆酒Planchao，以特殊利樂包（Tetra-Pak）方式四處販售。

城市之聲 哈瓦那是一座徹頭徹尾的音樂之都。你可以在下列幾處地點選購CD：La Habana Sí（地址：Calle L，Calle 23的轉角）、美麗華音樂之家（Casa de la Música Miramar）中CD同樣賣得非常便宜的「唱片」（Album）音樂商店，或是比較貴但擁有一系列出色選擇的機場免稅商店（地址：José Martí International Airport, Terminal 3），把洋溢熱帶風情的音樂帶回家。∎

這座城市樂音飄揚，從街頭的原聲吉他旋律，到哈瓦那大劇院（Gran Teatro de la Habana）中的世界級表演。

小說介紹

《塞西莉亞・巴爾德斯》（Cecilia Valdés）
西里洛・比利亞維德著（Cirilo Villaverde，1882年出版）
這部古巴經典名著以1830年代的哈瓦那為背景，描述一位奴隸商人的私生女兼女僕，愛上她同父異母的（白種人）兄弟，某些人認為這本小說是古巴版的《湯姆叔叔的小屋》（Uncle Tom's Cabin）。

《哈瓦那特派員》（Our Man in Havana）
格雷安・葛林著（Graham Greene，1958年出版）
一部有關外國情報工作的諷刺作品，發生在古巴的巴蒂斯塔（Batista）獨裁統治時期，這本小說以喜劇方式剖析冷戰期間的諜報戰略。

《愛狗的男人》（The Man Who Loved Dogs）
萊昂納多・帕杜拉著（Leonardo Padura，2009年出版）
帕杜拉被譽為「古巴版」的艾爾莫・李歐納（Elmore Leonard，美國知名犯罪小說家），這部巨著探索了黑暗的20世紀歷史，包括騷動的1970年代到今日的哈瓦那。

古巴療癒食物和民族風味

玉米薄餅皮中塞滿調味濃郁的蔬菜燉牛肉

・內行的遊客就知道，有米飯、沙拉和任選一道蛋白質主食（豬肉、雞肉、蝦子或魚）的小餐盒（cajitas），是哈瓦那最佳的用餐選擇。在「女房東」（Las Dueñas，地址：Calle 19 #1102，位於14街和16街之間）或El Chanchullo（地址：Calle 17 #1357，位於24街和26街之間），盡情享用售價1到3美元的餐點。

・傳統古巴菜餚包括蔬菜燉牛肉（ropa vieja）、墨西哥粽（tamales），以及有「克里歐美食」（comida criolla）之稱、搭配王蘭（yucca）食用的烤豬肉。這是一種看似簡單卻很容易搞砸的食物，但溫馨的「歐提米亞太太」（Doña Eutimia，地址：Callejón del Chorro #60-C）或El Buganvil（地址：Calle 190 #1501，位於15街和17街之間）絕對不會令你失望——提早24小時通知（尤其人數眾多時），店家會用肉叉為你燒烤豬肉，並準備好各式配菜。

・若你厭倦了米飯、豆子、豬肉和披薩，不妨造訪哈瓦那其中一家新開的民族風味餐廳。「貝都因人」（El Beduino，地址：Calle 5 #607，位於四街和六街之間）提供道地的炸豆丸子（falafel）和以切碎的乾小麥、香芹、番茄、洋蔥等做成的塔布勒沙拉（tabbouleh），以及令人誤以為置身中東綠洲的用餐環境；至於Los Compadres（地址：Calle 66A，位於41大道的轉角）則專攻高檔墨西哥食物，想要更有氣氛，可在黃昏時於屋頂用餐。■

隱密的哈瓦那：浪漫情調、藝術和休息與娛樂

巴黎、威尼斯這些城市是浪漫的代名詞，哈瓦那則讓許多人感動求婚。可以在日本庭園（Jardín Japonés，地址：Malecón & Calle 22）的珊瑚和貝殼迷宮中，讓求婚儀式變得更加難忘；在迷人的「幸運咖啡館」（Café Fortuna，地址：3ra, 28街轉角）雙人浴缸中啜飲葡萄酒；或在莫羅城堡（El Morro，地址：面對哈瓦那灣）的燈塔觀景臺併肩凝望哈瓦那的天際線。

只要發現六位藝術家，你就能發掘不為人知的一面，哈瓦那以遍布這座城市的開放式工作室，具體表現這句格言。尋找以奇特手法詮釋古巴「改革運動倡導者」何塞・馬蒂（José Martí）的作品，直奔畫家兼雕刻家卡密爾・布洛迪・羅德里格茲（Kamyl Bullaudy Rodríguez）工作空間的「五號工作室」（Estudio 5，地址：Compostela #5，位於Cuarteles和Chacón兩街之間）。想在同一地點欣賞多位哈瓦那最才華洋溢的藝術家作品，包括獨一無二的厄涅斯托・蘭卡尼奧（Ernesto Rancaño），可以前往「米娜藝廊」（La Mina Galleries，地址：Calle Oficios #6，位於Obispo街轉角）。

被太陽晒得褪色的莫羅城堡，守衛著哈瓦那灣的入口。

哈瓦那的某些部分——塞羅（Cerro）和哈瓦那中央區——是最後的「水泥叢林」。想找點涼蔭和靜謐，前往迷人的阿雷蒙達瑞斯公園（Parque Almendares，地址：Acenida 41 & Calle 49C），在河上划船或展開一趟森林徒步之旅；巴列托山生態公園（Parque Ecológico Monte Barreto，地址：7ma Avenida和Calle 70）中可以騎小馬，也提供野餐地點；或是牛仔競技、騎馬、燒烤區和動物園等無所不包的列寧公園（Parque Lenin，地址：Calzada de Bejucal, Arroyo Naranjo）。■

「五分錢小酒館」（La Bode-guita del Medio）的牆面上有布滿留言向海明威等知名訪客致意。

最佳濱海城市

閃閃發光的海景不僅為這些濱海度假勝地提供了背景，也賦予它們節奏

愛沙尼亞舊城塔林（Tallinn）

愛沙尼亞，塔林

塔林位在波羅的海地區一處風景如畫的地點，是歐洲保存得最完整的中世紀城鎮之一。遊客喜愛在舊城（Old Town）中閒逛，並探索擁有多艘船隻和一艘潛水艇的互動式海事博物館——「列努沙丹水上飛機海港」（Lennusadam Seaplane Harbour）。

以色列（Israel）特拉維夫（Tel Aviv）

以色列，特拉維夫

這座位於地中海地區的現代以色列城市，有大量的海灘淋浴間。歷史悠久的港口雅法（Jaffa），近幾年來因藝廊、咖啡館和餐廳蓬勃發展而煥然一新。

加拿大，聖約翰斯

這座紐芬蘭（Newfoundland）最大城的濱海酒吧飄送著愛爾蘭民間音樂，讓人彷彿置身都柏林（Dublin）。但當冰山漂進港口、鯨魚在岸邊噴水時，聖約翰斯（St. John's）置身邊遠地區的特性就昭然若揭。

澳洲，伯斯

西澳最大城伯斯（Perth）坐落在澳洲大陸的邊緣，充分利用了印度洋的資源。從瑪米昂海洋公園（Marmion Marine Park）很容易就能看到澳洲海獅、瓶鼻海豚和遷徙座頭鯨的蹤影。

南非，德爾班

德爾班（Durban）是非洲大陸最繁忙的海港，這裡的海灘、餐廳和壯觀的濱海步道，融合了非洲與印度的文化和影響。

美國緬因州，波特蘭

這座充滿活力但步調悠閒的城市，同時擁有頂級藝廊和濱海龍蝦小館。但說到它的海洋遺產，或許沒有比喬治·華盛頓批准建造、很適合拍成風景明信片的波特蘭海角燈塔（Portland Head Light）更具代表性的建物。

太平洋的海水湧上聖地牙哥（San Diego）海岸

美國加州，聖地牙哥

當衝浪者為追逐茂伊島（Maui）這側最棒的浪來到太平洋海灘（Pacific Beach），其他人則漫步於木板路上，為了鮮魚墨西哥捲餅停留在簡陋的小館。稍往南邊，搭乘郵輪的旅客下船到非常乾淨的市區閒逛，或參加 1945 年二次世界大戰的中途島號航空母艦導覽行程，它是美國服役時間最久的航空母艦。

法國，馬賽

馬賽（Marseille）這座歷史悠久的海港城市，長久以來一直是大陸之間的十字路口。令人驚嘆的新興歐洲和地中海文明博物館（Museum of European and Mediterranean Civilisations），正是最好的說明。這間博物館的造型像是一個被網格包覆的巨大盒子，遊客可在屋頂坐著欣賞遊艇駛向大海的景觀。

俄羅斯，夫拉迪沃斯托克

夫拉迪沃斯托克（Vladivostok，或稱海參崴）是俄羅斯通往遠東的偏遠之窗，也是俄國太平洋艦隊（Pacific Fleet）的所在地，遊客沿金角灣（Golden Horn Bay）步行時可以看見這支艦隊。它也是知名西伯利亞鐵路（Trans-Siberia Railway）的終點站，起點則為遠在 8050 公里之外的莫斯科。

澳洲，布利斯班

步調悠閒的布利斯班（Brisbane）真是兩全其美：一座時髦優雅的全球城市，容易接近海灘、雨林，甚至全球首座無尾熊保護區。遊客在布利斯班河（Brisban River）上巡遊、探索南岸公園（South Bank Parklands）、攀爬高聳的故事橋（Story Bridge）一覽都市全貌。

只要從濱海的布利斯班穿越雷比灣（Raby Bay），就能抵達受歡迎的假日短途旅行目的地——北斯特拉德布洛克島（North Stradbroke Island）。

波特蘭

這座位於西北太平洋岸的城市喧囂熱鬧，充滿各種奇特的事物

威拉米特河（Willamette River）上的划船手。

重要統計數字

- 啤酒廠共53座

- 火山位在城市範圍內有1座，不過是休火山

- 腳踏車通勤者的比例6%，為全美之冠

- 跨威拉米特河和哥倫比亞河的橋梁共12座（截至2015年底）

- 波特蘭人回收廢棄物的比率為63%，是全美回收率最高的城市之一

- 國際玫瑰試驗園（International Rose Test Garden）培育的玫瑰品種超過500種

隨處可見的快餐車，咖啡館裡坐滿無所事事的人，瀰漫著一種快樂的新文青心態——波特蘭人的生活觀強調及時行樂，凡事不必看得太嚴肅，這種城市氣質是其他地方比不上的。

購物車

獨立、靈巧的波特蘭風格

獨立精神 波特蘭人喜歡走自己的路，會本能地避開全國性的大商號。「鮑威爾的書城」（Powell's City of Books，地址：1005 W. Burnside St.）就是一個極端的例子，這間全世界最大的獨立書店陳列的書籍超過100萬冊。另一個極端則是「安妮‧布魯姆書店」（Annie Bloom's Book，地址：7894 SW Capitol Hwy），這間愜意的小型社區書店有熱心的員工、適合瀏覽書籍的舒適座椅，還有一隻不可或缺的貓。當然也有獨立音樂：「密西西比唱片行」（Mississippi Records，地址：4007 N. Mississippi Ave.）是一間黑膠唱片行，擁有專營在地藝人的自有唱片品牌。

崇尚手作 波特蘭是「自己動手做」運動的先驅，早在手工藝品網路商店平臺「Etsy」出現以前，這裡就已經致力於展現創造力。「俄勒岡藝術和手工藝大學商店」（Oregon College of Art and Craft shop，地址：8245 SW Barnes Rd.）擁有來自學院全體教職員、學生和校友的前衛設計。除了首飾和照片以外，還有織品、手工書和多媒體作品。 ■

美食地圖

大膽的甜甜圈和冰冷的啤酒

· 或許在深夜飲酒作樂是波特蘭人的能量來源，但波特蘭人還是很愛甜甜圈。「巫毒甜甜圈」（Voodoo Doughnut，地址：22 SW Third Ave.）在全美引起了這種古怪圓圈狀甜食的風潮。這間店全天候24小時生產楓糖培根、桂格脆船長麥片（Cap'n Crunch）等各種口味的甜甜圈已超過十年。它的招牌產品是裝滿血紅色覆盆子果醬、插上一根椒鹽餅乾棒的巫毒娃娃甜甜圈。其他甜甜圈店各有各的絕活：「藍星甜甜圈」（Blue Star Donuts，地址：1237 SW Washington St.）供應炸雞甜甜圈，和搭配一小杯君度橙酒（Cointreau）的焦糖布丁甜甜圈。「皮普原創」（Pip's Original，地址4750 NE Freemont St.）以一種塗上蜂蜜和海鹽的甜點，讓甜甜圈保持（相對）單純的模樣。

巫毒娃娃甜甜圈

· 在這個擁有超過50家精釀啤酒廠的城市裡，每個人最愛的地點會因口味而異。你愛印度淡啤酒（IPA）還是拉格啤酒？司陶特（stout）還是皮爾森（pilsner）？到Commons（地址：1810 SE 10th Ave.）的試飲室可以喝到八款桶裝現壓啤酒；Gigantic（地址：5224 SE 26th Ave.）附設啤酒吧，供應玻璃大罐裝啤酒（growler）；Upright（地址：240 N. Broadway）提供法國和比利時風格的農家啤酒。葡萄酒愛好者在這裡也有口福。來自威拉米特谷（Willamette Valley）的知名俄勒岡年輕釀酒師把手藝帶到了波特蘭。「東南葡萄酒集體農場」（Southeast Wine Collective，地址：2425 SE 35th Pl.）提供最新年份的葡萄酒試飲和電影之夜。■

在波特蘭市區可試飲威拉米特谷的葡萄酒。

趣聞

重要的一分錢

波特蘭的名字是靠丟硬幣決定的。當初創建這座城市的艾薩‧洛夫喬伊（Asa Lovejoy）和法蘭西斯‧佩帝葛洛夫（Francis Pettygrove），都想用自己家鄉的名字為這處聚落命名，分別是麻州的波士頓或緬因州的波特蘭。這個歧見最後用擲硬幣決定，那枚現在稱為「波特蘭便士」（the Portland Penny）的硬幣，目前在俄勒岡歷史學會（Oregon Historical Society）展示。

見怪不怪！

如果這裡的街道名稱讓你想起電視節目《辛普森家庭》（The Simpsons），別太大驚小怪。這個動畫影集的創作者馬特‧格朗寧（Matt Groening）就是從他的家鄉汲取創作靈感，許多角色都以本市的街道命名，例如Flanders、Quimby、Lovejoy和Kearney，連辛普森家的地址：743 Evergreen Terrace都是真實存在的。

睡得小

Caravan是全世界首間「迷你屋」飯店，提供遊客全然不同的居住體驗。位於亞伯特藝術區（Albert Arts District）的四個住宿單元，全都不超過19平方公尺，其中包括廚房、全套衛浴，和一個可睡1-4人的房間。■

美國科羅拉多州

丹佛

這座位於洛磯山脈的大都會，為都市生活加上一點戶外氣息

丹佛美術館（Denver Art Museum）前衛的建築立面仿效洛磯山脈的群峰。

丹佛的生活方式非常注重運動與戶外活動，洛磯山就像這座城市的私人遊樂場，擁有吸引滑雪者的度假村，全年都有登山客來此健行。2014 年，丹佛成為全世界第一個可以合法販售消遣用大麻的大都市，使它悠閒的名聲更加響亮。

購物車
丹佛行頭和「一英里高城」的裝備

講究衣著 在丹佛就要穿西部服裝，而這座城市有不少可以讓你好好治裝的地方。「洛磯山牧場服裝」（Rockymount Ranch Wear，地址：1626 Wazee St.）位於現在很潮的下城區，以1940年代發明、方便穿脫的壓扣襯衫著稱。（昔日顧客包括貓王、知名音樂人巴布・狄倫、披頭四成員保羅・麥卡尼，以及搖滾歌手布魯斯・斯普林斯廷。）「哭泣寶貝牧場」（Cry Baby Ranch，地址：1421 Larimer St.）出售昂貴的「自由」牌（Liberty）尖頭手工牛仔靴，你想得到的顏色都有，另外還有經典的牛仔帽和皮帶。

整裝上路 丹佛是一座屬於戶外愛好者的城市，也是以折扣價買到野外裝備的好地方。在Wilderness Exchange Unlimited可以找到清倉拍賣品，以及寄售的Gore-Tex外套和背包等；Sports Plus（地址：1055 S. Gaylord St.）專攻二手和全新的高爾夫球、網球等多種運動器材。■

醫療用（和消遣用）的大麻

今昔之比

米茲帕拱門

高聳的米茲帕拱門（Mitz-path Arch），又稱「歡迎拱門」（Welcome Arch），是丹佛知名的迎賓門，這張照片攝於1910年，是它在美國獨立紀念日當天正式揭幕後的第四年。這道橫跨第17街的拱門，名稱來自希伯來文的單字，形容分隔兩地者彼此之間的情感連結。這道代表友善的拱門以64噸的鋼鐵興建，掛有2194顆燈泡（根據歷史學者的說法），但到了1931年已不再受人歡迎，因危害交通而難逃被拆除的命運。

如今，丹佛的現代門戶是丹佛國際機場，離這道著名拱門的位置約40公里遠。不過，每逢每年的12月假期，群眾依然會聚集到聯合車站（Union Station）來，此時車站大樓和附近建築物會閃爍著超過50萬顆高效節能LED燈，光明璀璨的散步道沿第16街的徒步林蔭大道延伸出去，穿越下城區往四面八方放射開來。∎

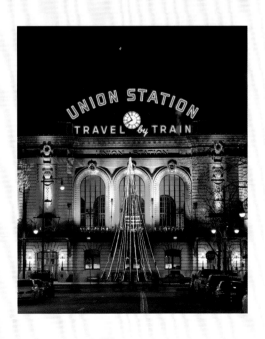

在拉里默廣場（Larimer Square）選購
洛磯山區的時髦商品。

祕密景點

藝術和弓背的野馬

克里弗德‧史提爾博物館（Clyfford Still Museum，地址：1250 Bannock St.）藏有2000件這位美國抽象藝術家的作品。史提爾一生拒絕出售作品，只打算幾乎全數留給任何願意為他的作品成立專屬藝廊的城市。有好幾個城市參與競標，結果由丹佛得標，隨後賣出四件作品，籌得1億1400萬美金成立這間博物館。

美洲野牛不再成群在美國大平原上漫遊，不過牧場飼養的野牛在市內的餐廳裡還吃得到。在裝飾有575件動物標本、槍枝和舊西部文物的丹佛最古老餐廳「巴克霍恩市場」（Buchhorn Exchange，地址：1000 Osage St.），或是改造成1830年代貿易站的「堡壘」（The Fort，地址：19192 Colorado Hwy, 8），都能品嘗到精瘦的野牛肉。

丹佛機場那座有三層樓高、弓背躍起的的亮藍色野馬，從2008年設置以來一直是一件阻礙交通、令人不敢置信的公共藝術作品。並不是每個人都喜歡這匹高大的種馬。它的名稱叫做〈藍色野馬〉（Blue Mustang），綽號是「藍魔王」（Blucifer）和「撒旦的駿馬」（Satan's Steed）。不過它還是有不少擁護者，而且還有一個臉書粉絲專頁。■

9.8公尺高的《藍色野馬》

克里弗德‧史提爾博物館展示著這位已故抽象表現主義藝術家（幾乎）完成的作品。

丹佛「5月5日節」（Cinco de Mayo）慶祝活動上千
變萬化的色彩

十大 高海拔旅遊城市

這群高踞在半空中的城市各有獨特的驚人美景。

西藏拉薩的布達拉宮

中國西藏，拉薩

拉薩位於海拔 3650 公尺，是十大高海拔旅遊城市中位置最高的。建於 17 世紀的布達拉宮是達賴喇嘛從前的家，像一幅巨大的佛教卷軸般懸浮在拉薩上方。

葉門・沙那（Sana'a）

葉門，沙那

中東海拔最高的首都，也是全世界最古老、一直有人居住的城市之一，大約建立於 2500 年前。沙那舊城是聯合國教科文組織的世界遺產所在地，以充滿幾何圖案裝飾的泥磚住宅而聞名。

祕魯，庫斯科

印加帝國昔日首都庫斯科（Cusco）以美洲豹的外形設計規畫，西班牙殖民教堂和印加神廟與宮殿遺跡並肩而立，城市風格充滿鮮明的對比。

納米比亞，文胡克

納米比亞首都文胡克（Windhoek）坐落在喀拉哈里（Kalahari）和那米比（Namib）沙漠間一片海拔 1707 公尺的乾旱高原上。這處偏遠的南非白人殖民地，在 1990 年獨立後，發展成一座繁榮的現代城市。

不丹，辛布

來到辛布（Thimphu）彷彿回到很久以前的這個喜馬拉雅王國，可欣賞中世紀宮殿，以及伴隨擊鼓、跳舞和可怕面具的佛教慶典。市內築有防禦設施的 17 世紀寺院是不丹政府的所在地。

墨西哥，聖米格爾阿連德

聖米格爾阿連德（San Miguel de Allende）隱藏在墨西哥市西北方乾旱的山區，這裡放蕩不羈的氣氛和舒適的高地氣候，從 1930 年代就吸引了國內外藝術家和作家前來。

不丹的面具

奧地利，因斯布魯克

奧地利，因斯布魯克

因斯布魯克（Innsbruck）是 1964 和 1976 年兩屆冬季奧運的主辦城市，周圍都是滑雪場和滑雪板運動的斜坡。中世紀時代的舊城區充滿商店和咖啡館，還有巴洛克式宮殿可一窺消失已久的哈布斯堡王朝。

美國新墨西哥州，聖塔非

聖塔非（Santa Fe）和美國最早的殖民地詹母斯鎮創建於同一年（1607 年），是美國海拔最高（2213 公尺）、年代最老的州首府。這座瀰漫藝術氣息的知名城市以山頭終年積雪的基督聖血山（Sangre de Cristo Mountains）為背景，融合了西班牙、印第安和現代美國傳統。

衣索比亞，阿迪斯阿貝巴

黛杜·貝圖爾皇后（Empress Taytu Betul）1886 年決定在神聖的恩托托山（Mount Entoto）旁興建一座皇宮，有「衣索比亞高地之后」之稱的阿迪斯阿貝巴因而誕生。這裡也是非洲聯盟和其他組織的總部，被稱為「非洲的日內瓦」。

厄瓜多，基多

基多（Quito）是拉丁美洲保存最完善的西班牙殖民城市，整個舊城都是聯合國教科文組織的世界遺產。基多位於海拔 2850 公尺的安地斯山（the Andes），剛來的人常有吸不到空氣和頭痛的症狀。

基多，安地斯山上的魅力之地

匈牙利

布達佩斯

多瑙河上的明珠之一，結合了過往的形象與現代的娛樂。

漁人堡（Fishermen's Bastion）聳立在
多瑙河上方，露臺上燈火通明。

重要統計數字

● 布達（Buda）和佩斯
（Pest）雙城合而為一
的時間為1873年

● 布達佩斯市內跨越多瑙
河的橋梁共8座

● 溫泉數123個

● 塞切尼溫泉浴場
（Széchenyi baths）中
兩座最大浴池的面積為
1510平方公尺，是歐洲
最大的藥用浴池。

● 米其林星級餐廳（在本
書出版時）共41家

● 菸草街猶太會堂
（Dohány Street Syn-
agogue）可容納人數
為2964人，是全世界最
大的猶太會堂之一。

● 原子筆初次引進的時間
是1941年，在布達佩斯
國際博覽會（Budapest
International Fair）上。

布達佩斯曾是哈布斯堡王朝紈褲子弟的休養之地，它事實上是兩座城市：布達與佩斯，被多瑙河一分為二的。這個分隔情況讓布達佩斯顯得有點與眾不同：東方遇上西方，過去遇上未來，王室的顯赫遇上洋溢波希米亞風情的路邊咖啡館。

美食地圖

難以抗拒的布達佩斯式療癒食物

● 在當地小餐館（etkezde）吃得到的那種便宜、美味的匈牙利食物，都是出自一個簡單的概念：紅椒燉肉（goulash），一道以紅辣椒粉（Paprika）調味的燉肉。想吃以正統方式烹調的紅椒燉肉，推薦Kárpátia（地址：Ferenciek tere 7-8），這裡從1877年就開始供應匈牙利和外西凡尼亞地區的特色菜，包括紅椒燉鯉魚和匈牙利紅椒湯。它是附近少數視素食者為一個族群的

以紅辣椒粉調味的紅椒燉肉

餐廳之一，每晚還有吉普賽和民俗音樂表演。Spinoza（地址：Dob utca 15, 1074）是傳統的匈牙利路邊咖啡館，可以在此享受一整個下午看人的樂趣，一邊享用紅椒燉牛肉和店內自製的德國麵疙瘩（späzle）。這裡也有現場音樂表演、一間劇場和藝廊，一次滿足民眾的藝術愛好。想找更時髦的餐廳，可到裝飾了枝狀吊燈的米其林星級餐廳Onyx（地址：Vörösmarty tér 7-8），這裡有全新詮釋的紅椒燉肉。■

今昔之比

鏈橋

首座連接布達和佩斯的永久性石橋：塞切尼鏈橋（Széchenyi Chain Bridge），於1840年開始興建，歷時近10年完工，啓用時是全世界跨度最長的吊橋之一，因為懸吊橋身的是巨大的鐵鏈，因而得名。

第二次世界大戰即將結束時，節節敗退的納粹炸斷了多瑙河上的每一座橋梁；當時的鏈橋也只剩下橋墩，粗大的鏈條癱軟在河裡。

重建工程幾乎馬上展開，1949年11月20日，鏈橋再度舉行落成典禮，正好是它首次啓用的100周年。

如今，這座橋幾乎隨時都在舉辦夏日節慶和派對。在布達這側的克拉克·亞當廣場（Clark Adam Square），可以搭乘纜車登上城堡山（Castle Hill）；在佩斯這側的塞切尼·伊斯特萬廣場（Széchenyi Istvan Square）可通往幾個時髦的市區，包括茲里尼街（Zrinyi Street）徒步區。■

羅馬天主教的聖伊斯特萬聖殿（St Stephen's Basilica，或稱「聖史蒂芬大教堂」）兼具新古典主義設計和文藝復興特色。

購物車

布達佩斯尋寶：從紅辣椒到瓷器

不只紅辣椒 到任何一家雜貨店都能買到匈牙利知名的暗紅色辣椒粉。儘管如此，本市最大且歷史最悠久的市場：中央市場（Great Market Hall，地址：Vámház körút 1-3），是在布達佩斯尋找紅辣椒的絕佳起點。你會找到六種紅辣椒粉，用便於攜帶的漂亮小袋子包裝，以及小罐裝的紅辣椒醬，全都產於匈牙利南部。此外這座龐大的新哥德式建築物裡還有許多匈牙利工藝品和紀念品，不過真正吸引人的是可以帶回家的食品：香甜的托凱葡萄酒（Tokaji）和巴林卡白蘭地（pálinka）、手工巧克力、紅辣椒乾和杏仁蛋白糖（marzipan）甜點。

旋律之城 布達佩斯是古典音樂的搖籃之一（知名作曲家兼民族音樂學家巴爾托克（Bartok）和柯大宜（Kodály）都是匈牙利人），擁有延續至今的豐富音樂遺產。「弗蘭茲・李斯特音樂商店」（Liszt Ferenc Zeneműbolt，地址：Andrássy utca 45）是一間令人驚奇、歷史悠久的音樂商店，專營散

赫倫窯廠的瓷器

譜、CD和有關匈牙利音樂傳奇的書籍。Hungaroton唱片公司每年發行約150張新專輯，在布達佩斯設有暢貨中心（地址：Rottenbiller utca 46）。

易碎發現物 想找較高檔的商品，「赫倫瓷器」（Herend Porcelain）讓你有機會和哈布斯堡家族使用同樣的餐具用餐。赫倫窯廠生產極為精緻的手工彩繪瓷器，許多圖案從這家公司1826年剛開始生產器皿開始就沒有改變過。很多商店都買得到赫倫的瓷器，不過想拿到最優惠的價格就要到工廠直營店，例如位於約瑟夫納多爾廣場11號（József nádor tér 11）的門市。∎

紅辣椒、甜椒和其他色彩繽紛的匈牙利物產，裝滿布達佩斯中心中央市場的貨攤。

趣聞

神祕作家

《匈牙利事蹟》（Gesta Hungarorum）一書記載歐洲黑暗時期早期的匈牙利歷史，作者的身分、性別都不詳，只能被認定為佚名。豎立在布達佩斯沃伊達奇城堡（Vajdahunyad Castle）前方的一尊神祕雕像，是現代作家的聖地，他們相信只要觸碰這尊雕像的筆就能提升文采。

益智遊戲發明人

當魯比克・厄爾諾（Ernő Rubik）1974年發明魔術方塊時，他正在布達佩斯應用藝術學院（Budapest College of Applied Arts）授課；1980-1982年間，大約賣出了1億個魔術方塊。

電影祕密

儘管名稱叫做《布達佩斯大飯店》（The Grand Budapest Hotel，2014年上映），這部電影卻是在德國而不是匈牙利拍攝。但導演魏斯・安德森（Wes Anderson）表是他是以布達佩斯的格勒飯店（Hotel Gellért）為藍本，創造出電影中這處虛構的住所。想真正一窺布達佩斯，請看尼姆洛德・安塔爾（Nimród Antal）2003年執導的驚悚喜劇《地鐵迷宮》（Kontroll）。∎

奧地利

維也納

一座充滿文化、甜點和咖啡館的舊大陸天堂

維也納知名的購物街格拉本大道（**Graben**）

重要統計數字

- 維也納中央墓園 （Vienna Central Cemetery）裡的墳墓 共33萬座，包括貝多芬 的墳墓

- 維也納的舞會每年超過 450場

- 人民公園（Volksgarten）裡的玫瑰品種有 400種

- 聖斯德望主教座堂（St. Stephen's Cathedral）的階梯共343級

- 著名的維也納摩天輪 （Riesenrad Ferris）的 高度為65公尺

- 博物館超過100家

迷人的維也納從莫札特時代起即擁有輝煌的文化，到處都是優雅的音樂廳和誘人的餐館，維也納在這方面至今依然獨步全球市場。但除了這些，這裡還有波西米亞社區、新潮的餐廳和前衛的展覽。

美食地圖

從出色的維也納炸牛排到必訪咖啡館

- 奧地利國菜維也納炸牛排（Wiener schnitzel）是必嘗美食：把小牛肉拍打成薄片，裹上麵包屑炸到酥脆，然後搭配一瓣檸檬享用。每一間小酒館（beisl）的菜單上幾乎都有這道菜。不過維也納炸牛排愈大愈好：百年歷史的Figlmüller（地址：Wollzeile 5）保證他們的炸牛排直徑將近30公分。 • 體驗維也納的咖啡館文化，「中央咖啡館」（Café Central，地址：Herrengasse 14）是一間不受時光影響的經典咖啡館；「蘭德曼咖啡館」（Café Landtmann，地址：Universitätsring 4, A-1010）從1873年開始就是政界人士經常出沒的地方；「德梅爾咖啡館」（Demel，地址：Kohlmarkt 14）以裝滿甜點、令人驚奇的櫥窗誘惑眾人。別忘了嘗嘗蘋果卷（apfelstrudel），以薄如紙張的奶油酥皮，層層包裹著軟嫩的蘋果和葡萄。 ∎

維也納的內與外

維也納富麗堂皇的國家歌劇院

最接近18世紀維也納的方法，是到市內的任何一座中庭（Pawlatschen）去，這是居民聚集、做一些日常瑣事的地方。辛格街（Singerstrasse）和巴克街（Bäckerstrasse）沿途就有幾座這類隱密（但不禁止公眾進入）的中庭。

選一個晚上去聽歌劇是來到維也納不能錯過的體驗，但是如果來不及訂票，也可以參加雄偉的國家歌劇院（State Opera House）的後臺導覽行程，夏季也可透過歌劇院外的大螢幕免費欣賞歌劇直播。

維也納歷史悠久的食品和跳蚤市場：**納緒市場**（Naschmarkt，地址：Rechte Wienzeile 35），週六可能人滿為患，所以不妨在跳蚤市場區歇業的平常日，跟著維也納的家庭或餐廳廚師前來採買當地蜂蜜、風味獨特的油和醋，以及奧地利甜點。■

在納緒市場品嘗少量生產的油和醋

小說介紹

《將熊釋放》（Setting Free the Bears）

約翰・歐文著（John Irving，1968 年出版）

歐文的多部小說以他求學的地方――維也納為背景。《將熊釋放》是他的第一本小說，故事發生在 1960 年代動亂的維也納社會，書中人物策畫解救維也納動物園裡的動物。

《永恆之街》（The Forever Street）

佛雷德利・莫頓著（Frederic Morton，1984 年出版）

對主角柏瑞克・史匹耶傑格拉斯（Berek Spiegelglass）來說，19 世紀的維也納原本只是個荒涼的吉普賽營地，後來一小塊傳說中耶路撒冷哭牆（Wailing Wall）碎片改變了他的人生。莫頓透過這個猶太家庭探討了維也納 60 年的歲月。

《畫吻》（The Painted Kiss）

伊莉莎白・希奇著（Elizabeth Hickey，2005 年出版）

在 19 世紀維也納生氣蓬勃的咖啡館和歌劇院之間，年輕的艾蜜莉・弗洛吉（Emily Flöge）認識了畫家古斯塔夫・克林姆（Gustav Klimt）。書中希奇重新想像兩人的這次相遇，構成一段維持了一生的關係，並促使克林姆畫出《吻》這幅傑作。■

佛羅倫斯

一場文藝復興的盛宴，伴隨著令人愉悅的現代繁榮

聖母百花大教堂磚紅色的圓頂俯瞰整個佛羅倫斯

重要統計數字

- 一般認為凱撒大帝建立佛羅倫斯的時間是公元前59年

- 布魯內勒斯基（Brunelles-chi）的主教座堂上使用的紅磚共400萬個，是全世界最大的紅磚灰泥圓頂

- 烏菲茲美術館（Uffizi）每年售出門票160萬張，是當地人口的四倍有餘

- 波波里花園（Boboli Gardens）面積為45公頃

我的城市：詹姆斯・M．布拉德伯恩

我不是佛羅倫斯人，但是在這裡生活了八年以後，我覺得佛羅倫斯是我的城市。儘管如此，我還是能以外國人的眼光來看它。每一次我從橋上跨越亞諾河（Arno）時，都有一種戀愛的感覺，彷彿再度愛上了自然、藝術和建築間完美的和諧。

佛羅倫斯是一座濃縮的城市，我到哪裡都用走的，只要提防騎腳踏車的人，還有看到布魯內勒斯基的大圓頂（cupolone）時別看到出神就行了；這是體驗這座城市最好的方法。不過，除非你在清爽的黎明時分就出來散步，否則很難有獨處的機會。佛羅倫斯是一塊文化磁鐵，也就是說你很難不注意到遊客的存在，特別是如果你住在這裡的話。

佛羅倫斯真正的性格展現在更細緻的紋理中，不在諸如烏菲茲和學院（Accademia）等熱門的美術館內。我喜歡一再重訪規模較小的博物館，例如藏有喬托（Giotto）、馬薩其奧（Masaccio）和菲利皮諾・利皮（Filippino Lippi）畫作的霍恩博物館（Museo Horne）

，或者收藏了令人印象深刻的盔甲和日本藝術品的斯蒂伯特博物館（Museo Stibbert）。我特別喜歡帶領遊客越過亞諾河，前往巴迪尼博物館（Museo Bardini）參觀唐那提羅（Donatello）、圭爾奇諾（Guercino）的作品，以及知名的青銅野豬噴泉《小豬》（Porcellino）的原作，它的鼻子被每天路過新市場（Mercato Nuovo）的遊客摸得亮晶晶。這一區還有全世界最棒的訂製香水商「羅倫佐·維洛雷西」（Lorenzo Villoresi），他的工作室結合了煉金術士的實驗室和藥房。

儘管不乏奢侈品牌，佛羅倫斯依舊是一處蓬勃發展的傳統手工藝中心。像帕里翁涅街（Via del Parione）上的「野牛」（Il Bisonte），它的皮件就是「義大利製」的範例（我每次旅行一定帶著我的「野牛」小背包），至於附近的「維斯康蒂」（Visconti），則仍在製造非凡的手工筆（我擁有超過一打）。

我以前也是遊客，曾經為了佛羅倫斯牛排而一再光顧Trattoria Sostanza、Coco Lezzone或Ristorante Nataliano等餐廳。現在既然都住在這裡了，我就會去聖安布羅奇奧市場（Sant' Ambrogio market）附近的Ristorante Cibrèo，主廚法比歐·皮奇（Fabio Picchi）是「慢食運動」的發起人之一，因此菜餚非常道地、美味，當然也都是用本地食材。當季的番茄果凍美味得不可思議。想要體驗道地的佛羅倫斯的話，我會到馬路對面皮奇的另一間餐廳Teatro del Sale去，傳奇的皮奇在這裡的開放式廚房中大展廚藝，之後還有戲劇或音樂可以欣賞。

然後還有斯特羅齊宮（Palazzo Strozzi），這是我在佛羅倫斯最喜歡的地方（不過因為我是這裡的館長，我承認我有私心），它是佛羅倫斯的「新文藝復興」的象徵之一，因為這裡有絕妙的現代展覽，而且是舉辦音樂會、放映會、演講和教育活動的中心，又是由Caffè Giacosa經營的時髦咖啡館，可以喝到本市最美味的義式咖啡。

能住在這個文化聖地的核心，並擁有一份自己喜愛的工作——人生夫復何求？

詹姆斯·M·布拉德伯恩（James M. Bradburne），英國－加拿大建築師、設計師和博物館學家，他的代表作包括世博展覽館、科學中心和藝術展。2006年，他成為佛羅倫斯最主要的文化中心斯特羅齊宮的館長。■

Ristorante Cibrèo主廚法比歐·皮奇

「現代旅客之所以對佛羅倫斯感到惱怒，因為它面對享樂原則毫不妥協。它堅定不移、直截了當，沒有神祕感、也不奉承，沒有俗麗的裝飾——沒有哥德式的花邊或巴洛克式的卷飾。」

——瑪莉·麥卡錫（Mary McCarthy），《佛羅倫斯之石》（The Stones of Florence，1956年出版）

地標

米開朗基羅的《大衛》

米開朗基羅的這件名作1504年公開亮相時引發轟動。《大衛》本來是為了裝飾大教堂講壇上的壁龕而作，最後卻被放在舊宮前面，成為共和國的自由象徵。這件作品優美、傑出，而且巨大，最能代表文藝復興時期對藝術和智性的渴望。• 米開朗基羅收到的這塊大理石是另外一位藝術家雕過的，主題也是《大衛》。那位雕刻家覺得這塊大理石有瑕疵而不願繼續。• 近517公分高的《大衛》是從古代到當時為止最大的裸體雕像，證明文藝復興時期佛羅倫斯的藝術表現已經超越了古希臘和羅馬。• 雕像原本預定放置的位置很高，不容易看清楚，所以米開朗基羅放大了頭和脖子的比例。• 《大衛》的頭髮原本是鎏金的，但雨水把黃金沖掉了。• 1527年的一場暴動中，有人從舊宮的窗戶拋出一把椅子，打斷了《大衛》左手臂的三處地方。■

佛羅倫斯尋寶 —— 從吃的到穿的

精緻的硬石鑲嵌作品「花」

最佳皮革 走在時尚的托納波尼路（Via de' Tornabuoni）上，不難想見義大利戰後的設計風潮就是從佛羅倫斯開始的，包括Gucci（地址：No.73r/81r）、Roberto Cavalli（地址：83r）、Pucci（地址：No.20-22/r）和Salvatore Ferragamo（地址：No.16）。從義大利中世紀詩人但丁（Dante）的年代起，佛羅倫斯人的皮革就很出名。可到聖十字修道院（Monastery of Santa Croce）的皮革學校（Scuola del Cuoio）欣賞他們工作的情形，然後到Casini Firenze（地址：Piazza de Pitti）尋找靴子和包包，在Davide Cerasi（地址：Lungarno Acciaiuoli 32/r）尋找男士和女士外套。

佛羅倫斯原創 這座城市的文藝復興傳統「硬石鑲嵌細工」（pietra dura）依舊蓬勃發展，手工藝匠在美術學院附近的Scarpelli（地址：Via Ricasoli 59/r），生產從桌子到複雜精細的首飾等各式各樣的物品。要找輕一點的東西，可到歷史悠久的Baccani（地址：Via della Vigna Nuova 75r），挑一張佛羅倫斯的老照片。

托斯卡尼美味 佛羅倫斯的美食殿堂「中央市場」（Mercato Centrale，地址：Via dell' Ariento 10）建於1874年，滿滿都是值得你打包回家的托斯卡尼橄欖油、橄欖、義大利麵和香料，和美味的野餐食物；要找松露和乾蘑菇可到Conti的攤位。亞諾河對岸的Fiaschetteria（地址：Via dei Serragli 47/r）是尋找特別的布魯奈羅葡萄酒（Brunello）或特級托斯卡尼佳釀的好地方。∎

學徒在皮革學校接受鞣皮藝術的訓練

招牌牛排、海鮮和酒精飲料

味道強烈的「內格羅尼」調酒

・傳說中的佛羅倫斯牛排是一種兩根手指頭厚的炭烤丁骨牛排，取自托斯卡尼的契安尼納牛（Chianina），這可能是全世界最古老、體型最大的品種。中央市場旁的「馬里歐小酒館」（Trattoria Mario，地址：Via Rosina 2）總是供應半熟的、以重量為單位的佛羅倫斯牛排，而聖塔瑪莉亞諾維拉大教堂（Santa Maria Novella）附近的「蘇斯坦薩小酒館」（Trattoria Sostanza，地址：Via del Porcellana 25），從1869年就已開始供應煎得滋滋作響的厚片牛肉。

・佛羅倫斯的招牌街頭美食第一次吃的人可能不太習慣，佛羅倫斯式牛肚（trippa alla fiorentina）或牛肚包（lampredotto，來自母牛第四個胃的），搭配一個蘸了肉汁的硬皮小圓麵包，和加了很多酸豆的爽口綠色沙拉。上午到 L'Antico Trippaio（地址：Piazza dei Cimatori）、Orazio Nencioni（地址：Loggia del Porcellino，在新市場旁），或是中央市場裡的Da Nerbone，和擁擠的人潮一起逛，這裡還有非常美味的水煮牛肉三明治「帕尼尼」（panini）。

・1919年，卡密尤・內格羅尼伯爵（Count Camillo Negroni）要求「卡松尼咖啡館」（Caffè Casoni，也就是今天的Caffè Giacosa）的酒保弗斯科・史卡塞利（Fosco Scarselli），改良一下他最喜愛的調酒「美國佬」（Americano，成分是金巴利酒（Campari）、甜苦艾酒、蘇打水和檸檬）變得更好喝。史卡塞利以琴酒取代蘇打水，以柳橙取代檸檬，於是佛羅倫斯人最愛的調酒「內格羅尼」（Negroni）誕生了；如今在它時髦的誕生地Caffè Giacosa咖啡館（地址：Via della Spada 10/r和Piazza degli Strozzi 1），依然喝得到最棒的內格羅尼。■

隱密的廣場和宮殿

走個幾分鐘的路，就能逃離佛羅倫斯的石造市中心。從聖福廣場（Piazza di Santa Felicità）出發沿著科斯達聖喬治路（Costa San Giorgio），可走到本市保存最好的祕境之一：安靜、最近重新整修的巴迪尼花園（Giardino Bardini），建於1309年，有階梯式草坪、雕像和一條運河。附近的觀景城堡（Fortezza di Belvedere）可欣賞壯觀的美景。沿亞諾河河岸往西走，可前往昔日梅迪西家族的酪農場，也就是今日綠意盎然的Le Cascine公園，這裡深受當地人喜愛，適合慢跑和野餐。

佛羅倫斯豐富的歷史包含了許多驚喜。中世紀的舊宮和寫下《君主論》的馬基維利相當登對，他曾在這裡的一間辦公室工作；宮殿裡充滿隱密的通道、階梯和房間──可以參加「祕密通道」（Secret Passages）導覽入內參觀。另有歷史悠久的諾維拉聖母香

巴迪尼花園，一處遠離城市、撫慰人心的靜僻之地

水製藥廠（Officina Profumo Farmaceutica di Santa Maria Nouvella，地址：Via della Scala 16），創立於1612年，至今仍販售以古老配方調製的靈丹妙藥。在聖靈教堂（Santo Spirito）稍作停留，米開朗基羅曾在這裡的停屍間研究過大體，並捐贈他一件早期作品《耶穌受難》（Crucifixion）木雕作為答謝。■

中世紀的舊橋優雅地橫跨在
亞諾河上。

斯德哥爾摩

一座閃閃發光的老城，以充滿創意的方式詮釋現代生活

舊城（Gamla Stan）的景觀

重要統計數字

- 組成斯德哥爾摩的島嶼有14座

- 7月的平均日照時間為19小時20分鐘

- 1月的平均日照時間為6小時40分鐘

- 住在距離綠地300公尺以內的居民占95%

- 愛立信球形體育館（Ericsson Globe Arena）的直徑為110公尺，是全世界最大的半球體建築。

斯德哥爾摩坐落在一系列相連的島嶼上，有一望無際的城市和水灣風光。在海岸環境和大量公園之間，這座瑞典首都的一流城市景點總是離自然美景不遠。

祕密景點

戶外活動

從高處體驗斯德哥爾摩之美。南城（Södermalm）區的攝影博物館（Fotografiska，地址：Stadsgårdshamnen 22），頂樓的小酒館可以欣賞舊城全景，值得一探。同樣在南城區的還包括不遠處的Fåfängan Café（地址：Klockstapelsbacken 3），位於一處峭壁頂上，需要穿越一條陡峭的道路才能抵達，不過可以飽覽深遠的海景，非常值回票價。看過高處的風景之後，下山回到地面，參觀斯德哥爾摩的眾多公園、水域和滑雪場。冬季時，斯德哥爾摩人會前往哈馬爾比巴肯（Hammarbybacken）滑雪場的斜坡和滑雪板公園。想找比較冷門的綠地，可造訪動物園島（Djurgården）島，這裡有濃密的樹林、滿是鴨子的水道，以及一座腳踏車道迷宮；最精采的地方是有機花園「玫瑰花園」（Rosendals Trädgård）。■

生猛的斯德哥爾摩主食

醃漬鮭魚片佐芥末醬

・有這麼多水穿越、圍繞這座城市，一定找得到絕佳的海鮮。斯德哥爾摩不會讓你對知名的北歐料理感到失望。在舊城區的史都瑞廣場（Stureplan）上，以及位居中心、戶外咖啡館林立的國王花園（Kungsträdgården）附近，找間餐廳試試獨特的鯡魚和鱒魚料理。其他必嘗美食包括：「醃漬鮭魚片」（gravlax），以鹽、糖和蒔蘿醃漬保存的生鮭魚，以及「蝦沙拉吐司」（skagen），將檸檬、蒔蘿和美乃滋調味的蝦擺在吐司上。斯德哥爾摩因為夏天短暫而冬天漫長，需要創新的食物保存法，因此很多食物都是醃漬物。

・斯德哥爾摩的另一種蛋白質來源是種類廣泛的傳統肉類料理，包括以碎肉混合蛋、香料和其他食材做成的肉丸（köttbullar）、麋鹿肉排和馴鹿燉菜（沒錯，就是聖誕老公公的那種馴鹿）。推薦Ulla Winbladh（地址：Rosendalsvägen 8）的肉丸，這間餐廳會讓你了解「宜家家居」（Ikea）想要追求的風格。在Bakfickan Djuret（Djuret的意思是「動物」，地址：Lilla Nygatan 5）可品嘗種類繁多的肉類，並搭配葡萄酒。歐斯德瑪勒斯市場大廳（Östermalms Saluhall，地址：Östermalmstorg）是建於1880年代的優美室內市場，在市場內的「B.安德森鳥類及野生動物」（B. Andersson Fågel & Vilt）可品嘗到煙燻麋鹿心和馴鹿義式香腸。 ■

小說介紹

《紅色房間》（The Red Room）
奧古斯特・史特林堡著（August Strindberg，1879年出版）
這部開創性作品，透過一位年輕的波西米亞人阿爾維・法爾克（Arvide Falk）的故事諷刺19世紀的斯德哥爾摩，公認是第一部現代瑞典小說。

《我的夢想城市》（City of My Dreams）
佩爾・安德斯・福格爾斯特著（Per Anders Fogelström，1960年出版）
五部系列小說中的首部曲，故事以斯德哥爾摩為中心，追蹤一個家庭從1860到1880年的發展。這位最重要的當代作家透過窮人的體驗，闡述了斯德哥爾摩的歷史。

《龍紋身的女孩》（The Girl With the Dragon Tatto）
史迪格・拉森著（Stieg Larsson，2005年出版）
斯德哥爾摩發現它的陽光形象，因拉森這本暢銷全球的暴力驚悚小說而永遠變調。《龍紋身的女孩》是這系列描寫性、貪腐和復仇的三部曲小說中的第一部。現在有參觀書中景點的導覽行程。 ■

斯德哥爾摩舊城區和其他社區的戶外咖啡館，是品嘗道地瑞典食物的絕佳地點。

捷克
布拉格

這個號稱「歐洲之心」的城市，在神聖歷史和青春氣息中跳動

位於布拉格中世紀核心區的舊城廣場

重要統計數字

- 尖塔共500座，19世紀初布拉格被稱為「百塔之城」，當時只有103座尖塔。

- 舊城市政廳時鐘建於1410年，據說是全世界目前仍在使用、最古老的天文鐘。

- 啤酒消耗量每年161公升。捷克人的啤酒飲用量顯然是全世界之冠。

我的城市：瑪夏·寇卡

如果我是因循守舊的人，我想我永遠不可能來到布拉格一待就是30年。當你不選擇一般人走的路時，你就能發現布拉格的獨特之處。

「皇家之路」（Royal Way）沿途的哥德和巴洛克式建築令人嘆為觀止，這條3.2公里長的路是當年波西米亞國王的加冕大道，從舊城的火藥塔（Powder Tower）通到布拉格城堡（Prague Castle）。不過站在舊城廣場上，我可以感受到許多看不見的東西就和眼前的東西一樣令我著迷。在卵石路面下方有羅馬式建築遺址，在13世紀時為了防止淹水而被覆蓋。其中可能還有通往遠處城堡的地下隧道遺跡。從那時起，這座廣場就沒有太大改變。那種活生生的歷史感非常強烈。

當你稍微離開遊客出沒的路線，步行前往法蘭茲·卡夫卡（Franz Kafka）過去經常拜訪的「蒙馬特咖啡館」（Café Montmartre）時，也能感受到同樣強烈的近代歷史氛圍。你可

以拜訪瓦茨拉夫‧哈維爾圖書館（Václav Havel Library），哈維爾是捷克前總統，也是我那個時代的偉人，對我來說，一想到他就不能不提「斯拉維亞咖啡館」（Café Slavia），這間位在舊城、靠近伏爾塔瓦河（Vltava River）的咖啡館，在1989年推倒共產主義的絲絨革命（Velvet Revolution）期間曾舉辦過許多政治討論會。「羅浮咖啡館」（Café Louvre）位在國家街（Národní Street）上，幾乎和斯拉維亞咖啡館面對面，留下了文學界和文化界的重要時刻，無論是1920年代還是今天。

布拉格出色的餐廳很多，其中有三間深受我的青睞。中午想快速用餐時，我會拜訪舊城的「鄉村生活」（Country Life），它可不只是一間素食自助餐廳而已。附近的「帝國咖啡館」（Café Imperial），完美展現20世紀早期新藝術的「宏偉」風格。想在更優雅的環境中用餐時，我喜歡前往查理大橋（Charles Bridge）附近一處安靜街角上的「V Zátiší」。

捷克人說，每個人一生中，至少都該拜訪國家劇院（National Theatre）一次。我就用這句話輕鬆說服訪客和小朋友來這裡欣賞芭蕾舞或歌劇表演。對於爵士樂迷，舊城的「烏格爾特爵士藍調俱樂部」（Ungelt Jazz & Blues Club）每晚都有現場演奏，俱樂部這棟建築早在1101年起就已存在，就位在泰恩教堂（Týn Church）後方的烏格爾特中庭（Ungelt Courtyard）裡，每次想到這一點都讓我覺得很了不起。

這一區也是購物的好去處，例如眾所皆知的熱門商店「菠丹妮」（Botanicus），販售全天然的香皂、油、香氛和高品質的茶。

我喜歡在花幾天時間欣賞過城堡和「皇家之路」的壯麗風光後，帶領訪客前往市中心以北的特洛伊（Troja）和植物園（Botanical Gardens）。第一件要做的事，就是在戶外展覽、禮拜堂和葡萄園之間漫步。接著坐下來喝點當地生產的葡萄酒，邊看著伏爾塔瓦河和雄偉的特洛伊堡（Troja Chateau）。

美國作家瑪夏‧寇卡（Marsha Kocab）在布拉格住了30年，著有《無關緊要》（Neither Here Nor There）一書，這本回憶錄描述中歐鐵幕崩解前後的生活。∎

捷克時裝設計師克拉拉‧納德姆林斯卡（Klára Nademlýnská）的作品。

趣聞

幽默消遣

捷克人酷愛黑色幽默，當地的雕塑家大衛‧錢尼（David Černý）像個長不大的調皮鬼，在布拉格的各個角落以令人吃驚的雕塑將這種幽默感發揮到淋漓盡致。錢尼因創作一件指向總統官邸的巨大中指雕塑而聲名大噪。在「盧塞恩購物中心」（Lucerna shopping arcade，地址：Štěpánská 61）可以看到一尊懸掛著的聖瓦茨拉夫（Saint Wenceslas）雕像，這位捷克守護聖人跨坐在一隻上下顛倒的馬上。

布拉格之春

布拉格在焚燒女巫日（Pálení čarodějnic）當天重拾哥德傳統。在代表冬季結束的4月最後一天，民眾會焚燒女巫肖像，令人聯想起現實生活中的女巫獵殺，大膽的觀眾則跳過火堆迎接春天。在佩特任山（Petřín Hill）的活動規模最盛大。

茲科夫電視塔

布拉格到處都是美到令人心碎的建築，在這樣的地方突然看見一座滑稽醜陋的現代電視塔，在城市東側邊緣突出來，簡直讓人有鬆了一口氣的感覺。茲科夫電視塔（Žižkov TV Tower）被稱為「全世界最醜的建築」之一，不過你可以搭乘電梯前往頂樓，欣賞驚人的美景。∎

「布拉格不肯放手……這個乾癟老太婆的爪子可有力了。總有一方要屈服的。我們不得不從兩側——高堡區（Vyšehrad）和城堡區（Hradčany）朝它放火；如此一來我們才有可能脫身。」

——生於布拉格的作家法蘭茲‧卡夫卡

地標

查理大橋

對布拉格這個以連接東歐和西歐為傲的城市來說,與它最匹配的知名景觀當然是一座橋。查理大橋優雅的哥德式結構(裝飾著30尊巴洛克雕像)是中世紀的一項奇景,它不但連接舊城和小城區(Malá Strana),站在橋上還能觀賞布拉格城堡令人讚嘆的景觀。橋的兩側共聳立著30座雕像。這座橋梁從1357年開始建造,但大部分的巴洛克雕像是在17和18世紀加上去的。總長516公尺,大約是五座足球場的長度。觀賞查理大橋(和遠處的布拉格城堡)的最佳位置是在舊城橋塔(Old Town Bridge Tower)。1890年的一場洪水幾乎摧毀了這座橋。2002年的大水災非常接近橋頂,但沒有淹到。傳說為了增加這座橋梁的堅固程度,在灰泥中加入了生雞蛋。■

水晶、牽線木偶和布拉格時尚

布拉格是玻璃和高腳玻璃器皿的聖地

玻璃匯聚之地　捷克的玻璃和水晶以傑出的品質和工藝享譽全球。舊城附近隨處可見水晶專賣店，Moser（地址：Na příkopě 12）可找到優雅的經典設計；由移居當地的美國人開設的「合作社」（Artěl，地址：Celetná 29），專賣捷克水晶設計最傑出的1920-1930年代的複製品。

拉線　手工雕刻的牽線木偶是最有在地特色的獨特禮物。布拉格的木偶表演師雕刻這種玩偶已有幾世紀之久，最受歡迎的角色能喚起人們對中世紀惡魔和女巫的記憶。「木偶製作」（Truhlá Mario-nety，地址：Týnský dvůr）從自己動手做的套裝木偶組合到演奏樂器的甲蟲都有，選擇五花八門。

高級成衣　別忘了布拉格也是時尚之都，儘管它的名氣不如米蘭或巴黎響亮，但年輕的捷克設計師在簡單、消費得起的女性休閒服飾或工作服飾市場闖出了一片天。大部分精品店聚集在舊城廣場附近，例如TEG（地址：V kolkovně 6）、波西米亞人（Bohème，地址：Dušní 8）以及「克拉拉‧納德姆林斯卡」（地址：Dlouhá 3）。■

布拉格處處都是精品店，在舊城廣場附近還有一條「巴黎街」（Pařížská）。

新布拉格料理和露天啤酒

薩瓦咖啡館中美好年代的風格布置襯托著美味的傳統食物

・當地最佳主廚為濃稠易飽的傳統捷克料理帶來一場早該進行的改造，保留豬肉和鴨肉等當地人最愛的食材，不過拿掉油膩的醬汁和黏糊物。想看看改良成果，試試Kalina（地址：Dlouhá 12），總主廚米羅斯拉夫・卡利納（Miroslav Kalina）以巧妙的手法處理野豬肉或小牛胸腺。奧古斯汀飯店（Augustine Hotel）裡的Elegantes（地址：Letenská 12）是另一處供應足以稱作「新布拉格料理」美食的餐廳。

・Vepřo-knedlo-zelo是個俚俗的用詞，口語中常當作一個長單字使用，意思是「烤豬肉、餃子、酸菜」，捷克的國菜。遺憾的是在布拉格能吃到的這道菜都很平庸。想品嘗比較出色的，可試試位於小城區的「薩瓦咖啡館」（Café Savoy，地址：Vítězná 5），或舊城區的「密史脫拉咖啡館」（Mistral Café，地址：Valentínská 11）。

・捷克啤酒（pivo）可說是全世界最棒的啤酒，熱鬧的夏日啤酒園是最佳享用地點。爬上革命街（Revolucni Street）北側盡頭的階梯，就可到達位在萊特納公園（Latná Park）裡的萊特納啤酒園（Latná Beer Garden），公園裡可以散步或溜直排輪，並欣賞下方開闊的舊城全景。位於維諾赫拉迪區（Vinohrady）的Parlament（地址：Korunní 1）也是類似的地方，但啤酒選擇更多。■

伏爾塔瓦河之夜加上布拉格越南河粉

伏爾塔瓦河畔的濱河路（Náplavka），在溫暖的夏日傍晚總吸引數以千計的人，這個充滿活力的區域可聆聽現場演奏，有很多地方可以散步，凝視水面的粼粼波光，或是帶著一瓶當地啤酒和chlebíčky單片三明治，隨處坐下來野餐。

所有1980年代的事物最近再度掀起風潮，包括共產時期簡單的酒吧和餐廳，價格低廉，食物用料實在，啤酒也不錯。在這些復古酒吧用餐可以得到很大的樂趣（而且物有所值），我們最喜歡的是舊城的Lokál（地址：Dlouchá 31），店內一份完美烹調的炸肉片和一杯皮爾森歐克啤酒只要10美金。

越南人是捷克共和國內第三大少數族裔。當你厭倦豐盛的捷克食物時，可前往越南市場「沙壩」（Sapa，地址：Libušská 319/126），在這裡吃得到歐洲境內最道地的越南食物，或是購買香料、香草和小飾品。■

萊特納公園中位置極佳的觀景點

舊城已經跟隨天文鐘的節奏向前
邁進好幾個世紀。

阿姆斯特丹

一座先進而國際化、不斷自我改變的迷人古都。

阿姆斯特丹運河沿岸沐浴在陽光中的露天咖啡館。

重要統計數字

● 腳踏車共88萬1000輛，平均每個居民超過一輛。

● 船屋估計2500間

● 收藏在梵谷美術館中的梵谷素描和畫作數量超過200幅

● 領有販售大麻和其他軟毒品執照的「咖啡店」（coffee shop）超過200間

● 可航行的運河共165條，比威尼斯還多

阿姆斯特丹依舊像一件正值黃金時期、擦得光亮的首飾般閃耀，令人難以置信。你可以沿著運河騎腳踏車，欣賞林立岸邊、擁有三角牆的 17 世紀房舍，或是在國家博物館（Rijksmuseum）中，觀賞公元 1800 年以前的歐洲大師作品。不過，這座非常自負的城市一直都在展望未來，最近剛成為一座前衛設計中心。

祕密景點

五花八門的隱密酒吧和其他場所

稱為「布朗咖啡館」（Brown café）的傳統荷蘭酒吧遍布全城，因為過去酒吧內都被香菸燻成褐色的。坐落在中世紀核心的Café Hoppe（地址：Spuistraat 18-20），擁有貼了鉛線的美麗窗戶、厚重的絨布窗簾，以及據稱全阿姆斯特丹最大的啤酒銷量。Café 't Smalle（地址：Egelantiersgracht 12）位在喬丹區（Jordaan），顧客會把船繫在酒吧的迷你露臺上，點一杯冒泡的啤酒和切丁的古達乾酪。

荷蘭馬術學校（Hollandse Manege，地址：Vondelstraat 140）隱身在枝葉扶疏的馮德爾公園（Vondelpark）內的一條小路上，創立於1744年，是荷蘭最古老的馬術學校。馬廄後方的階梯通往一間咖啡館，可以坐在這裡的露臺上欣賞壯觀的馬匹小跑步的姿態。■

高級荷蘭設計、誘人鬱金香和皇家首飾

持續在花市中延燒的鬱金香熱

居家改造 荷蘭設計創新、實用，充滿諷刺的幽默感，特色非常容易辨認。引領潮流的「卓格設計」（Droog Design，地址：Staalstraat 7b）展示許多令人會心一笑的商品，例如乳牛椅，或是發出高腳杯碰撞聲的門鈴。「摩伊藝廊」（Moooi Gallery，地址：Westerstraat 187）不斷擴張的陳列室，是明星設計師馬塞爾・萬德斯（Marcel Wanders）的創意結晶，他最著名作品的是用吹的來開關的電燈。不甘示弱的「冰凍噴泉」（Frozen Fountain，地址：Prinsengracht 645），在豐富的家具、紡織品和居家飾品之間，擺放了一支時尚的豬型燈。

花的力量 在知名的「水上」花市（Bloemenmarkt）感染一些荷蘭鬱金香熱，這個花市位在鑄幣廣場（Muntplein）附近的辛格運河（Singel Canal）上。「阿姆斯特丹鬱金香博物館」（Amsterdam Tulip Museum，地址：Prinsengracht 116）的鱗莖植物商店中，也出售色彩繽紛、花邊變化多到難以想像的鬱金香品種。

最好的朋友 阿姆斯特丹的珠寶製作工藝從16世紀末就開始發展，處理鑽石的方式很特別。Gassan鑽石廠（地址：Nieuwe Uilenburgerstraat 173-175）位於1897年的淡紅色磚造工廠裡，在這裡可以免費參觀鑽石拋光和切割過程。Coster是另一個歷史悠久且備受推崇的鑽石切割商，1852年時因重新設計英國皇室王冠而聞名，它的精品店（地址：Paulus Potterstraat 2-8）位在國家博物館對面。■

「卓格設計」中強調素色的作品

塞爆這座城市的腳踏車，是荷蘭的魅力元素之一。

最佳
運河旅遊城市

站旁邊點，威尼斯！地球上還有許多其他迷人的世界級水都。

布魯日（Brugge）運河畔閃閃
發光的宏偉中世紀建築

比利時，布魯日

布魯日是歐洲保存最好的中世紀城市之一，市內交織著幾百年歷史的水道，蜿蜒曲折地從石拱橋和階梯狀山牆的房屋下方流過。夜裡，每一樣東西都變得超凡脫俗：古老的塔樓沐浴在金色的光線中，白天鵝像銀色的幽靈從水面滑過。

越南，會安（Hoi An）

越南，會安

會安在 19 世紀之前是個繁榮的貿易港，優雅的建築融合中日特色。在秋盆河（Thu Bon River）上，漁夫駕著傳統竹編圓形籃船（Thung Chai），與現代遊船一同在水上悠遊。

荷蘭，德夫特

德夫特（Delft）的聞名之處除了特殊的藍白雙色瓷器，還有荷蘭最迷人的幾條運河。模糊不清的早晨薄霧，令人回想起荷蘭畫家維梅爾（Vermeer）筆下知名的 17 世紀城鎮和港口風情畫。

埃及，艾爾古納

條條小石橋橫跨艾爾古納（El Gouna）整齊的水道。這個位於紅海的遊艇和潛水度假勝地，是埃及億萬富翁安西．薩維里斯（Onsi Sawiris）的得意工程。幾乎每個照得到陽光的住所，都擁有一小片專屬沙灘。

阿根廷，提格雷

提格雷（Tigre）意思是美洲豹，因為過去這裡有許多美洲豹出沒獵食。它混合高腳屋和殖民式豪宅的獨特風格，吸引附近布宜諾斯艾利斯的遊客週末前來。巧克力色的運河是划船俱樂部熱鬧的練習場。

法國，安錫

清澈如鏡的安錫湖（Lac d'Annecy）是這裡最主要的景點，除了湖景之外還可欣賞別致的柱廊、花團錦簇的橋梁，蜿蜒的運河旁還有砌石碼頭；運河水流到島宮（Palais de l'Isle）即一分為二。

德夫特的房子

葡萄牙的亞未洛
（Aveiro）

葡萄牙，亞未洛

這座號稱「葡萄牙威尼斯」的文藝復興時期港市擁有優美的水道，距離海灘僅幾分鐘的車程。可搭乘色彩鮮豔、造型猶如義大利鳳尾船「貢多拉」（gondola）的莫利塞羅船（moliceiro）在運河上欣賞風景如畫的兩岸景觀。

英國英格蘭，伯明罕

伯明罕（Birmingham）是維多利亞時期熱鬧繁忙的商業中心，因這段歷史留下一座延伸183公里、可能比威尼斯還要長的運河網絡。如今，怎麼拍都漂亮的主線（Main Line）運河上有觀光駁船，週末總是擠滿度假人潮。在河邊的 Tap & Spile 酒吧點一品脫的啤酒，感受往日的情調。

中國，蘇州

蘇州公元前5世紀建立在長江畔，以精美的園林和掛著紅燈籠的水道聞名。蘇州的運河屬於全長1770公里的大運河系統，這是全世界最長的內陸船運航線。運河附近曾有蓬勃的絲綢業。

印度，阿拉普茲哈

在阿拉普茲哈（Alappuzha）這座蒼翠茂密、棕櫚樹遮蔭的南印度城市裡，你可以在運河、潟湖和河口組成的迷宮中漂流好幾天。最好搭乘覆蓋著藤莖、木頭船身的改裝平底船屋（kettuvallam），展開探索旅程。

一艘印度木造平底船屋航行在喀拉拉
（Kerala）與世隔絕的水域中。

紐奧良

美國路易斯安納州

這座重獲新生的「快活之城」，從未喪失它樂在生活的本色

新月城大橋（Crescent City Connection）跨越寬大的密西西比河

重要統計數字

- 2007年起的人口成長率為28.2%，高於全美其他城市

- 節慶每年120個

- 每年的狂歡節（Mardi Gras）遊行花車扔出來的杯子達150萬個

- 「德拉格海鮮餐廳」（Drago's Seafood Restaurants）供應的炭烤生蠔最多每天可達900打

我的城市：德韋恩・布里希爾斯

我在1993年離開紐奧良，打算找個更有發展的地方。離家在外過了五年，我意識到這裡的景物、聲音、氣息、味道、人物和氣氛是無法取代的。沒有比家更好的地方。我們是一個37萬人（把遊客算進來也增減不了多少人）的大家庭，平均只需要一個中間人，就能聯繫起任何兩個互不相識的紐奧良人。我怎麼能不愛它？

這是一座綠意盎然的城市。「濱海」（Esplanade）、「卡洛爾頓」（Carrollton）和「聖查爾斯」（Saint Charles）三條大道，和城裡其他許多街道一樣，兩旁有成排的橡樹，白天提供遮蔭和保護，夜裡增添一抹神祕感。如果這些老橡樹會說話，它們會把對面大樓的哪些祕密告訴我們呢？我們雖然有個地區叫花園區（Garden District），但其實這整座城市就是一個大花園，誰能抗拒忍冬、梔子花、曼陀羅木屬（Brugmansia）、紫薇或夜香木的味道？

每個紐奧良人都愛談論食物，無論是家常菜，還是城裡數以百計的餐廳的某一道美味料理。你怎麼能不吃「Mid-City's Wakin' Bakin'」（供應城裡最美味的培根）的早餐？就算你懶得穿好衣服外出用餐，它還有外送服務。不然到濱水區（Bywater）的鄉村俱樂部

（Country Club）去吃頓可無限暢飲含羞草調酒（mimosa）的早午餐如何？還是到Theo＇s品嘗藍紋乾酪與培根披薩？或者法國區的Yo Mama＇s漢堡（誰知道漢堡和花生醬的味道這麼搭）？在馬里尼（Marigny）的Buffa＇s，可以找到本市最佳的「魯賓三明治」（Reuben，以兩片黑麥麵包夾著鹹牛肉、瑞士乳酪和德國酸菜），晚上還可以聽現場演奏。晚餐呢？可以去Vacherie，推薦淋了Steen甘蔗糖漿的烤半鴨；Olivier＇s，有雪柔媽媽（Mama Cheryl）的「小龍蝦燴飯」（Crawfish Etouffee）；Muriel＇s的海鮮魚湯（seafood Bayoubaisse）……每每想到這些菜色我就口水直流。

這裡有沒有派對季？當然有，事實上全年都是。除夕、第十二夜（Twelfth Night）、狂歡節、法國區音樂節（French Quarter Fest）和爵士音樂節（Jazz Fest），為你暖身過好一整年。我相信城裡大部分的人一定都有一只裝滿道具服的大皮箱。

音樂無所不在。第七區（Seventh Ward）的「最佳範例」（Prime Example）和「岳母酒吧」（Mother-in-Law Lounge），以及位於老城區翠維區（Treme）裡的「燭光酒吧」（Candlelight Lounge）和「克米特的翠維區私酒吧」（Kermit＇s Treme Speakeasy），這幾間都遠離熱門觀光路線，可享受最道地的體驗。如果你想領略紐奧良的各種音樂風格，去法國人街（Frenchmen Street）準沒錯，這裡的「藍色尼羅河」（Blue Nile）、「溫馨海港」（Snug Harbor）、「d.b.a.」、「雪居酒屋」（Yuki Izakaya）和「三個繆思」（Three Muses），都是我常去的地方。如果想要扭扭屁股跳跳舞，聖克勞德大道（St. Claude Avenue）上DJ進駐的Hi-Ho Lounge，或是AllWays Lounge的瘋狂派對，都是首選。還有一些適合所有人的音樂，例如現代爵士鋼琴家艾利斯·馬薩里斯（Ellis Marsalis）、演奏紐奧良傳統音樂的「翠維區銅管樂隊」（Treme Brass Band）、紐奧良靈魂樂之后爾瑪·湯瑪斯（Irma Thomas）、「大山姆鄉村爵士音樂國度」（Big Sam＇s Funky Nation）、歌手兼吉他手的華特·「狼人」·華盛頓（Walter "Wolfman" Washington）……只要問對人就找得到。我們歡迎你來找他們。

德韋恩·布里席爾（Dwayne Breashears）是「WWOZ」的節目總監，他在這個社區資助的爵士和傳統廣播電臺中製播國際性節目：《紐奧良一路現場直播》（New Orleans All the Way Live）。∎

法國區，爵士樂的核心

「紐奧良比起許多我知道的地方，更具體實踐它的文化。它的文化不只是生活的殘餘物，而是生活的一部分。音樂陪伴我們每個重要的人生里程碑：誕生、結婚、死亡。這是我們的文化。」

——出身紐奧良的演員溫德爾·皮爾斯（Wendell Pierce）

從奧爾良的市內有軌電車欣賞沿途景物

盒裝「貝奈特」與無酒精藝術

民俗藝術家鮑伯博士的座右銘

小吃 帶點紐奧良的傳奇料理回家。在「世界咖啡館禮品店」（Café du Monde Gift Shop，地址：1039 Decatur St.）挑選製作方形法式甜甜圈「貝奈特」（Beignet）的現成混合材料，或是他們的名牌罐裝咖啡粉。「享譽全球的紐奧良咖啡館和香料商場」（World Famous N'awlins Cafe & Spice Emporium，地址：1101 N. Peters St.）的貨架上擺滿阿卡迪亞香料和辣醬。要買道地的紐奧良甜點，「莎莉阿姨的果仁糖店」（Aunt Sally's Praline Shop，地址：818 Chartres St.）的各式果仁糖就在你眼前製作；或是在「蘿拉糖果店」（Laura's Candies，地址：331 Chartres St.）稍作停留，可找到攪了焦糖的「密西西比河泥」（Mississippi mud）巧克力。

藝術站 在本市四周的門廊或酒吧裡可以看見：「待人請友善，要不就離開」（Be Nice or Leave）這個無所不在的告示牌，出自民俗藝術家鮑伯博士（Dr. Bob）之手，他以啤酒瓶蓋創作了這幅辨識度極高的繪畫。參觀他在濱水區的工作室（地址：3027 Chartres St.），聽他說說紐奧良奇談。「石頭和版畫藝廊」（Stone & Press Gallery，地址：238 Chartres St.）收藏精緻複雜的網線銅版印刷和20世紀早期的素描。在詹姆斯·麥克羅普羅斯（James Michalopoulos）的同名藝廊（地址：617 Bienville St.）挑選他創作的紐奧良建築畫。■

紐奧良特產，包括方形法式甜甜圈貝奈特的現成混合材料，以及添加菊苣的咖啡。

「快活城」料理：阿卡迪亞療癒食物到河口越南三明治

「豬」餐廳裡的點心，整隻豬都不浪費

· 風靡的阿卡迪亞料理　當地傳統料理來自法式烹飪風格和豐富河口食材，大量使用青椒、洋蔥和芹菜，當地人將這三樣蔬菜合稱為「聖三一」。「豬」（Cochon，地址：930 Tchoupitoulas St.）以精緻的豬肉熟食拼盤、炸短吻鱷和小龍蝦派，提升阿卡迪亞料理的烹調技術。法國區的「B先生小酒館」（Mr. B's Bistro，地址：201 Royal St.）供應的秋葵什錦濃湯（gumbo）用了大量辣味燻腸（andouille），充分發揮了療癒食物的料理精神。從1840年開始，「安東」（Antoine's，地址：713 Saint Louis St.）的法國－克里奧爾料理就一直是深受訪客喜愛的食物，其中包括教宗若望·保祿二世（Pope John Paul II）。

· 越南人的河口　多虧本市活躍的越南社區，越南河粉（Pho）和越南三明治（bánh mì）成為紐奧良的主流用語之一。大多數越南餐廳都位在西岸（West Bank）的小越南區，「牛頭灣河粉」（Pho Tàu Bay，地址：113 W. Bank Expy.）是其中最知名的。備受推崇的名店「東芳麵包店」（Dong Phuong Bakery，地址：14207 Chef Menteur Hwy.）根據印尼的法式傳統，製作出非常酥脆的法式長棍麵包和散發奶油香氣的牛角麵包。更靠近市中心的「商店咖啡館」（Magasin Café，地址：800 Louisa St.），擅長當地人稱作越南版「窮男孩」（po' boys）的潛艇堡三明治，以及世界其他地方最受歡迎的街頭食物。■

後街僻巷

運河街（Canal Street）上一尊真人尺寸大小的伊內修·萊里雕像，讚揚《笨蛋聯盟》一書中令人難忘的主角。這尊頭戴禦寒耳罩招牌獵帽的青銅像從2002年開始目瞪口呆地看著路過的人。因為有惡作劇的人好幾次想要偷走它，每年嘉年華期間它都被搬到安全的地方保存。

你可能會在會展中心（Convention Center）附近意外發現一棵以油桶做成的人造樹，頂端懸掛著一棟名為《垃圾屋》（Scrap House）的小木屋。藝術家莎莉·海勒（Sally Heller）以2005年蹂躪全城的卡崔娜颶風留下的殘骸打造這一整件作品，紀念風災受難者。

就算設陷阱捕獸的法國毛皮捕手早已不存在，你還是可以在紐奧良划獨木舟。可以到城市公園旁歷史悠久的聖約翰牛軛湖（Bayou St. John）區租一艘船，一邊划一邊欣賞沿途的歷史建築和墓園，全程約6.5公里。■

《垃圾屋》紀念卡崔娜颶風的受難者。

今昔之比

法國區

愈是改變，愈維持不變……紐奧良以保存建築奇景的方式紀念豐富的歷史，法國區就是其中出色的例子。裝飾華麗的克里奧爾房子，和任何一位漂亮的南方佳麗沒有兩樣，不只經得起時間的考驗，隨著歲月的增長（配合一點外觀拉皮），甚至變得更加動人。

這張照片攝於1929年，一個男孩坐在一口大桶子上，旁邊的簡陋法式殖民建築內是一間啤酒廠。（這類建築如今只有一小部分保存下來，包括本區18世紀的「拉菲特打鐵舖」（Lafitte's Blacksmith Shop），這是全美國目前作為酒吧使用的建築中最古老的。）他身旁的四輪運貨馬車屬於當地的「標準咖啡」（Standard Coffee）公司所有，這間公司持續獨立營運，直到2012年才被收購。

法國區中完美整修的19世紀房子最明顯的特徵就是寬敞的鍛鐵陽臺，在這些陽臺上吹吹涼風、欣賞本區歷史美景再適合不過。∎

美好的時光在波旁街（Bourbon Street）上流動

美國內華達州
拉斯維加斯
在這座霓虹燈和亮片構成的堡壘中，腎上腺素全年無休

百樂宮飯店（The Bellagio）的水舞上演一場精心編排的出色夜間奇觀

重要統計數字

● 建城時間1905年，在一座1855年建立的古摩門教（Mormon）堡壘附近

● 賭博合法化的時間是1931年

● 每年的賭博稅收超過62億美金

● 飯店和汽車旅館的房間數15萬436間

● 每年在拉斯維加斯結婚的夫妻數估計10萬對

● 每年會展場次1萬9029場

● 最高建築同溫層飯店（Stratosphere Hotel and Tower），是密西西比河以西最高的建築之一，高度350公尺

● 教堂和猶太會堂數超過500間

很少有一座城市像拉斯維加斯這樣，有人熱愛，也有人深惡痛絕。這座位於內華達州沙漠中的猖狂綠洲，擁有比其他城市更離奇的過往，混雜著摩門教傳教士和黑手黨、古怪的百萬富翁和亡命賭徒——這些人全被一個憑空出現的集體夢想吸引而來。

美食地圖

回溯維加斯：雞尾酒和「鼠黨牛排」

• 1950年代，歌星法蘭克・辛納屈、狄恩・馬丁和全能藝人小山米・戴維斯等人組成知名的「鼠黨」（Rat Pack），在這個年代開始營業的經典餐廳至今仍深受老維加斯人的喜愛。鼠黨成員都是「黃金小公牛」（Golden Steer，地址：308 W. Sahara Ave.）的常客，這間餐廳的招牌菜是海陸大餐、厚片牛排和紐約客牛排（New York strip）。「鮑伯・泰勒的原始牧場平房和晚餐俱樂部」（Bob Taylor's Original Ranch House & Supper Club，地址：6250 Rio Vista St.）也是鼠黨聚集的巢穴，供應以牧豆樹燒烤的烤肉，吃得下一整塊32盎司「鑽石吉姆・布雷迪牛排」的人有免費甜點招待。「皮耶羅的義大利餐廳」（Piero's Italian，地址：355 Convention Center Dr.）是1995年電影《賭國風雲》的拍攝地點，它的義大利麵非常適合搭配奇安提（Chianti）葡萄酒。

• 拉斯維加斯以雞尾酒和精通調配雞尾酒的酒保聞名。當地知名的雞尾酒包括：百樂宮飯店（地址：3600 S. Las Vegas Blvd.）的熱情芒果貝里尼（Mango Passion Bellini）、法蘭基的夏威夷風情酒吧（Frankie's Tiki Room，地址：1712 W. Charleston Blvd.）的提基強盜（Tiki Bandit）、復古的「市中心調酒酒吧」（Downtown Cocktail Room，地址：111 S. Las Vegas Blvd.）的血和沙（Blood and Sand）、永利飯店（Wynn，地址：3131 S. Las Vegas Blvd.）的鳳梨莫希多（Pineapple Mojito），以及路克索飯店「飛行酒吧」（Luxor's Flight Bar，地址：3900 S. Las Vegas Blvd.）的吸入和呼出（Inhale and Exhale）。∎

今昔之比

夫利蒙街（別號「閃亮峽谷」）

當初有人說：要有光！而且必須是霓虹燈的光（最初展示於1910年）。1948年，就在賭博合法化，以及內華達州離婚法案鬆綁17年後，這條街就以好玩、又有機會快速贏錢為號召，開始綻放光芒，因此號稱閃亮峽谷（Glitter Gulch）。夫利蒙街（Fremont Street）是拉斯維加斯的主要街道，過去聚集了許多親切的商店、飯店、酒吧和小型賭場。

後來數以百萬計的資金投入，霓虹燈和快速致富的希望開始令人炫目。閃亮峽谷每年賭博稅收超過60億美金，現在是一座有屋頂的徒步區，稱為「夫利蒙街體驗」（Fremont Street Experience）。在夫利蒙賭場飯店（Fremont Hotel & Casino）等霓虹燈最耀眼的地方，你可以一直待在裡面賭博、睡覺和吃東西，完全不離開飯店。攝影師約翰·克爾尼克（John Kernick）說：「生活在拉斯維加斯這麼多顏色，和如脈搏般閃爍的霓虹燈之間，感覺有點像住在水族館裡。」■

賭城大道外

春山牧場州立公園

每隔幾年，拉斯維加斯才會下一場薄雪，勉強可以堆成雪人。不過附近的查理頓山（Mount Charleston）從11月到3月間經常覆蓋著白雪。離賭城大道不過30分鐘車程的「拉斯維加斯滑雪和滑雪板度假村」（Las Vegas Ski and Snowboard Resort）有四條纜車、一座地形公園，以及30條範圍橫跨初學者到高階者的滑雪道。

如果不想跟觀光客人擠人，在賭城大道和夫利蒙街之外有一些拉斯維加斯人會去的當地賭場，例如「山姆鎮」（Sam's Town，地址：5111 Boulder Hwy）、「紅岩」（Red Rock，地址：11011 W Charleston Blvd.）和「奧爾良」（The Orleans，地址：4500 W Tropicana Ave.），這些地方有賭金較低的賭桌遊戲、低價位的吃到飽餐廳，甚至還有托兒服務。

冷戰期間內華達州扮演的關鍵性角色，成為國家核試驗博物館（National Atomic Testing Museum，地址：755 E. Flamingo Rd.）的焦點，這裡詳細紀錄了美國1950年代早期至今的核武儲備。展示品包括拆除了引信的原子彈，以及探測電離輻射的粒子探測器蓋格計數器（Geiger counter），另有模擬大氣爆炸的「地面零點劇場」（Ground Zero Theater）。

坐落本市西側邊緣的春山牧場州立公園（Spring Mountain Ranch State Park，地址：6375 Hwy. 159, Blue Diamond），保存了一小片未受破壞的美妙沙漠，曾經屬於百萬富翁霍華・休斯（Howard Hughes）所有。園內活動包括夜間天文觀測漫步、夏日戶外劇場、生活歷史計畫，以及參觀舊牧場房舍的導覽行程。 ■

國家核試驗博物館中的核爆解說

小說介紹

《賭城風情畫》
（Fear and Loathing in Las Vegas）
杭特・S. 湯普森著（Hunter S. Thompson，1971 年出版）
這部經典的邪典小說，敘述勞爾・杜克（Raoul Duke）和律師剛佐博士（Dr. Gonzo）在拉斯維加斯度過毒品、酒精濫用和性縱慾的一週。讀者可以自己猜看書中多少部分改編自湯普森的真實冒險。

《沙漠玫瑰》
（The Desert Rose）
賴瑞・麥可莫特瑞著（Larry McMurtry，1983 年出版）
這個苦樂參半的故事描寫拉斯維加斯賭城大道外，年華老去的舞女兼單親媽媽哈莫妮（Harmony）的生活，她夜晚跳舞賺錢，努力養育一個十幾歲的女兒。

《美麗的孩子》
（Beautiful Children）
查爾斯・布克著（Charles Bock，2008 年出版）
這部宛如狄更斯作品的小說反映了現代拉斯維加斯的現實生活，透過在這裡生活工作的人，包括郊區居民和脫衣舞孃，呈現這座不夜城的面貌。 ■

阿拉伯聯合大公國
阿布達比

這是一座新生的島嶼大都會，一面打造未來一面維護傳統。

從超乎想像的酋長皇宮（Emirates Palace）飯店屋頂向四面八方輻射的燈光秀。

夢想建立在阿布達比的沙漠上。短短50年內，這個國家憑著石油和想像力，把一座普通的貝都因村落改造成未來的大都會，裡頭坐落著閃閃發光的巨型摩天大樓、時髦的購物中心，以及壯觀的一級方程式賽車場。

祕密景點

大鳥和靜水

獵鷹在阿拉伯聯合大公國永遠占有特殊的地位，當地酋長以飼養獵鷹做為消遣。獵鷹醫院（Falcon Hospital，地址：Al-Raha）是專門醫治這種猛禽的診所，週日到週四有導覽行程，你可以在此進一步接觸這種威風的生物。

市內有許多私人的海灘俱樂部，當地人和遊客都會前往利用，充分享受阿布達比的水岸資源。「酋長皇宮和希爾頓尼亞」（Emirates Palace and Hiltonia）是其中最受歡迎的一個，異常擁擠的濱海沙灘（Corniche Beach）每個月都有超過3萬名遊客來訪。花式滑水、風箏衝浪、水上摩托車和槳板運動，都是深受喜愛的水上運動。不過如果你想遠離人群享受戲水樂趣，不妨划輕艇從主島前往紅樹林，可聯繫「努可哈達探險公司」（Noukhada Adventure Company，電子信箱：info@noukhada.ae）。■

中東食物：塔布勒沙拉與活跳跳海鮮

•中東餐點通常指的是黎巴嫩食物，在世界貿易中心（地址：Al Markaziyah）的露天市場（The Souk）就有美味的中東食物。這個高聳建築群為知名英國建築師諾曼・佛斯特（Norman Foster）設計，外觀有百葉條構成的幾何圖案。市場內的餐館，例如氣氛輕鬆明亮的「Tarbouche al Basha」，有柔滑的鷹嘴豆泥、茄子泥（eggplant moutabbal）和塔布勒沙拉可填飽肚子。另外在半島塔（Al Jazeera Tower）一樓的「吉亞拉」（Zyara，地址：Corniche St.），以色彩鮮豔的阿拉伯裝飾和家常菜吸引家庭式顧客，推薦胡椒牛排和新鮮的薄荷檸檬水（有免費無線網路）。

•阿爾米納魚市場（Al Mina fish market）在天亮前就擺出當天的漁獲，小販和餐廳會來此搶標。可挑選一隻外來的烏帽龍占魚或黃鰭鯛，請魚市場裡的攤販現場幫你烹調。小艇碼頭旁的Finz（地址：Beach Rotana Hotel, 10th St.）位在突出海面的位置，以各色傳統和國際手法烹調海鮮。「海洋」（La Mer，地址：Corniche Rd. E.）餐廳有一區稱作「魚市場」，在這裡不只可以選擇要吃的魚，還可以自行決定料理方式。「漁夫」（Sayad，地址：Emirates Palace, Corniche Rd. W.）以分子料理的遺風，呈現當地海鮮的現代風貌。■

私人海灘俱樂部緩解了沙漠的高溫

富麗堂皇的謝赫扎耶德大清真（Sheikh Zayed Grand Mosque）

馬拉喀什

摩洛哥

在燦爛的北非天空下，市場和清真寺組成一座充滿異國風情的迷宮

以紅色岩石建造的庫圖比亞清真寺（Koutoubia Mosque）是本市最大的清真寺。

重要統計數字

- 創立時間為1062年

- 原始的巴迪皇宮（Palais el-Badi）房間數約360間

- 庫圖比亞清真寺宣禮塔的高度為77公尺

- 集會中庭廣場（Jemaâ el Fna square）上的小吃攤超過100個

- 皮革廠的鞣皮製程需20天

- 環繞舊城的12世紀泥磚圍牆長度為19公里

這座城市有兩個世界，一個是城牆環繞的舊城區麥地那（Medina），另一個是擁有寬敞大道和高檔商店的新城區蓋里茲（Guéliz）。麥地那有迷宮般的街道和繁忙的露天市場，其餘空間則是蒼翠茂密的花園、生氣蓬勃的中央廣場和宏偉的清真寺。

美食地圖

手指美食「庫斯庫斯」與摩洛哥主食

· 離開馬拉喀什之前，一定要嘗嘗蒸粗麥粉「庫斯庫斯」（Couscous，或稱「古斯米」）這是當地民族柏柏人（Berber）的食物，可以品嘗到摩洛哥本地的歷史滋味。當地習慣直接用手吃東西，因此需要把庫斯庫斯滾成一顆顆小球。在麥地那高級的「達摩哈餐廳」（Restaurant Dar Moha，地址：81 Rue Dar el Bacha）或Al Bahja（地址：Rue Bani Marine），大口品嘗美味的庫斯庫斯。

· 必嘗經典菜餚塔吉鍋燉菜（Tajine Stews），以用來燉煮這道菜的陶鍋為名。這種底部平坦、頂部呈圓錐狀的慢燉鍋是當地原始鍋具，但比現代燉鍋更好，能做出軟嫩、風味十足的燉菜。塔吉鍋料理範圍廣泛，從甜食如裹椰羊肉，到鹹食如加入雞豆或醃漬檸檬和橄欖的雞肉開胃菜等都有。■

購物車
難以抗拒的特色商品

露天市場裡的乾燥香料

尋訪隱密地點 麥地那的露天市集多如繁星，販售大量的皮革商品（這裡的鞣皮業很興盛），有皮帶、皮包、平底拖鞋（babouche）、厚圓形腳墊（pouf），以及時髦的皮夾克。可隨意走逛隱藏在伽哈汀市集（Souk Cherratin）曲折小徑裡的小型皮革攤，或前往「比爾克梅爾藝廊」（Galerie Birkemeyer，地址：169-171 Rue Mohamed El Beqal）這類高檔皮件店。

乘坐魔毯 札哈比亞市場（Souk Zrabia）位在麥地那的羅拔·凱帝瑪（Rahba Kedima）廣場旁，販售琳瑯滿目的地毯。這座市場又名「柏柏人拍賣會」（Le Criée Berbère），能讓你好好發揮談價錢的功力：賣方開價就是要給你砍的，最基本從半價開始殺起。如果你不擅長這種真槍實彈的交涉，可到有口碑的店家，例如「棕櫚樹市集」（Bazar les Palmiers，地址：145 Souk Dakkakine），這裡出售的地毯從當地產品到上亞特拉斯山脈（High Atlas）來的都有。

挑一套「卡夫坦」勁裝 迷幻的1960年代引進西方時尚的馬拉喀什「卡夫坦」（Caftan）寬鬆長袍，至今在此仍非常流行。「馬拉喀什婦女縫製手工藝合作社」（Femmes de Marrakesh Coopérative Artisanale de Couture，地址：67 Soul Kchachbia）展示色彩鮮豔、飄逸的長袍，出自本市出色女裁縫師的設計。「卡夫坦之家」（La Maison du Kaftan，地址：65 Rue Sidi el Yamani）販售一系列非常漂亮的寬鬆長袍，以及男女都有、可隨意改變褲襠大小的「哈倫褲」（harem pants），和寬鬆的柏柏人長衫「傑拉巴什」（jellabahs）。■

趣聞

皮味四溢
麥地那的皮革廠仍持續採用古法加工獸皮，技術上沒有太多演變。工序包括除毛、浸洗、用血醃漬、乾燥，以及染色。要有心理準備，味道重得嚇人。

文字遊戲
在阿拉伯語中，本市名稱唸作「馬－拉喀什」，重音在第二音節上。摩洛哥的英語名稱 Morocco、法語名稱 Maroc 和西班牙語名稱 Marruecos，都是從這個城市的發音而來。至於馬拉喀什的暱稱：「紅色城市」（Red City）和「赭石之城」（Ochre City），則來自市內的泥磚建築。

時尚出手相救
馬拉喀什以美不勝收的花園著稱，其中特別是瑪裘海勒花園（Jardin Majorelle，地址：Rue Yves Saint Laurent），由仙人掌、異國植物、樹木、水池和噴泉組成絕美的風景。不過很少人注意到高級時尚圈對它的貢獻：時尚傳奇伊夫·聖羅蘭（Yves Saint Laurent）和皮耶·貝爾傑（Pierre Bergé）在1980年時買下它並加以整修，讓這座花園躲過成為飯店建築的命運。■

集會中庭廣場是藝匠、表演者和逛街人潮的聚集地。

十大
最佳歌曲旅遊城市

這些以音樂著稱的城市，各有傳唱不衰的代表歌曲。

巴西的薩爾瓦多（Salvador）洋溢著活潑的旋律

巴西，薩爾瓦多

許多人認為薩爾瓦多這座港市，和它東北邊的巴伊亞（Bahia）州，是巴西音樂的核心。擁有非洲和歐洲文化根源，混合拉丁和當代音樂風格，巴伊亞是一座生氣蓬勃、美妙動聽的音樂熔爐。

牙買加，京斯敦

古巴，聖地牙哥古巴

說到音樂，這座風情萬種的古巴城市熱門程度完全不輸夏威夷。曾獲葛萊美獎的首領樂團（The Chieftains）和美國音樂製作人雷·庫德（Ry Cooder）在《古巴聖地牙哥》（Santiago de Cuba）這首歌中，探索了聖地牙哥和西班牙加里西亞（Galician）音樂間的關係。

牙買加，京斯敦

雷鬼音樂最先在京斯敦（Kingston）貧窮的特倫奇鎮（Trench Town）區紮根，接著傳遍全球。雷鬼教父巴布·馬利（Bob Marley）不朽的《女人，別哭》（No Woman, No Cry），反映了他在牙買加貧民區的生活實況。

美國俄克拉荷馬州，土爾沙

這座俄克拉荷馬州的音樂之城，孕育了無數歌曲，包括唐·威廉斯（Don William）風靡一時的鄉村音樂榜冠軍金曲《土爾沙時光》（Tulsa Time）。伍迪·賈瑟瑞中心（Woody Guthrie Center）深入介紹了這位傳奇歌手兼流行歌曲作者的生平與時代。

瑞士，蒙特霍

位於日內瓦湖岸邊，以爵士音樂節著稱，每年7月舉辦為期超過兩週的活動。它同時也是「深紫色樂團」（Deep Purple）經典名曲《水上之煙》（Smoke on the Water）的主題，這首歌描述1971年一場搖滾音樂會大火摧毀了本市一間老賭場的故事。

皇后樂團（Queen）主唱弗雷迪·莫庫里（Freddie Mercury）塑像，瑞士蒙特霍（Montreux）

德國，漢堡

艾迪特·皮雅芙（Edith Piaf）極具感染力的歌曲《在漢堡》（C'est à Hambourg），捕捉了這座德國北部海港當時的氣氛。本市的音樂遺產還包括1930年代的Swing Kids、早期的「披頭四」，以及德國最佳的音樂劇活動。

孟斐斯的「太陽唱片公司」（Sun Records）

美國田納西州，孟斐斯

這座河濱城市是 1991 年暢銷單曲《漫步孟斐斯》（Walking in Memphis）的主角，也是藍調和貓王這兩個美國音樂傳奇的同義詞。藍調以比爾街（Beale Street）為核心，貓王故居「優雅園」（Graceland）則成為朝聖之地。

美國德州，加耳維斯敦

1969 年葛倫‧坎伯（Glen Campbell）主唱的暢銷歌曲，已經成為加耳維斯敦（Galveston）的非官方市歌。詞曲作者吉米‧韋伯（Jimmy Webb）寫下的這首歌，敘述一位美國士兵把情人留在加耳維斯敦的故事，被視為反戰象徵。

英國英格蘭，利物浦

這座英國海港孕育了「披頭四」、Herman's Hermits 和 Dave Clark Five 等開創性樂團，以及誕生於默西河畔的在地音樂風格「默西之聲」（Merseybeat）。林格‧斯塔（Ringo Starr）在甜蜜的《利物浦 8》（Liverpool 8）一曲中，寫下他成為披頭四成員前的勞動階級生活。

美國田納西州，納士維

匙愛樂團（The Lovin' Spoonful）1966 年發行的《納士維貓》（Nashville Cats），是與納士維相關的最佳歌曲之一，向這座鄉村音樂首都豐富的音樂遺產致敬。曾為貓王等知名歌手錄音的 RCA 錄音室 B（RCA Studio B），以及知名鄉村音樂表演地點萊曼禮堂（Ryman Auditorium），是納士維具指標性的音樂景點。

鄉村音樂之都納士維

挪威

奧斯陸

這個散發世界級魅力的歐洲樞紐之城，伴隨著歷久不衰的挪威精神

卡爾‧約翰斯大道（**Karl Johans Gate**）是這座北歐首都的主要幹道。

奧斯陸原是一座亞北極區的郊區小鎮，如今已展現出自己的特點，周圍森林環繞，是歐洲最富裕國家之一的首都，有繁華的夜生活，每週都會出現新餐廳，還有一級棒的博物館。

美食地圖

高檔奧斯陸海鮮菜單

- 「海之味」（Havsmak，地址：Henrik Ibsens Gate 4）以煙燻大比目魚燉飯這類菜餚，彰顯本市的海洋特點。Tjuvholmen Sjømagasin（地址：Tjuvholmen Allé 14）是一處結合樸實酒吧、海鮮小酒館和魚販的地方。或直接到源頭去：在漁夫合作社（Fisherman's Coop，地址：Rådhusbrygge 3）可享用現撈的蝦子搭配法式長棍麵包。

- 「K夫人」（Fru K，地址：Fru Kroghs Brygge 1）提供簡單但巧妙的挪威高級料理，例如以來自北極圈的產卵鱈魚，搭配白鱒魚魚子和生蠔等菜餚。米其林星級餐廳「動物誌」（Fauna，地址：Solligata 2）的料理擺盤精美，例如上方點綴蒔蘿「雪」的生干貝。高檔程度直達平流層的「Maaemo」（地址：Schweigaards Gate 15），主廚菜單（tasting menu）有26道珍饈，讓饕客大呼過癮。■

奧斯陸歌劇院

今昔之比

霍爾門科倫跳臺滑雪

綁著雪屐在雪地上滑行這個點子可以說是挪威人發明的，所以當然也可以試試看用飛的。霍爾門科倫滑雪跳臺（Holmenkollbakken Ski Jump）是全世界首座滑雪跳臺斜坡，離奧斯陸僅幾公里遠，為專業滑雪者提供最佳的飛躍嘗試。

霍爾門科倫滑雪跳臺在1892年舉辦首場比賽，超過1萬2000人欣賞到阿爾訥‧烏斯特衛德特（Arne Ustvedt）跳出21.5公尺的英姿。後來逐步擴張，到了1930年代，光跳臺就有19公尺高。為了1952年的奧運，它再度改頭換面，幾年的時間，跳臺和斜坡就改建了18次。

在今日奧運選手的眼中，最早期的跳臺改來改去也不過是練習場罷了。現在的跳臺擁有一個離地面61公尺高的起點。氣候條件允許的話，職業跳躍者可以飛越137公尺以上。一般人可以來此觀賞，間接感受選手驚險刺激的挑戰，或者單純眺望奧斯陸，並逛逛博物館。∎

地標

維京船博物館（Vikingskipshuset）

維京人駕著不比校車長多少的敞艙船，在地球上波濤最洶湧的海上到處闖蕩，征服了法國到北美之間的海域成為他們的勢力範圍。挪威國王過世後會安葬在船上，所以大概很少有文化擁有像維京船這樣的權力象徵。在維京船博物館欣賞三艘原版的維京船。•「奧賽堡號」（Oseberg）是館內最知名的一艘，連同珠寶、食物、15匹馬、6隻狗和2隻小母牛等貨物埋葬於公元834年。•保存最好的「科克斯塔德號」（Gokstad）船，大約建於公元850年，1879年因一對無聊的農場孩童挖掘土堆時意外發現。•第三艘船「圖納號」（Tune）大約建於公元900年，只有一小部分保存下來，展現了維京人採用的先進造船法：一種重疊舷側船板的設計，具備堅固、柔韌、耐用、航速快的特性。∎

海灘、魚乾、歌劇院

棕色乳酪，一種焦糖化的乾酪

修克／帕拉迪斯布克塔海灘（Huk/Paradisbukta Beach）是絕大多數奧斯陸人夏天出沒的地方，這裡有腳踏車道、美麗的海灘、小吃攤，以及測試你對冷水忍耐力的美麗峽灣。海灘上有幾個區域是可自由選擇是否全裸的天體營。

就在奧斯陸峽灣（Oslofjord）灣頭的奧斯陸歌劇院，背倚奧斯陸，景觀優美，它的設計主要是為了讓人在溫暖的日子走出戶外，到屋頂上欣賞四周的風光。不過因為這裡沒有欄杆，不適合心臟不好的人或懼高症患者。

「瑪塔倫」（Mathallen）類似農夫市集，不過這裡的農夫提供的可能不是你常見的東西：來自北方沙密（Sami）畜群的新鮮馴鹿香腸，用鹹水浸漬、適合勇者品嘗的鱈魚乾（lutefisk），以及一種挪威人最愛的奇特食物——「棕色乳酪」（Brunost，或稱「山羊奶乾酪」）。■

泳客和日光浴愛好者聚集在奧斯陸比格半島（Bygdøy Peninsula）上的修克海灘。

檀香山

美國夏威夷

這座閃亮的城市創造了世界級的海灘讓人消磨時光

從鑽石頭山州立紀念地（Diamond Head State Monument）眺望威基基海灘

重要統計數字

- 平均冬季氣溫攝氏26度

- 威基基海灘（Waikiki Beach）全長2.4公里

- 威基基海灘的侵蝕速率每年0.5公尺

- 專業級烏克麗麗的售價為600到3000美金（甚至更高）

- 紀念品店的烏克麗麗平均售價為25美金

- 鑽石頭山的高度為232公尺

威基基只是遊檀香山的起點，這裡還有許多值得體驗的活動，例如吃一頓盒飯式午餐（plate lunch），在高大的榕樹下吃刨冰，開心購物（從最新的時尚到最花俏的夏威夷衫），或者在全美三大州際公路系統之一開車，卻永遠看不見其他的州。

購物車

檀香山必買——從襯衫到拼布

襯衫 首先得買件制服：夏威夷衫。沒錯，當地人真的會穿夏威夷衫，就連出席正式場合也不例外。威基基附近的數十家ABC便利商店就有很多低價款式可以選擇；任何一家飯店裡的隨便一家商店，也都買得到這種印滿了棕櫚樹和草裙舞女郎的襯衫。不過特別推薦「貝里的骨董和夏威夷衫」（Bailey's Antiques and Aloha Shirts，地址：517 Kapahulu Ave.），店內夏威夷衫超過1萬5000種，售價高低不等，範圍從「比晚餐還便宜」到「反正不買這件襯衫也買不起一輛新車」都有。

寇阿相思樹收藏品 「馬汀和麥克阿瑟」（Martin & MacArthur，地址：1815 Kahai St.）提供所有用寇阿相思樹（Koa）製造的產品，是購買夏威夷產品的下一站。寇阿相思樹只在夏威夷生長，擁有深色、漂亮的紋理，很適合用來製作餐桌或木碗。■

從提基酒吧、在地農產，到搭配兩樣菜的盒餐

• 「盒飯式午餐」是夏威夷人常吃的正餐，內容有飯、通心粉沙拉和肉，7到10美金就讓你飽得不得了。試試「彩虹得來速」（Rainbow Drive-in，地址：3308 Kanaina Ave.），要有排隊的心理準備。比較沒那麼出名的店家有「Zippy's Makiki」（地址：1222 S. King St.，另有好幾家分店），或者位在一間保齡球館裡的「Aiea Bowl」（地址：99-115 Aiea Heights Dr.），剛過珍珠港（Pearl Harbor）。

• 檀香山任何一家雜貨店都能買到鳳梨和熱帶水果，而且都是你前所未見的新鮮，但是卡比奧拉尼社區學院（Kapi'olani Community College）的週六農夫市集（地址：4303 Diamond Head Rd.）有最新鮮的當地農產品和食材，還有種植面積僅一、兩英畝的咖啡小農在此販售自家商品，這是真正的夏威夷咖啡。也可以找找看當地的蜂蜜，如耶誕漿果蜜（Christmas berry），以及果醬如越橘醬（'ohelo berry），不過需要點運氣才找得到。

• 沒去過提基酒吧（tiki bar），你的檀香山之旅就不夠完整。「馬里亞納提基酒吧餐廳」（La Mariana Tiki Bar & Restaurant，地址：50 Sand Island Access Rd.）早在1950年代就已經創立，以當地人為主要客群，而不是一日遊的遊客。這裡的餐前酒是非常強勁的「邁泰」（mai tai）雞尾酒，之後才開始品嘗當地的新鮮魚、蝦。這間餐廳展現了經典的檀香山風味。■

在濱海的卡拉卡瓦大道（Kalakaua Avenue）上購物

威基基典型的悠閒生活

英國蘇格蘭

愛丁堡

在古老的城堡和起伏的蘇格蘭山丘之間有迷人的節慶與各色夜生活

從首府愛丁堡的中心卡爾頓丘（Calton Hill）俯瞰這座古老的城市

重要統計數字

- 愛丁堡大學創立時間為1582年

- 歷史建築4500棟

- 2013年愛丁堡藝穗節（Edinburgh Festival Fringe）演出節目2871個，參與藝術家2萬4107位

- 酒吧數421間，數量為全蘇格蘭之冠

- 25歲以上居民大學畢業比率為48%

- 降雨頻率每月15到17天

- 年度節慶數12個。每年8月全市人口是平日的兩倍以上

古老的街道和迷人的城堡是愛丁堡的靈魂；但它也有繁榮的21世紀面貌，滲透出現代精神。頂尖的餐廳、充滿學生活力的夜生活，以及沉迷於各類文化的節慶名單，混合了豐富的過往和跳動的現在。

美食地圖

蘇格蘭酒吧餐點和茶

• 傳統酒吧供應的餐點非常豐盛，如肉餡餅和羊雜餡肚（haggis，剁碎的羊內臟和蔬菜），這是典型的蘇格蘭用餐體驗。桃花心木的室內裝潢、舒適的角落和氣氛照明增添了食物的風味，這對餐點來說和調味料或香料一樣重要。想吃一頓豐盛的蘇格蘭早餐和馬鈴薯司康，可試試King's Wark（地址：36 Shore）；在「歐里斯港酒吧」（Port O' Leith Bar，地址：58 Constitution St.）品嘗肉餡餅（bridie）；傍晚可到舒適的「最後一滴」（Last Drop，地址：74-78 Grassmarket）喝一杯木桶熟成的真愛爾啤酒，劃下一天的句點。

• 不是只有倫敦人才懂得喝伯爵茶享受午後時光。愛丁堡的茶館可以逛上一整天，「Eteaket」（地址：41 Frederick St.）販售一系列精心挑選的高品質散茶，來自致力於環境與社會永續性的茶園。∎

典型的蘇格蘭早餐

今昔之比
王子街

王子街（Princes Street）是愛丁堡新城（New Town）的最南界，拍攝上面這張黑白照片時，王子街的歷史已經超過百年。照片上的北不列顛飯店（North British Hotel），在第二張照片上已經變成巴摩拉飯店（the Balmoral）。這棟建築標誌性的時鐘，從1902年開始報時以來，就一直讓乘客準時搭上火車，這也是飯店最初建造這座時鐘的原因。除了除夕夜的午夜以外，這個鐘總是提早2到3分鐘，這是另一種幫助旅客趕上火車的方法。■

愛丁堡城堡（Edinburgh Castle）居高臨下俯
瞰王子街花園（Prince Street Gardens）

祕密景點
都市和電影的綠洲

在愛丁堡農夫市集採買食物

愛丁堡歷史悠久的工業中心如今充滿自然綠意。可沿著利斯河（Water of Leith，地址：Conservation Visitor Centre：24 Lanark Rd.）散步或騎腳踏車，步道沿途有70座磨坊，全長21公里，一度成為工業廢墟，近年才完成翻新。路線穿越一叢叢的野花，河畔有水獺的家，最後堂皇地進入愛丁堡市中心。

自從1947年開始舉辦愛丁堡國際電影節以來，這座蘇格蘭首都就是獨立電影和藝術電影的溫床。然而你不必在電影節期間造訪愛丁堡，翻修教堂而成的「電影之家」（Filmhouse，地址：88 Lothian Rd.），一整年持續播放超過700部各類電影，從熱門影片到抽象藝術片都有。百年歷史的「寶石」（Cameo，地址：38 Home St.）是蘇格蘭最古老的電影院之一，依舊可以看見許多保存完善的原始內部裝潢細節，主要播放獨立製片和經典的邪典電影。■

沿著利斯河悠閒地漫步

《愛丁堡筆記》（Edinburgh : Picturesque Notes）
羅伯特・路易斯・史蒂文生著（Robert Louis Stevenson，1878年出版）
《金銀島》（Treasure Island）和《化身博士》（Strange Case of Dr. Jekyll and Mr. Hyde）是史蒂文生最廣為人知的傑作。本書把放大鏡轉向作者自己的故鄉，重現19世紀的愛丁堡風情。

《繩結與十字》（Knots and Crosses）
伊恩・藍欽著（Ian Rankin，1987年出版）
在這部深受粉絲喜愛的推理犯罪驚悚系列小說首部曲中，約翰・雷博思探長（John Rebus）一邊努力阻止讓市民恐慌的凶殺案，一邊調查愛丁堡的黑暗角落和人類。

《中洛錫安之心》（The Heart of Mid-Lothian）
華特・司各特爵士著（Sir Walter Scott，1818年出版）
這本書過去在歐洲有很多讀者，故事敘述擠奶女工吉妮・迪恩斯（Jeanie Deans）從愛丁堡到倫敦的旅程，以蘇格蘭和英格蘭之間坎坷的統一關係為歷史背景。■

耶路撒冷

以色列

神聖的、古老的和潮流的事物，在這裡找到愉快的共存之道

大衛塔（Tower of David）和城牆為耶路撒冷舊城帶來歷史的莊嚴感。

重要統計數字

● 舊城持續有人居住的時間將近5000年

● 西牆（Western Wall，又名哭牆）的長度488公尺

● 欽定本《聖經》（King James Bible）中提到耶路撒冷767次

● 猶太人口占64%

● 阿拉伯人口占36%

● 新耶路撒冷輕軌電車（Jerusalem Light Rail）車站數23個

我的城市：夏南・史特瑞

我最喜歡耶路撒冷的地方是，它不太像是一座城市，而比較像三個世界。三個截然不同的世界，說不同的語言、遵守不同的社會規範，能產生所有想像得到的緊張和希望。而這種情況最棒的是什麼？就是你可以輕易遊走於三者之間。

從瑪哈念・耶胡達市場（Mahane Yehuda Market）說起吧。來到這個位在西耶路撒冷核心的市場，就能感受到一些道地的耶路撒冷氛圍。這裡任何東西都買得到，真的是任何東西！不過我最好還是專心講食物就好。不要因為小販不管你聽不聽得懂就用希伯來語對你大吼而驚慌，他只是想告訴你哪些東西正在特價。願意的話也可以順道走訪名為「巴黎賭場」（Casino de Paris）的酒吧（名稱來自1930年代就設在這個地點的英國賭場名稱），喝一杯美味的特調雞尾酒或當地的夏皮洛（Shapiro）啤酒，我是這間酒吧的股東之一。

稍事休息後，跨越雅法路（Jaffa Road），不用幾分鐘就會進入耶路撒冷最傳統的猶太

社區——米亞樹亞里姆（Me'a She'arim）的核心。見到每樣事物都像一趟旅行：意第緒語的招牌、商店、人身上的服裝。眼前都是熟悉的日常喧囂，卻彷彿來自一個就出現在我們面前的遙遠星系。我喜歡在小小的Expresso Elbaz咖啡吧坐下來喝杯啤酒或咖啡，這裡是觀賞人群的好地方，有時還能見到下午應該正在研讀猶太經書《革瑪拉》（Gemara）的壞孩子偷溜出來喝啤酒。如果你真的來到了米亞樹亞里姆，別錯過「裂縫上的博物館」（Museum on the Seam），它位在一座古老以色列軍事基地上，規模不大，卻是一間發人省思的當代藝術博物館，展覽結合政治議題，曾被《紐約時報》（New York Times）評選為全球29座一流藝術場館之一。

培養完藝術鑑賞力後，跨越一號路（Route No.1），進入巴勒斯坦人的耶路撒冷。此區的主要居民是穆斯林，和瑪哈念·耶胡達市場大異其趣，和米亞樹亞里姆更是天壤之別。我喜歡在蘇萊曼蘇丹街（Sultan Suleiman Street）上漫步，朝薩拉丁街（Salah e-Din Street）前進的同時，盡可能試著理解沿途出現的阿拉伯語。在這個我們居住的鷹嘴豆泥天堂，要是只推薦一家鷹嘴豆泥餐廳，簡直是大不敬，所以我只能說，如果你決定沿著那條長長的階梯往下走進「阿布·阿里」（Abu Ali）餐廳，我保證你再沿著階梯爬上來的時候會更快樂。

現在你已經看過耶路撒冷的三個世界，一天也差不多要結束了。你已經吸收了大量的資訊，需要找個地方放鬆一下。亞奈街（Yanai Street）上的Beit Hakahava是一處非常適合舒緩情緒和思考的地方。這間很棒的小咖啡館多少受到耶路撒冷知名作家薩繆爾·約瑟夫·阿格農（Samuel Josef Agnon，暱稱為Shai Agnon）的啟發，有絕佳的食物和居家氣氛。Beit Hakahava就像我之前推薦的其他地方一樣，都是只在耶路撒冷才有的地方。

您好，歡迎來到我的耶路撒冷！

生於耶路撒冷的夏南·大衛·史特瑞（Shaanan David Streett），是以色列最頂尖的音樂表演團體之「蛇魚」（Hadag Nahash）樂團的主唱。■

瑪哈念·耶胡達市場上販售的水果乾

「耶路撒冷是節慶，也是悲嘆。屬於它的曲調，是一個跨時代的嘆息，一首細膩、雄壯、悲切的聖歌，出現在精神文化偉大的交叉點上。」

——大衛·K·席普勒（David K. Shipler），前《紐約時報》耶路撒冷辦公室主任。

地標

聖殿山建築群

聖殿山建築群是耶路撒冷聖地中最顯眼、也最受爭議的建築，象徵了與先知亞伯拉罕有關的三大信仰。它的宗教源頭約始於公元前2000年，據傳亞伯拉罕就準備在這裡把以撒獻祭給上帝。據說大衛王在耶路撒冷建立帝國首都時，他的兒子、也就是後來的所羅門王在此興建了第一聖殿（First Temple）。公元前586年聖殿被巴比倫人摧毀，後經重建，又在公元70年被羅馬人破壞。基督教傳說聖嬰耶穌在誕生不久後，就被帶到這裡來展示在眾人面前。裝飾藍色瓷磚且鍍金的圓頂清真寺（The Dome of the Rock），是伊斯蘭傳統中認為公元前632年先知穆罕默德升天的聖地。附近的阿克薩清真寺（Al-Aqsa Mosque）是伊斯蘭教中的第三聖地。聖殿西側山腳的西牆，是耶路撒冷最神聖的地點，它是第二聖殿僅存的部分。■

購物車
耶路撒冷體驗清單 —— 從形而上到形而下

耶路撒冷舊城的阿拉伯區

神聖購物 以色列高品質的宗教紀念品，是這座聖地的最佳禮物之一，從手工十字架到猶太教多連燈燭臺，材質橫跨橄欖木和陶瓷、銀器，甚至耶路撒冷石。「甘斯耶路撒冷禮品與猶太藝品」（Gans Jerusalem Gift & Judaica，地址：8 Rivlin St.）出售逾越節家宴餐盤、經文匣，以及其他大大小小擠滿店面的物品。

古方美容 從古代開始，死海在美容健康方面的特殊療效早已赫赫有名。前往「水療之海」（Sea of Spa，地址：28 King George St.）尋找大量當地製造的死海產品，從乳霜到臉部磨砂香皂都有（還可以體驗一場水療護理。）「死海禮品店」（Dead Sea Gift Shop，地址：Yoel Solomon St. 19）提供來自死海好幾個化妝品公司的產品，包括死海首選（Premier Dead Sea）、黑珍珠水療之海（Sea of Spa Black Pearl）等公司。

市場尋寶 如果是帶孩子旅行，可以在阿拉伯市場（Arab Market）的許多攤販上買到戴面紗的「芙拉娃娃」（Fulla doll），它是符合阿拉伯文化的虔誠版芭比娃娃。阿拉伯市場位在耶穌苦路（Via Dolorosa）上，這條路就是基督教傳說中耶穌死前揹著十字架所走的路。■

The Arab Quarter of Jerusalem's Old City

聖城鷹嘴豆泥和符合猶太教規的餐廳

耶路撒冷是鷹嘴豆泥和炸豆丸子的天堂

· 耶路撒冷是鷹嘴豆泥愛好者的天堂。「Abu Shkri」（地址：63 al-Wad Rd.）雖然桌子破爛，但千萬別小看它，當地人就絕對不會；這家店靠近舊城北側的大馬士革門（Damascus Gate），許多當地人為了買這裡香料調味的鷹嘴豆泥大排長龍。「Abu Ali」（地址：Salah e-Din St.）位於沒有窗戶的地下室，當然也不是最漂亮的地方，不過重要的是新鮮的鷹嘴豆泥。如果深夜突然想吃鷹嘴豆泥，可前往西耶路撒冷（West Jerusalem）的「Ben Sira」（地址：3 Ben Sira St.），在擠滿人的吧臺和其他人一起吃。

· 當然，稱霸耶路撒冷的是符合猶太教規的食物。你會在「海密許·埃森餐廳」（Heimishe Essen Restaurant，地址：19 Keren Kayemet St.）發現出自東歐猶太人（Ashkenazi）食譜的家常菜。美味的食物享受包括剁碎的肝臟、魚餅（gefilte fish）和雞湯。位在一座巨型風車下方的「蒙蒂菲奧里餐廳」（Montefiore Restaurant，位於Yemin Moshe和HaBreha兩街交叉口）俯瞰舊城城牆，擅長義大利和地中海料理，並著重海鮮，它是耶路撒冷品嘗羅馬－猶太式朝鮮薊的最佳地點之一。「史卡拉餐廳」（Scala Restaurant，地址：7 King David St.）位於大衛城堡飯店（David Citadel Hotel），是本市最出色的餐廳之一。主廚歐倫·耶路夏米（Oren Yerushalmi）以法式創意結合傳統和當地食材。大量符合猶太教規的葡萄酒以及芝麻醬冰淇淋等罕見甜點，都出現在他的菜單上。■

城牆漫步和宗教發現

耶路撒冷周圍4公里長的城牆建於1538年，對比本市將近5000年的古老歷史，仍是屬於比較新的部分。對當地人和遊客來說，步行在城牆上、從這樣的高度觀賞舊城是一大樂趣。

傳統認知和考古證據顯示，曾是第一和第二聖殿舊址的耶路撒冷聖殿山，是今日阿克薩清真寺的所在地。不過住在西岸（West Bank）奈卜勒斯（Nablus）、信奉某一派猶太教的撒馬利亞人（Samaritan）相信，這些聖殿過去位在俯瞰奈卜勒斯的基利心山（Mount Gerizim）。

羅馬帝國猶太行省行政官龐提烏斯·彼拉多（Pontius Pilate），因做出將耶穌基督釘死在十字架上的判決而聞名，不過他也被認為是馬密拉池（Mamilla Pool）的建造者。這座水池位在今日的獨立公園（Independence Park）內，屬於希律王時代（Herod-era）的部分本市供水系統。水源來自春日雨水，池內有很多螃蟹、青蛙和其他水棲生物。

儘管猶太教、基督教和伊斯蘭教是三大亞伯拉罕信仰，卻不是耶路撒冷唯「三」的宗教。源於伊斯蘭信條的一神論神祕宗教德魯茲派（Druze），大約有200個信徒生活在耶路撒冷。■

屬於舊城城牆一部分的要塞

一位頭戴精緻婚禮面罩的貝都因新娘

十大
最佳城牆旅遊城市

昔日為抵擋入侵者而建的古老壁壘，如今敞開大門歡迎遊客前來遊玩、探索，發出讚嘆。

西班牙，托雷多

西班牙，托雷多

建立於青銅器時代的托雷多（Toledo），是古西班牙的瑰寶，也是聯合國世界遺產。托雷多後來演變成基督教、伊斯蘭教和猶太人間和平相處的多元文化發源地。一個小趣事，英文的感嘆句「holy Toledo！」（意思是太棒了！）據說就是從這個聚落的尊稱轉用而來的。

法國，卡卡孫

這座位於法國南部、保存良好的堡壘城市在古羅馬時代以前就已建立，如今看來仍牢不可破。卡卡孫（Carcassonne）擁有開合式吊橋、塔樓和門樓，不難想像當年士兵保衛邊防的情景，這個前哨站曾看守一條重要的貿易路線數千年之久。現為世界遺產地點。

魁北克市

加拿大，魁北克市

英國人在 1759 年戰勝法國人、占領加拿大北部後，為魁北克修築了防禦工事，如今是美洲墨西哥以北唯一一座有城牆的城市。壁壘和四座保存下來的城門，如今成為本市備受喜愛的地標。

衣索比亞，哈勒爾

神聖的伊斯蘭教城市哈勒爾（Harar），坐落在非洲之角（Horn of Africa）的交叉點上，這座城市的古老歷史大多留存在傳說和傳統之中，如今周圍仍有一道 4 公尺高的壁壘。哈勒爾城內還住了許多鬣狗，每晚有人餵食以吸引遊客。

烏茲別克，伊欽卡拉內城

伊欽卡拉內城（Itchan Kala）這座擁有垛口城牆的沙色城鎮，以塔樓、宣禮塔、與 19 世紀宮殿的古老伊斯蘭建築而享譽國際。

中世紀城牆

葡萄牙，奧比杜斯

這座位於里斯本以北的城市原是古羅馬聚落，後來被西哥德人（Visigoth）和摩爾人（Moor）占領。每年夏天奧比杜斯（Óbidos）有一場為期兩週的熱鬧節慶，回顧這裡的中世紀歷史，活動包括遊行、馬上長槍比賽和流水席。

中國，平遙

這個近 3000 年歷史的古都擁有 12 公尺高的城牆，是地球上保存得最好的古城之一。平遙有六個城門，暱稱為「龜城」，因為輪廓就像一隻烏龜。

中國，平遙

英國英格蘭，約克

沿著古羅馬人興建的約克（York）城牆走一圈，全長 3.4 公里，穿越了將近 2000 年的歷史，沿途的城門曾抵抗維京人的襲擊和革命者的掠奪。沃姆街城門（Walmgate Bar）的加固門樓清楚說明這些城牆不只是展示用而已。

斯里蘭卡，加爾

加爾（Galle）舊城與堡壘混合了葡萄牙、荷蘭和亞洲的影響，被聯合國教科文組織稱為「歐洲人在南亞和東南亞所建造的最佳防禦型城市範例」。很多人來這裡放風箏、打板球或散步，讓這座古蹟顯得生氣蓬勃。

克羅埃西亞，杜布洛尼

杜布洛尼（Dubrovnik）以湛藍的亞得里亞海（Adriatic Sea）為背景，坐擁俯瞰紅色屋頂的全景，站在高聳的石頭壁壘頂上歡迎遊客，很難想像還有其他城市能比它擁有更壯觀的城市環境。

杜布洛尼雄偉的城牆

加拿大・新斯科細亞省

哈利法克斯

這個青春洋溢的加拿大首府，在大西洋邊享受微風徐徐的海濱生活。

哈利法克斯天然深水港木棧道旁的小酒館

重要統計數字

● 舊城時鐘（Old Town Clock）的安裝時間為1803年，至今仍在報時

● 葬在哈利法克斯的鐵達尼號受難者人數估計約150人

● 大學生人數每千人約81人，是全加拿大平均值的三倍

● 哈利法克斯－達特茅斯（Dartmouth）渡輪開始載客的時間為1836年，是北美洲持續營運中的最古老鹹水渡輪

● 燈塔數25座

哈利法克斯人一年到頭都不乏娛樂活動。冬天可以騎雪橇車、採收楓糖、品嘗冰酒、溜冰；到了夏天，整座海岸城市搖身一變，成為一個熱鬧的購物、夜生活和餐飲中心。

美食地圖

哈利法克斯的特大三明治和葡萄酒

・舉杯向新斯科細亞日益茁壯的葡萄酒產業致敬。這個小省份有70多座葡萄種植園，生產鄉村風味的葡萄酒，以及著名的冰酒和氣泡酒。「歐柏拉帝葡萄酒吧」（Obladee Wine Bar，地址：1600 Barrington St.）可以試喝葡萄酒，「主教酒窖」（Bishop's Cellar，地址：1477 Lower Water St.）則能買到Benjamin Bridge和Jost Vineyard兩個酒莊的佳釀。

・旋轉烤肉（doner kebab）是典型的地中海料理；「哈利法克斯旋轉烤肉」（donair）是這種經典料理的本地變體，以調味過的牛肉取代傳統的鐵叉燒烤小羊肉，並添加祕密甜醬、切丁番茄與洋蔥，全部包進皮塔餅中。「哈利法克斯旋轉烤肉大王」（King of Donair，創始店地址：6420 Quinpool Rd.）是這種烤肉1970年代的發源地，要吃當然就要吃這一家，而且它充分利用這種三明治的高人氣，拓展成備受喜愛的連鎖加盟店。■

哈利法克斯必買──從格子呢到海洋寶物

在這個港市可以找到的航海古玩

讀你千遍不厭倦 歷史超過40年的「大西洋新聞」（Atlantic News，地址：5560 Morris St.），驕傲地宣稱它是「哈利法克斯最早的報攤」。如果你在哈利法克斯數以千計的報紙雜誌中找不到它，那是因為它不是一份報紙。

裙子問題 深受蘇格蘭傳統影響的哈利法克斯，有許多販售蘇格蘭短褶裙的商店。The Plaid Place（地址：1903 Barrington St.）擁有大量的格子呢和蘇格蘭短褶裙配件。如果你還沒準備好下手購買，這裡也可以租到整套蘇格蘭高地服飾（不含風笛），包括有三種格子呢可挑選的蘇格蘭男用短裙、長筒襪，以及稱為「查理王子外套」（Prince Charlie jacket）的傳統蘇格蘭服裝。想找現代風格的格子呢，不妨看看哈利法克斯設計師薇若妮卡‧馬克伊沙克（Veronica MacIssac，網址：veronica.macisaac.com）的作品，她的系列作品在整個凱爾特（Celtic）世界、乃至於其他地方都甚獲好評。

揚帆尋寶 哈利法克斯擁有位於大陸邊緣的戰略位置，始終依賴大海，因此這裡能成為尋找航海古物的絕佳地點完全不足為奇。在Finer Things Antiques & Curios（地址：2797 Agricola St.）可以找到迷人的復古船長配件，包括錨、八分儀和短彎刀。鄰近的McLellan Antiques & Restoration（地址：2738 Agricola St.）則有各式各樣的油燈、擺設和收藏品。∎

「歐柏拉帝葡萄酒吧」的侍酒師為顧客斟上冰酒等加拿大特產葡萄酒。

趣聞

名字裡的乾坤
既非Halifaxian，也不是Halifaxer，哈利法克斯人適當的稱謂詞是Haligonian，有人認為這個字源自哈利法克斯的拉丁文名稱Haligonia。你也可以稱呼他們為「藍鼻人」（Bluenoser），這個歷史超過數百年、針對新斯科細亞省人的暱稱讓人更摸不著頭緒。

死人不會告密
哈利法克斯有一段豐富活躍的海盜歷史。1844年，英國船艦「薩拉丁號」（Saladin）遇上海難，被發現時，船上掠奪而來的銀條和錢幣不翼而飛。皇家海軍以謀殺船長和同船船員的罪名審判六位水手。其中四位被判有罪並處死，成為加拿大歷史上最後一批上絞刑臺的海盜。

喔，耶誕樹
每年12月，哈利法克斯為耶誕樹舉行點燈儀式以前，會先把本區一棵雄偉的白雲杉捐獻給波士頓公園。這項「新斯科細亞省送樹給波士頓」（Nova Scotia tree for Boston）的傳統起始於1918年，用來感謝波士頓在1917年一場悲劇性的哈利法克斯貨船爆炸後提供的協助，這場船難死了大約2000人。每年會進行一系列公開慶祝活動為這棵樹的啟程拉開序幕。∎

義大利
威尼斯
一個無與倫比、綻放永恆光彩的世界珍寶

運河之於威尼斯，正如同道路之於其他城市。

重要統計數字

- 聖馬可廣場（St. Mark's Square）上的鴿子超過10萬隻

- 每年發出的鳳尾船「貢多拉」船夫執照數為3到4張

- 橋梁416座

- 運河177條

- 島嶼超過118座

- 嘆息橋（Bridge of Sights）的長度為11公尺

我的城市：羅貝托·札馬提奧

威尼斯是一個裝滿祕密的百寶箱，這些祕密只有喜愛這座城市的人才能發現。你必須住在威尼斯（至少住個幾天），才能認識、體驗和感受由噪音和聲音交織而成的不和諧音。這片雜音擁有與眾不同的節奏，猶如讓這座城市呼吸的潮汐般不斷改變，也正是它，讓威尼斯顯得獨特。

首先，了解水這個元素是很重要的。水是威尼斯建立的地方，一直以來都是這個城市的據點。

有些日子——真正品味這趟旅程的最佳方式，是在黎明時醒來——我登上一艘幾乎空無一人的水上巴士（vaporetto），航行穿越大運河（Grand Canal），欣賞沿途華麗的宮殿。

每個地區都有可以讓你真正「迷路」，或停下來休息的地方。在威尼斯，時間並不混

亂，所以當我發現自己在學院橋（Accademia Bridge）附近時，我放任自己被傳送道格拉西宮（Palazzo Grazzi）旁的聖撒慕爾（San Samuele）區，在這一區我滑進狹窄的街道和彷彿盒裝的小廣場中，聞著洗乾淨之後在太陽底下晾乾的衣物的香味，我感到彷彿重返童年時光。

如果我在里亞托（Rialto），我會讓自己暴露在繁忙、驚人的魚市場和蔬果攤的噪音中，我可以在當地的「All' Arco」吃點下酒小菜（cicchetti）、喝一小杯當地人稱為「影子」（ombra）的葡萄酒，這是威尼斯少數保留至今的道地小酒館（baccaro）之一。之後，我前往稱為卡拉帕內（Carampane）的區域探險，這一區比較安靜，但非常迷人，就在阿爾布立奇廣場（Albrizzi Square）後方，威尼斯最佳餐廳之一「古卡拉帕內小餐館」（Trattoria Antiche Carampane）就在這裡。

卡納雷吉歐（Cannaregio）區和城堡（Castello）區仍然是住宅區，是「真正的」威尼斯人居住的地方。你依舊可以在此看見一部分緩慢消失中的威尼斯：婦女坐在屋前聊天，孩子在廣場上踢足球，漁夫坐在他們低矮但快速的漁船上，從潟湖返家。

完美的一天還包括在猶太區（Jewish Ghetto）散步，沿著新基礎大道（Fondamenta Nuove）步行，轉個彎走上煙霧街（Calle del Fumo），往奇蹟聖母教堂（Chiesa dei Miracoli）和聖若望及保祿廣場（Campo Santi Giovanni e Paolo）前進，接著沿巴巴利亞德雷托雷路（Barbaria dele Tole）走下去，直到抵達軍械庫（Arsenale）。

如果你聽憑好奇心帶領，並以不同的觀點看待事物，你會發現威尼斯很迷人。舉例來說，海水漲潮時，彷彿想要壓縮威尼斯的地平線，退潮時又像企圖改變倒映在運河上的宮殿形狀，讓它們變得更高。或是太陽和陰影如何玩捉迷藏，把街道變成帶來各種色彩和反射投影的萬花筒。

我喜愛在這座燦爛且受保護的城市裡迷路。我永遠不會忘記抬起眼睛望向天空，細細品味威尼斯的另一個部分。

羅貝托‧札馬提奧（Roberto Zammattio），「奎拉多民宿」（Pensione Guerrato）主人，一輩子都住在威尼斯。■

卡斯特洛（**Castello**）是威尼斯古老造船廠的所在地，是個安靜的隱蔽處所。

趣聞

迷宮

儘管市內航道、步道錯縱複雜，威尼斯其實只有三條正式運河和兩條街。其他所有航道都是「河流」（rio），或是各式各樣名稱的走道，如街道（calle）、人行道（ruga）和巷弄（salizzada）。不過，參觀威尼斯的最佳方式就是一直走路，走到迷路為止－－不會花你太久時間。

最初的居住區

莎士比亞的《威尼斯商人》（Merchant of Venice）以威尼斯聖馬庫拉教堂（San Marcuola Church）附近的猶太區（Jewish Ghetto）為背景。「ghetto」（居住區）這個字最初和煉金和煉鐵有關。從事煉鐵工作的當地島嶼，過去也是猶太社區，曾經是本市的航運核心。

禁行腳踏車區

在威尼斯騎腳踏車是違法的。除了偶爾坐在腳踏車上的小孩以外，你唯一會看到的輪子，只有用來把貨物從運河送到店裡的手推車。■

「全世界都說，這座城市是最美的。除了它，別的一切都讓人失望。眼睛的未來所能期待的就是眼淚。」

—— 在威尼斯度過冬天的俄羅斯作家約瑟夫‧布羅茨基（Joseph Brodsky），

《水印》（Watermark，1992年出版）

蜿蜒的大運河流經本市的許多宮殿。

地標

聖馬可大教堂

聖馬可大教堂（St. Mark's Basilica）聳立且俯看著同名廣場，它是威尼斯的靈魂，同時也證明了曾流經這些島嶼、數量龐大到難以估算的財富。從祭壇屏風旁的獨角獸獸角，到閃閃發光於建築立面金色馬賽克鑲嵌畫上的潟湖日落，沒錯，

聖馬克人教堂是旅遊中心，不過它同時也是這座漂亮的橋梁城市的核心。˙˙（一開始是座宮廷禮拜堂的）大教堂，從公元829年開始收藏使徒聖馬可（Apostle Mark the Evangelist）的聖骨，一群威尼斯商人把他從埃及的亞力山卓（Alexandria）偷運回來。˙大

教堂的象徵之一：四隻青銅馬，1204年時取自君士坦丁堡（Constantinople）。˙˙98公尺高的鐘樓在1902年的一場地震中倒塌，之後歷經10年時間重建。˙有人認為祭壇下方的木乃伊，其實是亞歷山大大帝的遺骨。˙■

購物車
難以抗拒的威尼斯玻璃、面具和其他精品

色彩鮮豔的穆拉諾島玻璃製品

之後和上方 嘉年華面具是最能讓你感覺到彷彿再次置身運河之都的東西。面具到處都買得到，「紙雕」（Papier Mache，地址：Castello 5175）色彩繽紛的創作中，混合了現代和傳統風格。預算比較寬裕的人，威尼斯有很多販售枝狀吊燈的商店，從純粹優雅款，到狂野如口香糖扭糖機般風格迥異的吊燈都有。

精美的紙 紙是威尼斯的另一項必買物：身為絲路的終點，從紙剛傳入歐洲開始，威尼斯就出售手工紙筆記本至今。前往里亞托橋（Rialto Bridge）上的Rivoaltus，在這間家族經營、幾乎和衣櫥差不多大的店裡，有皮革裝訂的漂亮日誌、相簿和更多東西。

華麗的玻璃 只需搭乘從威尼斯本島出發的水上巴士，就能抵達穆拉諾島（Murano），這裡已經成為精緻玻璃中心長達好幾個世紀。如今，穆拉諾島是尋找獨一無二的彩色玻璃蝴蝶、大象和花瓶的好地方。「Abate Zanetti」（地址：Calle Britati 8/b）提供品質頂級的作品，甚至還有一間可以親自體驗這項古老技術的學校。小提醒：正統的穆拉諾玻璃價格非常昂貴，確定你拿到的是擁有鑑定證書的真品。■

威尼斯嘉年華上戴面具的人

完美的威尼斯食物：從下酒小菜開始

搭配葡萄酒品嘗的下酒小菜，是適合和朋友共享的食物。

・要找經典、古老的義大利食物，里亞托市場（Rialto Market）附近的「莫里酒吧」（Cantina do Mori，地址：San Polo 429），500多年來一直讓顧客非常滿意。多樣化的葡萄酒、下酒小菜（類似西班牙的下酒小菜）和「特拉馬濟尼」（tramezzini，稱它為三明治是對它的污辱），讓這座酒吧總是非常擁擠。另一處品嘗下酒小菜的好地方是「刀劍酒吧」（Cantona Do Spade，地址：San Polo 860），也已經創立了超過500年。

・想找個可以坐更久的地方，聖馬可廣場附近的「威尼斯小酒館」（Bistrot de Venise，地址：Calle dei Fabbri 4685）是當地人喜愛的聚集點，以現代手法詮釋經典威尼斯食物，可試試傳統的小牛肝料裡「威尼斯式小牛肝」（figa' de vedelo a la venexiana）或新鮮的海鮮。可以選擇處處營造出溫馨氣氛、只有幾張桌子的小餐室；要觀看人群，就選一張戶外餐桌。「艾古奈伊小餐館」（Trattoria Ai Cugnai，地址：Centro Storico piscina dei Forner 857）適合品嘗道地的威尼斯療癒食物：義式千層麵（lasagna）、義式馬鈴薯麵疙瘩（gnocchi），或者不要想太多，點一份當日特餐就好。

・要不然就展開一趟短程旅行，搭乘水上巴士前往繽紛、安靜的布拉諾（Burano）外島，尋找絕對最好的餐廳「羅馬小餐館」（Trattoria da Romano，地址：S. Martino, DX 221, Burano）。這家餐廳提供最棒的海鮮義式燉飯（risotto）或季節性海鮮，在義大利廣為人知。■

威尼斯：隱藏與暴露

就算你在威尼斯花上一輩子，也看不完所有的絕世名畫。不過，想欣賞丁托列托（Tintoretto）最傑出的作品，低調的聖洛克大會堂（Scuola Grande di San Rocco，地址：Campo San Rocco, San Polo 3052）就是你該去的地方。這位真正畫過威尼斯的大師，土生土長於此，花了24年的時間，創作超過50幅、像彩繪玻璃般燦爛的歷史畫作。

想欣賞最美的風景，內行人會到丹尼爾飯店（Hotel Daniell，地址：Riva Schiavoni 4196）的屋頂，品嘗早餐自助餐，而不是前往聖馬可廣場。真正的內行人會穿越潟湖，爬上蓋在大運河畔的大哉聖喬治教堂（San Giorgio Maggiore）的鐘塔。教堂本身擁有一些本鎮最出色的藝術品，站在塔樓上還能回頭掃視整座城市的景觀。

你會在威尼斯遠端延伸的托爾切洛（Torcello）島，發現還停留在古代的威尼斯，當時它什麼都沒有，只有水、石頭和美景。托爾切洛的古羅馬長方形會堂，藏有部分義大利最出色的拜占庭馬賽克鑲嵌。■

聖洛克大會堂的牆壁上畫滿了溼壁畫

聖馬可廣場上的咖啡館，
是欣賞聖馬可大教堂景觀
的最佳座位。

瑞士

日內瓦

這個城市坐落在澄澈如鏡的日內瓦湖畔，伴著高聳參天的阿爾卑斯山，是移民者的綠洲

擁有高山與湖泊等豐富自然美景的日內瓦

日內瓦以聯合國歐洲總部所在地而聞名，也是一座金融首都和航空中途停靠站，事實上，它還有更多引以為傲的地方，包括令人驚嘆的湖光山色、優美的公園和精品購物商店。

購物車

還有呢？當然是手表和巧克力

上緊發條 日內瓦以數百年歷史的精緻腕表製造工藝聞名，隆河路（Rue du Rhône）沿途就有多家表行，可參觀「伯爵」（Piaget，地址：No.40）、出售繽紛色彩手表的精品店「馬可尼」（Marconi，地址：No. 53），以及提供眾多勞力士（Rolexes）選擇的「寶齊萊」（地址：No.45）。跨越隆河路，就來到另一處鐘表店雲集之地：白朗峰路（Rue du Mont-Blanc），包括「寶齊萊」在日內瓦的第二家分店（地址：No.22）、「時間空間」（Espace Temps，地址：No. 13）和「斯沃琪」（Swatch，地址：No.19）。

甜美的夢 日內瓦本地的巧克力製造商包括「隆河巧克力」（Du Rhône Chocolatier，地址：Rue de la Confédération 3）和「杜克黑甜點」（Confiserie Ducret，地址：Rue Hoffmann 6）。創立於1826年的「法瓦傑巧克力」（Favarger Chocolate）在本市不但擁有精品店（地址：Quari des Bergues 19），位在湖濱小鎮韋爾蘇瓦（Versoix）的巧克力工廠還提供導覽行程。■

祕密景點

日內瓦獨享：騎乘、逃離、深思

日內瓦人會搭乘的遊湖渡輪

要避開人潮，可在湖畔自行車道騎腳踏車前往貝洛特（La Belotte），然後搭乘渡輪返回市中心。「日內瓦自行車協會」（Genève Roule Association，有三處地點）夏季時提供免費的腳踏出借服務，位在果納凡車站（Gare de Cornavin）的「租一輛腳踏車」（Rent a Bike，地址：7 Place de Cornavin），則出租各式各樣的腳踏動力交通工具，包括協力車和兒童拖車。

和當地人一起在綠地上享受悠閒時光。薩雷布山（Mont Salève）是日內瓦人的後院，在這裡的步道上健行，可欣賞到令人屏息的景致。濱水的活水公園（Parc des Eaux Vives，地址：Quai Gustave-Ador）有湖泊和侏羅山脈（Jura Mountains）如明信片般的美妙風光，以及一座改建成現代飯店和餐廳的18世紀城堡。普蘭帕拉斯墓園（Plainpalais Cemetery，地址：10 Rue des Rois）又稱為「國王墓園」，是眾多名人的長眠之地，包括俄國文豪杜斯妥也夫斯基的女兒，和阿根廷作家豪爾赫・路易斯・波赫士，同時也是一處蒼翠茂密的綠洲。

從聯合國人權事務高級專員辦事處所在地的威爾遜宮（Palais Wilson），到紀念地雷受難者的大型藝術品《斷腳椅》（Broken Chair），日內瓦有各式各樣的和平象徵。另外還有聯合國難民事務高級專員會遊客中心（U.N. High Commission for Refugees Visitors' Centre，地址：94 Rue de Montbrillant）說明了世界各地難民的困境，沒有比這裡更令人心酸的地方了。■

趣聞

春暖花開

日內瓦有一項將近 200 年的傳統，規定一位管理員觀察、記錄特雷耶散步道上某一種栗子樹長出第一個花苞的時間。觀察結果會在新聞媒體上如實報導。

強大的粒子

位於日內瓦郊區的歐洲核子研究委員會（European Council for Nuclear Research，簡稱 CERN），是全世界最大、最強大的粒子加速器：27 公里長的大強子對撞機（Large Hadron Collider）的家。

湖語

歐洲最大的高山湖泊日內瓦湖呈新月形，約 40% 的面積在法國，其他部分位於瑞士境內。很多名人和這座湖有關，其中瑪莉・雪萊（Mary Shelley）在湖邊避暑時創作了《科學怪人》（Frankenstein）。

■

活水公園的豪華景觀，和如今已成飯店的優雅宅邸令人讚嘆

最佳水療旅遊城市

這些傳奇的都市勝地，提供遠離忙亂生活的終極逃離。

法國維琪（Vichy）的公共溫泉池

法國，維琪

這是一座充滿美好年代建築的度假小鎮，據說鎮上的火山礦泉水舒解了許多知名遊客的身心，包括拿破崙三世（Napoleon III）。「聖境」（Les Célestins，地址：111 Blvd. des États Uni）自稱是多噴頭維琪浴的發源地。

比利時的斯帕

摩洛哥，非茲

非茲（Fez）是一座 1200 歲的古城，可到它古老的澡堂來感受歷史，例如精心修復的「塞法茵土耳其浴場」（Seffarine Hammam，位於阿拉伯人聚集區），你的靈魂在這間澡堂裡會升得和它的圓頂天棚一樣高。

比利時，斯帕

Spa 水療這個名稱就是從斯帕（Spa）來的。綠意盎然的斯帕以具備療效的溫泉著稱，這裡的泉水非常有益健康，還銷售到歐洲各地作為飲用水。到山頂的「溫泉浴場」（Thermes de Spa，地址：Colline d' Annette et Lubin）舒緩一下關節。

美國新墨西哥州，真相或後果鎮

真相或後果鎮（Truth or Consequences）原名溫泉（Hot Springs），因為這個小鎮就是從礦泉井發展起來的，後來改成這個 1950 年熱門電視益智節目的名字。如今這裡的市區水療場約有 50 座浸泡池和浴缸。

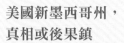

禪風元素

希臘，艾迪普索斯

艾迪普索斯（Edipsos）緊挨著尤比亞島（Evia Island）海岸，有 80 處溫泉，累積客戶名單有 5000 年之久，可追溯到大力士海克力斯（Hercules）；前英國首相溫斯頓・邱吉爾也在這裡泡過溫泉。

美國阿肯色州，溫泉城

若厭倦了釣鱒魚、水上運動、健行和騎馬，可到溫泉城（Hot Springs）的 Buckstaff Bath House（地址：509 Ventral Ave.）泡一泡，它是溫泉國家公園（Hot Springs National Park）內唯一一座溫泉浴場。

加拿大卑詩省的哈里遜溫泉（Harrison Hot Springs）

加拿大，哈里遜溫泉

在波光粼粼、伴隨著群山皚皚雪景的哈里遜湖（Harrison Lake）上，這座卑詩省的小鎮以「公共水池」（Public Pool，地址：101 Hot Springs Rd.）為傲，遊客甚至可以在溫泉水中划船，難怪有「加拿大的溫泉」（Spa of Canada）之稱。

巴西，聖洛倫索

聖洛倫索（São Lourenço）這個距里約熱內盧約四小時車程的小鎮上有一座水公園（Parque das Águas），裝飾藝術風格的建築裡有九種號稱能舒緩身體不適的礦泉水。在水療溫泉（balneário，地址：Praça João Lage）可以浸泡、洗蒸汽浴和按摩，卸下身心壓力。

保加利亞，薩帕雷瓦巴尼亞

薩帕雷瓦巴尼亞（Sapareva Banya）鎮中心有一座充滿蒸氣的天然間歇泉，每 20 秒鐘噴出六層樓高的泉水，提醒你它才是這個小鎮的主角。當你從附近的里拉山（Rila Mountain）北坡滑雪下山後，這裡攝氏 40 度的泉水可能正好適合用來犒賞自己。

克羅埃西亞，達魯瓦

這個城市鄰近青翠的帕普克山（Papuk Mountain），歷史超過 2000 年，是一處能讓人恢復活力的靜養所，以具療效的度假村著稱，例如達魯瓦溫泉（Daruvar Thermal Spa，地址：Julijev Park 1）和酒莊，最適合喜愛奢華享受的人。

達魯瓦溫泉裡寧靜的花園

美國北卡羅來納州

阿士維

一個結合了出色山景、波西米亞藝術和高級南方料理的旅遊勝地

紫色的霞光籠罩著此地一群喜好
悠閒生活的藝術家和美食家

阿士維坐落在絕美的藍嶺山脈（Blue Ridge Mountains）山腳下，這座慵懶的城鎮吸引了許多藝術家、大自然愛好者和專業美食家，形成一個活力特殊的族群。1929年興建的巨型市場葛羅夫購物街（Grove Arcade）在重新整修後，成了市中心裝飾藝術寶庫中的主體建築。

美食地圖

展現南方特色的美食目的地

• 阿士維生氣蓬勃的美食圈，幾乎是融合菜色和改良南方熱門美食的天下。Zambra Wine & Tapas（地址：85 Walnut St.）的菜單不斷演化，以卡羅來納州海鮮製作西班牙或北非特色料理為號召，試試搭配炙燒番茄莫侯醬的炸米丸子（rice criquettes）和蘭勃舵魚（bluefish）。Salsa's（地址：6 Patton Ave.）把墨西哥和加勒比海特色巧妙混入搭配紅蘿蔔和墨西哥香料飯的牙買加香辣煙燻雞（jerk chicken），或是搭配萊姆和香料做成調味醬汁的古巴莫侯醬牛排（Cuban mojo steak）。

• 在專業燒烤界中，北卡羅來納州的西部特色菜，是將拉解成絲的豬肩肉以濃厚番茄基底醬汁慢燒而成。在Luella's Bar-B-Que（地址：501 Merrimon Ave.）或12 Bones Smoke-house（地址：3578 Sweeten Creek Rd.），可嘗到阿士維最美味的燒烤。■

祕密景點
飛掠的風景與最佳包浩斯藝術

阿士維美術館的現代風格立面

在「阿士維樹冠滑降冒險」（Asheville Zipline Canopy Adventures，地址：1 Resort Dr.）像隻鳥般中從樹梢上滑行而過，這些滑降路線分有高度等級，容易上手，可欣賞到優美的藍嶺山脈和阿士維天際線。區內還有歡迎全家大小一同前往的冒險公園，提供攀登、跳躍和繞繩下降等活動。難度較高的Navitat（地址：242 Poverty Branch Rd., Bernardsville）是全美最佳滑降場地之一，地點絕佳，還有大型天橋，和建在高大橡樹上半部、構造巧妙的平臺。

德國藝術家兼色彩理論學家約瑟夫・亞伯斯（Josef Albers），曾在備受讚譽的德國包浩斯建築和設計學校就讀，後來擔任講師。1933年納粹政權關閉這所學校時，約瑟夫和擔任織品設計師的妻子安妮（Anni）搬到了阿士維，並在實驗性的黑山學院（Black Mountain College）授課。阿士維美術館（Asheville Art Museum，地址：2 S. Pack Sq.）有常設的約瑟夫油畫展，包括他著名的精緻幾何圖形《公式化》（Formulation）系列，以及安妮大膽的抽象作品。■

越野自行車、露營、滑降、健行⋯⋯阿士維是冒險家的夢想之地。

梵蒂岡城

這座微小的基督教堡壘，裝滿了令人讚嘆的永恆珍寶

聖彼得大教堂的莊嚴肅穆令人瞠目結舌

幾個世紀以來，教宗從梵蒂岡城這個全世界最小的國家、羅馬天主教的中心，行使龐大的影響力。聖彼得大教堂引來大批虔誠的信眾，而梵蒂岡博物館中無價的文物和藝術品則吸引著各式各樣的朝聖者。

購物車

非常梵蒂岡：從教宗祝福到王國錢幣

集郵者注意 梵蒂岡有自己的郵局，並發行自己的郵票（francobolli），聖彼得廣場（St. Peter's Square）上的大教堂兩側各設有一間支局。郵票通常以前任教宗、知名的羅馬公民以及宗教奇蹟為主題。買幾張郵票，從梵蒂岡把這難得的驚喜寄給親友。

自製祝福 最神聖的禮物是教宗本人祝福過的物品。別買梵蒂岡外圍紀念品店裡賣的那些預先祝聖過的物品，自己就可以做：帶著念珠、十字架、《聖經》或其他宗教物品，前往週日或週三的教宗公開露面場合，在教宗祝福群眾時高高舉起就行了。

王國錢幣 在梵蒂岡買東西時，仔細看看所有店家找零的錢幣。梵蒂岡發行自己的貨幣，並鑄造刻有教宗頭像浮雕圖案的歐元，硬幣發行量很少，也不發行紙幣，因此比實際面額還要值錢，是收藏家眼中極欲渴望收藏的寶物－－所以拿到的話，千萬要留著。■

今昔之比
聖彼得廣場

1860年，數千輛馬車聚集在聖彼得廣場上，為教宗的賜福祈禱而來。當時的義大利還沒有統一，分別屬於不同的國家，由教宗在羅馬實行統治。後來國家邁向統一，在1861年宣告成立義大利王國，但教宗拒絕承認。入侵的義大利軍隊以砲火突破羅馬古老的奧勒良城牆（Aurelian Walls），最後在1870年從教宗手中奪取了梵蒂岡。於是教宗庇護九世（Pope Pius IX）宣稱自己是「梵蒂岡的

囚犯」，將近60年拒絕離開他們的根據地，堅不屈服於義大利政府的權威，直到1929年梵蒂岡被授予獨立主權為止。

2013年3月13日，阿根廷樞機主教豪爾赫・馬里奧・伯格里奧（Jorge Mario Bergoglio）成為第266位羅馬教宗，也是第一位出身美洲的教宗。右圖為最近當選教宗的方濟各一世（Pope Francis I），在聖彼得大教堂的中央陽臺上問候歡呼的群眾。∎

地標

西斯汀禮拜堂

梵蒂岡的西斯汀禮拜堂（Sistine Chapel）是多位文藝復興時期藝術家合力打造的成果，其中完成於1512年的頂篷是米開朗基羅的代表作，也是禮拜堂最引人注目的焦點。為了讓下方人群能從地面看得清楚，這組溼壁畫以明亮色彩繪製，足足花了四年才完成。• 米開朗基羅的頂篷500年來只破損了一片。1797年因附近火藥庫爆炸，導致《大洪水》（The Great Flood）的一大塊天空掉到地面上。• 頂篷描繪超過350位人物，包括帶了孩童的家庭以及天使和惡魔，其中某些人的臉孔以米開朗基羅同時期的人為範本。• 不同於一般人的想法，米開朗基羅並不是躺著畫這幅傑作的。他設計了精巧的腳手架，支撐他向後傾斜的身體，以斜倚的姿勢作畫。• 米開朗基羅描繪了20位肌肉發達的「裸男」（Ignudi），這些裸體讓教宗亞得里安六世（Pope Adrian VI）覺得反感。他要求重新畫過，但米開朗基羅沒有照做。■

祕密景點
神聖的偷窺

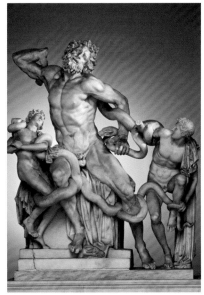

梵蒂岡的《拉奧孔和他的孩子們》雕像

當你走進聖彼得大教堂時，走到右手邊第一間禮拜堂往裡面看。米開朗基羅知名的聖母雕像《聖殤》（Pietà）傲然聳立在這裡，這也是他唯一署名的雕像。橫在聖母胸前的飾帶上，刻有「佛羅倫斯的米開朗基羅創作了這件作品」（Michael. Angelus. Bonarotus. Florent. Faciebat）的字樣。

宏偉的橢圓形聖彼得廣場有284根圓柱，出自17世紀建築大師貝尼尼（Bernini）的設計，有趣的視覺錯覺是它的特色：站在中央埃及方尖碑和每座噴泉之間、標示了「柱廊中心」（Centro del Colonnato）的白色大理石圓盤上觀看柱廊，你會發現四根圓柱似乎變成了一根。

在梵蒂岡博物館內的八角中庭可見到《拉奧孔和他的孩子們》（Laocoön and His Sons），這組罕見的古典時期大理石雕像群，於1506年在羅馬的艾斯奎蘭（Esquiline Hill）出土，一般認為是公元前1世紀希臘羅德島（Rhodes）的雕刻家的作品，這組群像描述太陽神阿波羅的祭司──拉奧孔和他的兩個兒子，被智慧女神雅典娜和海神波塞頓派遣的大蛇所殺，為了阻止他們警告特洛伊人木馬中藏有伏兵。■

趣聞

年老的新國家

儘管有數世紀的歷史，梵蒂岡這個國家本身還不滿100歲。義大利獨裁者貝尼托‧墨索里尼（Benito Mussolini）在1929年簽署《拉特蘭條約》（Lateran Treaty），承認梵蒂岡主權獨立。

逃生之道

有一條曾經不為人知的通道連接梵蒂岡和聖天使城堡（Castel Sant' Angelo），這座位於臺伯河（Tiber River）河岸上的堡壘建於公元2世紀，原本為了作為羅馬皇帝哈德良（Hadrian）的陵墓。這條805公尺長的Passetto，被建成供教宗危急時使用的逃生通道。

遺骨之謎

聖彼得大教堂似乎就建在首位教宗聖彼得真正的墳墓上。20世紀中葉展開的發掘工作，發現一副60到70歲的男性骸骨（大約是聖彼得的年紀），身上纏繞著象徵高尚者的古老紫、金兩色線。1968年時，教宗保祿六世（Pope Paul VI）宣稱，這些骸骨很可能是聖彼得的遺骸。

■

托斯卡尼式柱廊圍繞著聖彼得廣場。

臺伯河是強大的羅馬帝國的搖籃。

索引

粗體數字為圖片頁碼

圖片版權

Front Cover, Iakov Kalinin/Shutterstock; Back Cover, (UP, L to R): SIME/eStock Photo; Fraser Hall/Corbis; SIME/eStock Photo; Andersen Ross/Blend Images/Corbis; (LO), Andrew Mace; 1, Antonino Bartuccio/eStock Photo; 2-3, S. Borisov/Shutterstock; 4, Luigi Vaccarella/eStock Photo; 7, Paolo Giocoso/eStock Photo; 10, shirophoto/iStockphoto; 11, TORU YAMANAKA/AFP/Getty Images; 12 (UP), Old Japan Picture Library 2007; 12 (LO), Torin Boyd; 13 (UP), Iconotec/Alamy; 13 (LO), woojpn/iStockphoto; 14-15, SIME/eStock Photo; 16 (UP), Richard Taylor/4Corners/eStock Photo; 16 (LO), John Lander/Alamy; 17, Michael Runkel/Robert Harding World Imagery/Corbis; 18 (UP), Jess Kraft/Shutterstock; 18 (LO), Ocean/Corbis; 19, Günter Gräfenhain/eStock Photo; 20 (UP), Alberto L. Godoy/National Geographic Creative; 20 (LO), Melissa Farlow/National Geographic Creative; 21 (UP), John Mitchell/Alamy; 21 (LO), David R. Frazier Photolibrary, Inc./Alamy; 22 (UP), Olha Insight/Shutterstock.com; 22 (LOLE), Jerome Levitch/Corbis; 22 (LORT), Andrey Pronin/NurPhoto/Corbis; 23 (UP), Jerry Cooke/Corbis; 23 (LO), Ragnar Singsaas/Getty Images; 24, Luigi Vaccarella/eStock Photo; 25 (UP), Matteo Carassale/eStock Photo; 25 (LO), Qilai Shen/The New York Times/Redux Pictures; 26, Günter Gräfenhain/eStock Photo; 27 (UP), imageBROKER/Alamy; 27 (LO), Dinodia Photos/Alamy; 28, Scott S. Warren/National Geographic Creative; 29, Stefano Amantini/eStock Photo; 30-31, Rudy Balasko/Shutterstock; 32, Danny Lehman/Corbis; 33 (UP), Gary Gershoff/Getty Images; 33 (LO), Adam Macchia; 34 (UP), Richard Levine/Alamy; 34 (LO), Marmaduke St. John/Alamy; 35, Susan Seubert/National Geographic Creative; 36 (UP), Massimo Borchi/eStock Photo; 36 (LO), Sean Gallagher/National Geographic Creative; 37 (UP), C.H. Graves/Corbis; 37 (LO), Macduff Everton; 38, Luigi Vaccarella/eStock Photo; 39 (UP), Megapress/Alamy; 39 (LO), Rolf_52/Shutterstock.com; 40 (UP), elnavegante/Shutterstock; 40 (LO), dijkgraaf/Hollandse Hoogte/Redux Pictures; 41 (UP), Bettmann/Corbis; 41 (LO), Bernardo Galmarini/Alamy; 42, REUTERS/Marcos Brindicci/Corbis; 43 (UP), Jon Arnold Images Ltd/Alamy; 43 (LO), Yadid Levy/Alamy; 44, Renato Mariz/ National Geographic Your Shot; 45 (UP), Ryzhkov/iStockphoto; 45 (LO), Ingolf Pompe 57/Alamy; 46-47, Cesar Okada/iStockphoto; 48 (UP), Migel/Shutterstock.com; 48 (LOLE), Anna Webber/The Hell Gate/Corbis; 48 (LORT), Richard Maschmeyer/Robert Harding World Imagery/Corbis; 49 (UP), Doug Pearson/JAI/Corbis; 49 (LO), AFP/Getty Images; 50 (UP), SIME/eStock Photo; 50 (LO), Ashman, Laura/the food passionates/Corbis; 51, Günter Gräfenhain/eStock Photo; 52 (UP), NG Creative; 52 (LO), Pavel L Photo and Video/Shutterstock; 53 (UP), RIA Novosti/Alamy; 53 (LO), Richard T. Nowitz/Corbis; 54, Della Huff/Alamy; 55, AXEL KOESTER/The New York Times/Redux Pictures; 56, Helen King/Corbis; 57 (UP), Catherine Karnow/National Geographic Creative; 57 (LO), Poketo // Poketo.com; 58 (UP), Gary Friedman/Los Angeles Times; 58 (LO), Ambient Images Inc./Alamy; 59, nito/Shutterstock.com; 60 (UP), TheYok/iStockphoto; 60 (LOLE), MARKA/Alamy; 60 (LORT), James Steidl/Shutterstock; 61 (UP), Nigel Spiers/Shutterstock; 61 (LO), Design Pics Inc./National Geographic Creative; 62, Anna Serrano/eStock Photo; 63 (UP), Kerem Uzel/NarPhotos/Redux Pictures; 63 (LO), Frank Heuer/laif/Redux Pictures; 64-65, Anna Serrano/eStock Photo; 66 (UP), Anna Serrano/eStock Photo; 66 (LO), Wolfgang Kaehler/Corbis; 67, Siegfried Stolzfuss/eStock Photo; 68, SIME/eStock Photo; 69 (UP), John Hopkins/Alamy; 69 (LO), Abdallah Adel/NurPhoto/Corbis; 70, Richard Nowitz/National Geographic Creative; 71, Ian Shaw/Alamy; 72-73, thinkomatic/iStockphoto; 74, tomy/Shutterstock; 75 (UP), Brian Jannsen/Alamy; 75 (LO), Charles Lupica/Alamy; 76 (UP), Ed Alcock/eyevine/Redux Pictures; 76 (LO), Chris Lawrence/Alamy; 77, Günter Gräfenhain/SIME/eStock Photo; 78 (UP), Michael Ventura/Alamy; 78 (LOLE), Brandon Bourdages/Shutterstock; 78 (LORT), bonchan/Shutterstock; 79 (UP), Christopher Groenhout/Lonely Planet Images/Getty Images; 79 (LO), Eros Hoagland/Redux Pictures; 80 (UP), Holger Mette/iStockphoto; 80 (LO), ppart/Shutterstock; 81 (UP), Maynard Owen Williams/National Geographic Creative; 81 (LO), Robert Harding World Imagery/Alamy; 82, Paul Harris/JAI/Corbis; 83 (UP), Simon Reddy/Alamy; 83 (LO), Prashant Panjiar/Anzenberger/Redux Pictures; 84, SIME/eStock Photo; 85, Neil Setchfield/Alamy; 86-87, Justin Foulkes/4Corners/SIME/eStock Photo; 88, compassandcamera/iStockphoto; 89 (UP), tony french/Alamy; 89 (LO), SIME/eStock Photo; 90 (UP), Steven Poh/Shutterstock; 90 (LO), Justin Kase z12z/Alamy; 91, SIME/eStock Photo; 92 (UP), Abilio Lope/Corbis; 92 (LOLE), Caro/Alamy; 92 (LORT), Michael Jenner/Alamy; 93 (UP), Hemis/Alamy; 93 (LO), Emi Cristea/Alamy; 94, Paul Chesley/National Geographic Creative; 95 (UP), olyniteowl/iStockphoto; 95 (LO), NORMA JOSEPH/Alamy; 96, Lissandra Melo/Shutterstock.com; 97, Michael S. Williamson/The Washington Post via GI; 98, Songquan Deng/Shutterstock; 99 (UP), LEGO is a trademark of the LEGO Group of companies, used here by special permission. © 2014 The LEGO Group; 99 (LO), John Van Hasselt/Corbis; 100 (UP), Achim Multhaupt/laif/Redux Pictures; 100 (LO), John Kernick/National Geographic Creative; 101 (UP), Bettman/Corbis; 101 (LO), Landon Nordeman; 102, Bruno Morandi/SIME/eStock Photo; 103, Gavin Hellier/Robert Harding World Imagery/Corbis; 104-105, Tim Draper/ 4Corners/Sime/eStock Photo; 106 (UP), W. Robert Moore; 106 (LO), Steve McCurry; 107 (UP), Lucas Vallecillos/VWPics/Redux Pictures; 107 (LO), Hub/laif/Redux Pictures; 108 (UP), Massimo Borchi/SIME/eStock Photo; 108 (LO), PAUL YEUNG/Reuters/Corbis; 109, Tibor Bognar/Corbis; 110 (UP), OPIS Zagreb/Shutterstock; 110 (LOLE), John Warburton-Lee Photography/Alamy; 110 (LORT), prochasson frederic/Shutterstock; 111 (UP), Horia Bogdan/Shutterstock; 111 (LO), SIME/eStock Photo; 112 (UP), Walter Bibikow/Getty Images; 112 (LO), Bon Appetit/Alamy; 113 (UP), NG Creative; 113 (LO), Radius Images/Corbis; 114, Richard Nowitz/National Geographic Creative; 115 (UP), Soren Egeberg Photography/Shutterstock.com; 115 (LO), UIG via GI; 116 (UP), Susan Seubert/National Geographic Creative; 116 (LO), foodfolio/Alamy; 117, SOPA/eStock Photo; 118, Pietro Canali/SIME/eStock Photo; 119 (UP), Mike Paterson/National Geographic Your Shot; 119 (LO), Rosemarie Stennull/Alamy; 120, SIME/eStock Photo; 121 (UP), Photolibrary/Getty Images; 121 (LO), Travel Pictures/Alamy; 122-123, MasterLu/iStockphoto; 124, SIME/eStock Photo; 125 (UP), Thomas Cockrem/Alamy; 125 (LO), SOPA/eStock Photo; 126 (UP), imageBROKER/Alamy; 126 (LOLE), Aurora Photos/Alamy; 126 (LORT), boryak/iStockphoto; 127 (UP), age fotostock/Alamy; 127 (LO), Jason Hosking/Corbis; 128 (UP), John Greim/LOOP IMAGES/Corbis; 128 (LO), William Manning/Corbis; 129, Richard Nowitz/National Geographic Creative; 130 (UP), Clifton R. Adams and Edwin L. Wisherd/National Geographic Creative;130 (LO), JJM Stock Photography/Alamy; 131 (UP), Raymond Patrick/National Geographic Creative; 131 (LO), Raymond Patrick/National Geographic Stock; 132, SIME/eStock Photo; 133, SONNET Sylvain/Hemis/Corbis; 134, Boris Stroujko/Shutterstock; 135 (UP), ITAR-TASS Photo Agency/Alamy; 135 (LO), JOHN KELLERMAN/Alamy; 136 (UP), Martin Sasse/LAIF/Redux Pictures; 136 (LO), Andrew Koturanov/Shutterstock; 137, SIME/eStock Photo; 138, SIME/eStock Photo; 139, Richard Taylor/Getty Images; 140-141, SIME/eStock Photo; 142, David Ball/Alamy; 143 (UP), AWSeebaran/iStockphoto; 143 (LO), Amer Ghazzal/Demotix/Corbis; 144 (UP), Nick Green/Photolibrary/Getty Images; 144 (LO), Photolibrary/Getty Images; 145, SIME/eStock Photo; 146, SOPA/eStock Photo; 147 (UP), Ruaridh Stewart/ZUMA Press/Corbis; 147 (LO), Matt Propert/National Geographic Creative; 148 (UP), Danny Lehman/Corbis; 148 (LOLE), Bates Littlehales/National Geographic Creative; 148 (LORT), Stan Rohrer/Alamy; 149 (UP), David R. Frazier Photolibrary, Inc./Alamy; 149 (LO), Richard Nowitz/National Geographic Creative; 150 (UP), Brook Mitchell/SIME/eStock Photo; 150 (LO), Andrew Watson/Photolibrary/Getty Images; 151 (UP), Bettmann/Corbis; 151 (LO), Allan Symon Gerry/Alamy; 152, Johanna Huber/SIME/eStock Photo; 153 (UP), Tim Draper/Sime/eStock Photo; 153 (LO), Gerard Walker/Lonely Planet Images/Getty Images; 154, Pietro Canali/SIME/eStock Photo; 155, Design Pics Inc./Alamy; 156-157, Susan Seubert/National Geographic Creative; 158, jiawangkun/Shutterstock; 159 (UP), David Giral/Alamy; 159 (LO), Stacy Gold/National Geographic Creative; 160 (UP), Lee Brown/Alamy; 160 (LO), Stacy Gold/National Geographic Creative; 161 (UP), Chesterfield & Mclaren/National Geographic Creative; 161 (LO), Richard T. Nowitz/Corbis; 162 (UP), Massimo Borchi/SIME/eStock Photo; 162 (LO), Annie Libby/Alamy; 163, col/Shutterstock; 164, Lisa Seaman/Aurora Photos/Corbis; 165 (UP), Randy Duchaine/Alamy; 165 (LO), Alastair Balderstone/Alamy; 166, Orhan Cam/Shutterstock; 167 (UP), Envision/Corbis; 167 (LO), Jenny Kallenbrunnen/dpa/Corbis; 168-169, Massimo Borchi/

國家地理終極旅遊：

全球 220 大最佳旅遊城市

作　　者：國家地理學會叢書部
翻　　譯：彭欣喬
主　　編：黃正綱
責任編輯：盧意寧、蔡中凡
文字編輯：許舒涵
美術編輯：吳立新

發 行 人：熊曉鴿
總 編 輯：李永適
版　　權：陳詠文
印務經理：蔡佩欣
美術主任：吳思融
發行經理：張純鐘
發行主任：吳雅馨
行銷企畫：汪其馨、鍾依娟

出 版 者：大石國際文化有限公司
地　　址：台北市內湖區堤頂大道二段 181 號 3 樓
電　　話：(02) 8797-1758
傳　　真：(02) 8797-1756
印　　刷：沈氏藝術印刷股份有限公司

2018 年（民 107）6 月初版
定價：新臺幣 1200 元
本書正體中文版由 National Geographic Society
授權大石國際文化有限公司出版
版權所有，翻印必究
ISBN：978-986-92343-5-1（精裝）
＊ 本書如有破損、缺頁、裝訂錯誤，請寄回本公司更換

總代理：大和書報圖書股份有限公司
地址：新北市新莊區五工五路 2 號
電話：(02) 8990-2588
傳真：(02) 2299-7900

國家地理合股有限公司是國家地理學會與二十一世紀福斯合資成立的企業，結合國家地理電視頻道與其他媒體資產，包括《國家地理》雜誌、國家地理影視中心、相關媒體平臺、圖書、地圖、兒童媒體，以及附屬活動如旅遊、全球體驗、圖庫銷售、授權和電商業務等。《國家地理》雜誌以 33 種語言版本，在全球 75 個國家發行，社群媒體粉絲數居全球刊物之冠，數位與社群媒體每個月有超過 3 億 5000 萬人瀏覽。國家地理合股公司會提撥收益的部分比例，透過國家地理學會用於獎助科學、探索、保育與教育計畫。

國家圖書館出版品預行編目（CIP）資料

國家地理終極旅遊：全球 220 大最佳旅遊城市／
國家地理學會叢書部作
彭欣喬 翻譯
臺北市：大石國際文化，民 104.12
336 頁：21.5×29 公分
譯自：World's Best Cities：
Celebrating 220 Great Destinations
ISBN 978-986-92343-5-1（精裝）

1. 旅遊 2. 都市 3. 世界地理

719　　　　　　　　　　　104025041